현장에서
바로써먹는

데이터
분석 with R

현장 전문가가 실무 예제로 설명하는

데이터 분석 이론과 R 기초+실전 활용법

김임용 지음

심통

현장에서 바로 써먹는 데이터 분석 with R

초판 발행   2021년 8월 5일
지은이   김임용
펴낸이   방세근
디자인   디박스
펴낸곳   도서출판 심통
주소   경기도 의정부시 전좌로 204, 203호
전화   070.7397.0492
팩스   031.624.4830
전자우편   basaebasae@naver.com
인쇄/제본   미래 피앤피
가격   28,000원
ISBN   979-11-975295-0-4 13000

이 책을 통해 저자는 데이터 분석에 입문하는 학생, 실제 현업에서 데이터 분석이 필요한 실무자 등 데이터 분석과 관련된 모든 종사자에게 데이터 분석의 인사이트 및 구체적인 방향을 제시하고 있습니다. 특히 10년 넘게 철강 제조기업의 생산, 품질관리 업무, 오퍼레이션 컨설팅 기업의 컨설턴트, 전력기업의 데이터 과학자의 업무를 거치며 얻은 데이터를 이용해 의사결정에 활용하는 능력을 책에 온전히 담아내 독자에게 한층 더 매력적인 입문서로 다가옵니다.

특히 저자의 현업의 데이터 분석 발전과정을 관찰할 수 있다는 것이 이 책의 최고 강점이 아닐까 생각합니다. '김 대표'라는 가상의 인물이 양계농장을 운영하면서 다양한 형태의 데이터를 접하고, 이를 분석해 문제를 해결해 나가는 것을 자연스럽게 따라간다면 그 수준의 편차는 있을지라도 독자의 가슴 속에 데이터 분석의 마인드가 쉽게 장착될 것이라 확신합니다.

데이터를 이용한 과학적 의사결정은 4차 산업혁명이라는 키워드가 지배하는 현재의 산업계에서 피할 수 없는 흐름입니다. 이 책은 저자가 실제로 R을 사용하며 겪었던 문제 상황과 R을 처음 다루면 누구나 겪을 수 있는 문제들을 정리하여 설명해 주고 있어서 책 한 권으로 데이터 분석의 기본을 쉽고 빠르게 배울 수 있습니다. 또한 데이터라는 용어 그 자체에 대한 이론적 설명, R을 활용한 통계분석을 거쳐 최근 화두가 되고 있는 딥 러닝 및 텍스트 마이닝까지 정돈된 방법으로 설명하고 있습니다. 대학의 교수자로서 데이터 분석에 입문하는 대학 신입생부터 데이터 분야 취업을 준비하는 졸업반 학생들에게도 기쁘게 추천하고 싶습니다.

문일경 | 서울대학교 산업공학과 교수(공장관리 기술사)

이 글을 읽고 계신 여러분은 아마도 데이터 분석에 대한 지적 호기심 또는 하고자 하는 공부나 업무에 도움을 얻고자 이 책을 선택했을 것입니다. 하지만 이 책은 그보다 더 중요한 가치를 여러분께 제공하고자 합니다.

10여 년 전, 저는 산업공학을 전공하고, 철강회사의 품질관리 팀에서 데이터 분석 업무를 시작했습니다. 학부를 간신히 졸업한 제가 기억도 잘 나지 않는 전공지식을 실무에 적용하는 일은 무척이나 어려웠습니다. 무엇보다 전공서적의 연습문제에는 정답이 있었는데 실제 업무에는 정답이 없었습니다.

현실에서 우리가 부딪히는 여러 가지 문제들은 대부분 정답이 없습니다. 다만, 주어진 환경에서 보다 나은 선택이 있을 뿐입니다. 이 선택의 기로에서 최상의 결과를 얻기 위해 데이터를 분석할 수 있는 능력이 필요합니다.

데이터는 그 자체로는 아무런 가치가 없지만, 분석할 수 있는 능력에 따라 가치가 발휘될 수 있습니다. 이런 이유로 과거에는 수집하지 않던 데이터를 기업들이 앞다퉈 수집하기 시작했고, 이 데이터를 분석하기 위해 다양한 방법론이 등장했습니다. 기존의 숫자 위주의 데이터에서 이제는 문자, 음성, 동영상에 이르기까지 다양한 형태의 데이터를 분석하고, 그 안에서 인사이트(insight)를 얻고자 노력하고 있습니다.

구글(Google)의 번역 서비스는 날이 갈수록 뛰어난 성능을 보이고 있습니다. 수억 건의 데이터를 이용한 인공신경망 기반 번역 기술 개발의 결과입니다. 테슬라(Tesla)는 고객의 운전 데이터를 클라우드로 보내 기계학습을 시킨 후 차량의 소프트웨어를 지속적으로 업데이트하며 자율주행의 수준을 날로 향상시켜 가고 있습니다. 쿠팡(Coupang)은 말해주지 않아도 사야 할 제품들을 알아서 보여줍니다. 세상을 변화시키고 있는 이런 일들은 모두 데이터에서 비롯되었고, 데이터를 잘 분석해서 활용했기에 가능한 일입니다.

이 책은 정답 없는 세상의 문제들 속에서 여러분이 감성과 직관에 기반한 의사결정이 아닌 주어진 데이터를 정확히 해석해 보다 나은 의사결정을 할 수 있도록 만드는 데 도움을 드리고자 합니다. 뿐만 아니라 데이터를 통해 세상을 보는 시야가 넓어지고, 그 안에서 새로운 가치를 창출할 수 있는 능력을 기르는 데 도움이 되고자 합니다.

이를 위해 제가 오랜 시간에 걸쳐 고민한 내용들을 현실에 와닿는 예제와 쉬운 설명으로 여러분께서 데이터 분석이라는 분야를 처음 공부하는 데 시행착오를 최대한 덜 겪게 하고자 노력했습니다.

실습에서 다루는 예제는 김 대표라는 가상 인물이 양계농장을 운영하면서 자연스레 다양한 형태의 데이터를 접하고, 분석을 통해 문제를 해결해 나가는 과정을 다뤘습니다. 이는 실제 업무에서 충분히 겪을 수 있는 사례로 쉽게 와닿아 현업에 적용하는 데 어려움이 없도록 했습니다.

물론 이 책은 초·중급서이기 때문에 이 책을 공부했다고 해서 바로 데이터 분석가가 되었다고 말할 수는 없습니다. 다만, 데이터 분석에 대한 방향은 정립될 수 있는 수준이라고 생각합니다. 이후 더 깊은 공부와 다양한 프로젝트를 수행한다면 나중에는 뛰어난 데이터 분석가, 더 나아가 데이터 과학자로 성장할 수 있다고 생각합니다.

부디 이 책이 여러분의 인생에 작은 도움이라도 된다면 더 이상 바랄 것이 없겠습니다. 꼭 완주하시길 바랍니다.

마지막으로 책을 쓸 수 있는 기회를 제공해 주신 도서출판 심통의 방세근 대표님께 감사드리며, 언제나 묵묵히 저를 지지해 주는 아내 김지영, 특별하고 소중한 딸 김다인에게 감사의 인사를 전합니다.

저자 김임용

베 타 테 스 터 의 한 마 디

개인적으로, R을 사용해 데이터를 분석하는 책 중에서 가장 재밌게 읽었습니다. 많은 양을 꼼꼼하고 유머러스하게 설명했습니다. 깊이 있는 어려운 전문 내용과 얕고 쉬운 일반적인 내용 사이에서 전문가와 비전문가가 모두 만족할 만한 적절한 난이도를 가진 책이라고 생각됩니다. 적절한 요약과 연습문제는 필요하면 다시 찾아볼 수 있도록 잘 정리되어 있습니다. 번역서가 아니라는 점에서 저자의 전문성을 엿볼 수 있습니다. 지식을 소화해서 잘 전달하기란 여간 어려운 일이 아닌데 저자는 한 권의 책으로 자연스러운 흐름을 따라 데이터 분석에 대한 전반적인 내용을 잘 정리했습니다. 독자는 김 대표의 분석 스토리를 따르면 어느새 자신의 스토리를 만들고 싶다고 생각하게 될 것입니다.

오세민 | 부산대학교 빅데이터 기반
금융·수산·제조 혁신 산업수학센터 연구교수, 이학박사

산업공학과 출신인 저자가 철강회사 품질관리 부서에 근무하면서 금속학적 지식없이 오로지 데이터 분석만으로 수많은 과제를 해결하는 모습을 지켜봤습니다. 이런 저자의 데이터 분석 능력은 R이라는 무기를 통해 한층 깊이를 더했고, 빅데이터 시대에 가장 필요한 인재로 거듭났습니다. 저자의 풍부한 실무와 과제해결 경험을 바탕으로 집필한 금번 저서를 통해 여러분도 빅데이터 시대의 주인공이 될 것으로 확신합니다.

김동진 | 동국제강

누구나 데이터 분석을 얘기하지만 대중화는 아직 멀게 느껴지는 시기에 양계장의 운영을 통해 데이터 분석을 쉽게 접할 수 있게 도와주는 책입니다. 책을 따라가다 보면 어느덧 나와 관련된 데이터와 그 분석 방법에 대해 고민하게 됩니다. 영혼없는 이론 수업으로 방황하지 않도록 독자들을 위한 세심한 배려로 많은 도움을 받았습니다. 데이터 수집 및 전처리부터 딥 러닝 및 텍스트 마이닝까지 다루고 있는데, R을 활용한 데이터 분석 분야에 입문하는 예비 독자로서 파편 같은 짧은 정보들을 지식으로 엮을 수 있는 기회가 생겨 감사한 마음이 듭니다.

김영진 | 한국동서발전

많은 기술서적들이 그렇듯 목차에 맞춰 이론과 기능들에 대한 설명 위주로 구성되어 있을 줄 알았는데 이 책은 실무자의 입장에서 고민할 법한 내용들이 담겨 있습니다. 업무 중 떠오르는 인사이트를 부담없이 모델링하여 구현하기에는 이 책 만한 것이 없네요!

민경환 | 삼성SDS

시중의 저서보다 좀 더 실무적인 관점에서 쓰여진 책으로 판단됩니다. 과거 데이터 분석 업무 수행을 위해 다양한 저서를 보았지만, 정작 분석 기법의 활용보다 이전에 준비해야 할 과정에 대해서는 구체적이지 못한 경우가 많았습니다. 이 책은 환경설정, 데이터 준비 등 실무적 관점에서 짜임새가 있으며 독자가 데이터 분석을 위한 준비과정 및 전처리 중 발생하는 오류들에 지쳐 흥미가 떨어지는 불상사를 줄여 줄 것으로 사료됩니다.

김태형 | 한국산업기술평가관리원

데이터 마이닝, 빅데이터, 4차 산업혁명 등 최근에 화두가 되는 단어들은 모두 정보와 직결되는 영역입니다. 일상에서나 회사에서나 빅데이터라는 단어를 자주 접하고 또 뭔지 얼핏 알 것 같기도 하지만 누군가에게 설명하기는 어려운 개념이었습니다. 하지만 이 책은 데이터 활용 및 분석, 통계적 기법, 빅데이터, 딥 러닝 등에 대해 누구나 알기 쉽게 서술되어 있습니다. 저도 자동차 부품회사에 재직 중이며, 품질 및 데이터 분석 팀에서 소음불량 및 마찰력 불량에 대해 딥 러닝, 빅데이터 분석 등의 프로젝트를 수행하고 있습니다. 저처럼 업무에 활용해 한 단계 더 성장하려는 분들께 꼭 추천하고 싶은 책입니다.

남상원 | 현대모비스

학부 때 배웠던 가물가물한 이론부터 주변에서 자주 들리는 딥 러닝까지 데이터 분석에 대한 전반적인 내용이 다 들어 있습니다. 회사에서 적용은 해보고 싶었지만, 쉽게 시작하지 못했던 각종 분석 업무의 쉬운 부분부터 하나하나 도전해 볼 수 있게 해주는 바이블 같은 책입니다.

서보현 | 현대자동차

빅데이터, 딥 러닝, AI에 관심이 생겨 알아보던 중 R 프로그램이 데이터 분석에 유리한 언어라고 알게 되었고, 특히 그래픽 부분에 특화된 언어라는 것이 마음에 들어 공부를 계획 중이었습니다. 이 책은 초보자가 궁금해할 부분을 쉬운 예제를 통해 설명하고 있어 저처럼 코딩을 처음 접하는 사람들이 부담없이 시작할 수 있습니다. 책의 초반에는 관련 개념들을 소개하고 다음으로 R 프로그래밍 및 기초 통계부터 회귀, 분류, 군집, 딥 러닝까지 단계적으로 설명합니다. 특히 외국서적에서 부족한 한글 텍스트 마이닝 부분도 소개하고 있어 실제 활용하는 데 많은 도움이 되었습니다. R과 친해지기에 정말 유용한 책으로 저 같은 입문자들에게 자신있게 추천드립니다.

김경준 | 삼성전기

이 책을 읽어가며 마치 저자 바로 옆에서 1:1 과외를 받는 느낌을 받았습니다. 데이터 분석 소프트웨어 중에서도 시작은 왜 R이어야 하는지 간지러운 부분을 속시원하게 긁어주네요. 예제는 각 주제의 핵심을 잘 짚어주고, 비전공자도 이해하기 쉽도록 쉬운 비유를 들어가며 잘 설명해 주고 있습니다. 군더더기 없이 꼭 필요한 내용만 들어 있으니 효율적으로 공부하실 분께 추천드립니다.

오현진 | 코레일

맞춤형 학습 계획표

■ 데이터 분석에 관한 이론만 빠르게 공부하고 싶은 김 부장님을 위한 학습 추천 코스 ■

1일차	2일차	3일차	4일차	5일차
Chapter 1	Chapter 2의 1~2 / Chapter 3의 1, 3	Chapter 4 / 5	Chapter 6 / 7	Chapter 8 / Chapter 9의 2~3

■ 이론보다 실습을 먼저 해보고 싶은 이과장님을 위한 학습 추천 코스 ■

1일차	2일차	3일차	4일차	5일차	6일차	7일차	8일차
Chapter 2	Chapter 3	Chapter 4	Chapter 5	Chapter 6	Chapter 7	Chapter 8	Chapter 9의 2~6

■ 이론과 실습을 제대로 공부해 보고 싶은 박 대리님을 위한 학습 추천 코스 ■

1일차	2일차	3일차	4일차	5일차	6일차	7일차
Chapter 1	Chapter 2	Chapter 3	Chapter 4	Chapter 4 | 연습문제 |	Chapter 5	Chapter 5 | 연습문제 |

8일차	9일차	10일차	11일차	12일차	13일차	14일차
Chapter 6	Chapter 6 | 연습문제 |	Chapter 7	Chapter 7 | 연습문제 |	Chapter 8	Chapter 8 | 연습문제 |	Chapter 9

예제 소스 다운로드 & 활용법

| 저자 블로그 |

https://datawithnosense.tistory.com

| 저자 GitHub |

https://github.com/datawithnosense

GitHub에서는 ① Code 버튼을 클릭한 후
② Download ZIP을 클릭하면 모든 파일을 다운로드받을 수 있으며
해당 압축파일을 해제하면 00.All 폴더에
실습 데이터 셋과 스크립트가 모두 포함되어 있습니다.

(나머지 폴더의 경우는 All의 파일을 분류해 놓은 것뿐입니다.)

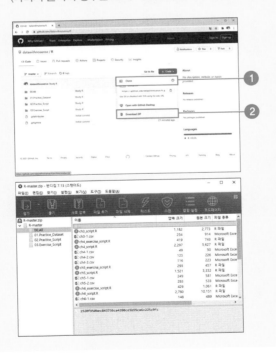

목
차

Chapter

1

**데이터
분석의
이해**

ㅣ◯ㅣ◯◯ㅣ◯
◯ㅣ◯ㅣ◯ㅣ
ㅣ◯◯◯◯ㅣ◯

Chapter

2

**데이터
분석을
위한
준비**

Chapter 3

데이터 다루기

Chapter

4

통계
분석과
기본
그래프

Chapter

7

인공 신경망과 딥 러닝

Chapter

8

텍스트 마이닝

데이터 분석의 이해

데이터가 무엇인지, 빅데이터가 무엇인지, 데이터 분석은 어떻게
이뤄지는지, 데이터 형태에 따라 분석 방법은 어떻게 달라지는지
등 데이터 분석에 관한 이론적인 부분을 이해하기 쉽게 정리했습
니다.

학 | 습 | 목 | 표

CHAPTER

- 데이터의 정의와 형태에 대해서 이해합니다.
- 빅데이터라는 용어가 생겨난 배경과 그로 인한 변
  화에 대해서 이해하고 설명할 수 있습니다.
- 인공지능-머신러닝-딥 러닝의 관계에 대해서 이
  해합니다.
- 결과물에 따른 데이터 분석 과정에 대해서 이해합
  니다.

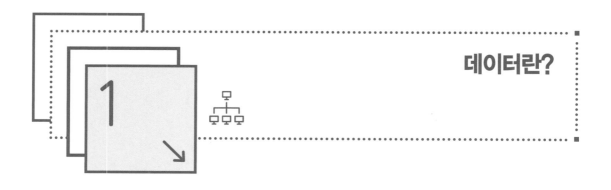

데이터란?

1 데이터의 정의

4차 산업혁명 시대를 살아가는 우리는 데이터(data)에 둘러싸여 있습니다. 정확히 말하면 수많은 행동들이 데이터화되고 있는 세상에서 살고 있습니다. 기업들은 고객들이 온라인 쇼핑을 할 때에는 어떤 제품을 얼마나 자주 사는지, SNS를 할 때에는 어떤 주제를 해시태그(#)하고 좋아요(♡)를 누르는지, 심지어 게임을 할 때에도 다른 유저들에 비해 캐릭터 레벨 업 속도가 빠른지 느린지를 조사하여 데이터화시키고 있습니다. 기업들은 이 데이터를 통해 나보다 나를 더 잘 알고 있습니다.

이처럼 데이터는 '**객관적 사실**(fact)'을 뜻하며, 어떤 이론(예: A라는 사용자는 평균의 사용자보다 게임 캐릭터 레벨 업에 오랜 시간이 걸린다)을 세우는 데 '**근거**(basis)'가 되기도 합니다.

객관적 사실로서의 데이터는 크게 2가지 유형으로 구분합니다.

구분	형태	예시
정성적 데이터 (Qualitative Data)	언어, 문자 등	SNS의 글, 보고서 내용 등
정량적 데이터 (Quantitative Data)	수치, 기호 등	몸무게, 온도, 풍속 등

표 1-1 | 데이터의 유형

또한 데이터의 형태에 따라 3가지 유형으로도 구분합니다.

구분	특징	예시
정형 데이터 (Structured Data)	연산 가능	RDB, 엑셀(Excel), CSV 등
반정형 데이터 (Semi-structured Data)	연산 불가	HTML, XML, JSON 등
비정형 데이터 (Unstructured Data)	연산 불가	SNS, 영상, 이미지, 음성, 텍스트 등

표 1-2 | 형태에 따른 데이터의 유형

① 정형 데이터

정형 데이터는 수치로 되어 있어 합계, 평균, 최솟값 등의 연산이 가능하며 주로 엑셀이나 일반적인 관계형 데이터베이스(RDB, Relational Database)에 저장되는 데이터 형태로 가장 쉽게 접할 수 있는 데이터 형태입니다.

	A	B	C	D	E	F	G	H
1	HOUR_TIME	LOC_NAMS	SO2	O3	NO2	CO	PM10	PM25
2	2019010101	송정동	0.006	0.003	0.023	0.9	59	39
3	2019010102	송정동	0.006	0.003	0.022	0.9	55	36
4	2019010103	송정동	0.005	0.003	0.019	0.8	59	40
5	2019010104	송정동	0.005	0.003	0.018	0.8	54	36
6	2019010105	송정동	0.006	0.003	0.019	0.9	52	36
7	2019010106	송정동	0.006	0.003	0.02	0.8	51	38
8	2019010107	송정동	0.006	0.003	0.02	0.9	53	43
9	2019010108	송정동	0.006	0.003	0.02	1	52	41
10	2019010109	송정동	0.006	0.003	0.016	0.9	52	43
11	2019010110	송정동	0.006	0.004	0.015	0.8	57	47
12	2019010111	송정동	0.006	0.016	0.013	0.5	64	48
13	2019010112	송정동	0.006	0.022	0.011	0.4	44	29
14	2019010113	송정동	0.006	0.022	0.011	0.5	41	25
15	2019010114	송정동	0.006	0.025	0.011	0.5	38	25

그림 1-1 | 정형 데이터 - 충청북도_대기질 정보 엑셀 파일(출처 : http://here.chungbuk.go.kr)

② 반정형 데이터

반정형 데이터는 웹에서 주로 접하는 HTML, XML, JSON 파일 형태의 데이터로 연산이 불가하며 활용하기 위해서는 별도의 데이터 처리 기술(파싱, Parsing)이 요구됩니다. 특히 XML이나 JSON 파일 형태의 경우 공공데이터포털(data.go.kr)의 오픈 API(Application Programming Interface)에서 쉽게 찾아볼 수 있습니다. 주로 애플리케이션을 만들 때 활용합니다.

그림 1-2 | 반정형 데이터 – 공공데이터포털의 오픈 API

그림 1-3 | 반정형 데이터 활용 사례 – 미세미세 모바일 앱

잠깐만요

JSON과 파싱

● JSON

JSON(JavaScript Object Notation, 자바스크립트 객체 표기법)은 "키-값 쌍"으로 이루어진 데이터 오브젝트를 전달하기 위해 인간이 읽을 수 있는 텍스트를 사용하는 개방형 표준 포맷을 말합니다. 말이 조금 어렵지만 다음 예시와 같은 데이터 형태라고 이해하면 됩니다.

・ 예제 [편집]

다음은 한 사람에 관한 정보를 갖는 JSON 객체이다.

키-값 쌍(이름:값)의 패턴으로 표현된다.

```
1 {
2    "이름":"홍길동"
3    "나이": 25,
4    "성별": "여"
5    "주소": "서울특별시 양천구 목동"/
6    "특기": ["농구", "도술"],
7    "가족관계": {"#":2, "아버지": "홍판서", "어머니": "춘섭"}
8    "회사": "경기 수원시 팔당구 우만동"
9 }
```

그림 1-4 | JSON 객체 예시(출처 : wikipedia)

● 파싱

파싱(Parsing)은 XML이나 JSON과 같은 객체에서 원하는 데이터를 특정 패턴으로 추출해서 가공하는 것을 말합니다. 다음의 사이트(https://jsonformatter.org/)에 가면 왼쪽의 JSON 객체를 파싱해서 오른쪽에 결과를 보여줍니다. 직접 해보면 이해가 훨씬 잘됩니다.

그림 1-5 | JSON 파싱 예시

③ 비정형 데이터

비정형 데이터는 말 그대로 연산이 되지 않는 음성, 이미지, 텍스트, 영상 등의 데이터 형태를 말합니다. 음성의 경우 인공지능 스피커, 이미지의 경우 머신비전 검사(부적합 제품을 육안 대신 카메라와 인공지능 알고리즘으로 찾아내는 방법), 텍스트의 경우 신문 기사 웹 크롤링(crawling)을 통한 워드 클라우드(Word Cloud) 분석(Chapter 8에서 자세히 설명) 등으로 활용됩니다.

그림 1-6 | 비정형 데이터 – YouTube 영상

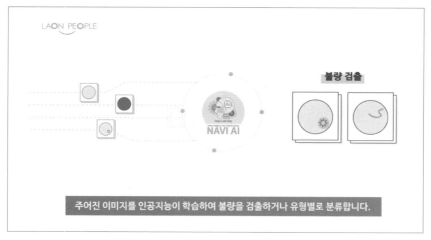

그림 1-7 | 비정형 데이터 활용 사례 – 라온피플의 머신비전 솔루션

② 데이터 → 정보 → 지식 → 지혜

데이터는 객관적 사실이기 때문에 그 자체로는 그다지 중요하지 않습니다. 그보다는 데이터를 어떻게 가공하고 활용해 어떤 가치를 창출할 것인가가 더 중요합니다. 유명한 오성과 한음의 설화로 설명을 하겠습니다.

오성은 글공부가 너무 하기 싫어서 매일 놀기만 하다 결국 아버지께 크게 혼이 났습니다. 아버지는 오성에게 하루 동안에 창고 안에 있는 쌀의 개수를 모두 세라는 벌을 내렸습니다. 그럼에도 불구하고 오성은 하루 종일 놀고만 있었습니다. 사람들은 모두 오성이 포기했다고 생각했습니다. 하지만 저녁 무렵이 되자 오성은 창고 안의 쌀을 그릇으로 퍼서 쌀알을 세기 시작했습니다. 3번 정도 그릇 속의 쌀알의 수를 세어 보니 평균 500개가 나왔습니다. 그래서 한 되에 몇 그릇이 들어가는지 해보았더니 160그릇이 들어갔으며, 쌀 한 가마에는 총 50되가 들어간다는 사실을 알게 되었습니다. 창고에는 쌀 20가마가 있었기 때문에 쌀알은 총 500 x 160 x 50 x 20 = 80,000,000(알)이 들어 있음을 계산할 수 있었습니다. 오성은 그릇 속의 쌀알만 세어 20가마의 쌀알 수를 추정했습니다.

쌀 그릇	쌀 한 되	쌀 한 가마	쌀 20가마
쌀알 500개	쌀 그릇 160개 쌀알 80,000개	쌀 되 50개 쌀 그릇 8,000개 쌀알 4,000,000개	쌀 가마 20개 쌀 되 1,000개 쌀 그릇 160,000개 쌀알 80,000,000개

만일 오성이 보통의 아이였다면 아버지께 혼이 나지 않기 위해 하루 종일 창고의 쌀알을 세고 있었을 것입니다. 물론 그렇다 하더라도 혼자서 하루 만에 20가마의 쌀알을 일일이 세는 일은 불가능합니다. 아버지는 불가능한 것을 알기에 이런 벌을 내린 것입니다.

하지만 오성은 어린 나이에도 뛰어난 데이터 분석가(?)였기 때문에 불가능한 일을 포기하지 않고, 주어진 환경에서 데이터에 기반한 논리적인 답변을 내놓았습니다.

먼저 쌀알의 개수를 데이터(data)화시켰습니다. 그래서 3번의 시행을 통해 그릇에는 평균 500개의 쌀알이 들어간다는 정보(information)를 얻을 수 있었습니다. 그 정보를 토대로 한 되에 들어가는 그릇의 개수를 구했고, 한 되에 약 8만 개의 쌀알이 있을 것이라고 추정할 수 있었습니다. 한 되에 쌀알이 8만 개 정도 들어간다는 지식(knowledge)을 얻게 된 것입니다. 이후 이런 지식을 확장해 창고 안에 있는 20가마의 쌀알이 8천만 개 정도일 것이라는 지혜(wisdom)로운 답변을 내놓을 수 있었습니다.

위 이야기에서 확인할 수 있듯이 "그릇 속 쌀알의 개수"라는 데이터 자체는 얻고자 하는 결과에 크게 미치지 못하지만 이를 정보화시키고 다른 지식들과 접목해 활용하면 최소한의 자원만 투입해 원하는 결과를 얻을 수도 있습니다. 실제로 데이터 분석 프로젝트를 진행하다 보면 이런 개념적인 부분이 생각보다 중요하기 때문에 이야기를 통해 설명했습니다.

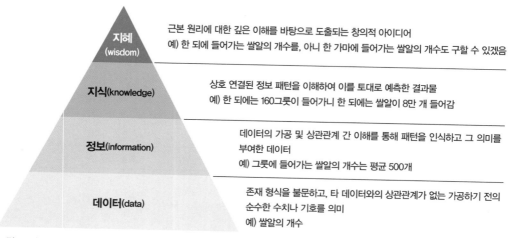

그림 1-8 | 지식의 피라미드

③ 빅데이터의 등장

스마트폰과 태블릿 그리고 사물 인터넷(IoT, Internet on Things) 등이 등장하면서 기존의 PC 기반 대비 데이터량이 기하급수적으로 증가하기 시작했습니다.

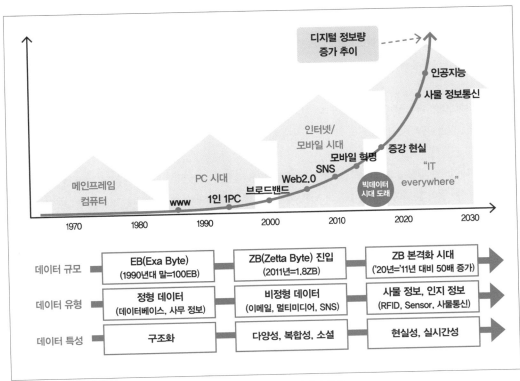

그림 1–9 │ 전 세계 정보량 증가 추이(출처 : NIA – 새로운 미래를 여는 빅데이터 시대)

게다가 데이터의 형태도 기존의 정형 데이터뿐만 아니라 텍스트, 이미지, 영상 등의 비정형 데이터량이 급증하게 되었습니다. 이에 따라 기업들은 엄청나게 많은 양(Volume)의 데이터, 다양한(Variety) 형태의 데이터, 지금 이 순간에도 엄청난 속도(Velocity)로 생성되고 있는 데이터를 수집하고 처리해서 활용할 방법을 고민하기 시작했습니다. 그렇게 등장한 용어가 바로 "빅데이터"입니다.

빅데이터에 대한 정의는 매우 다양합니다.

"빅데이터는 일반적인 데이터베이스 소프트웨어로 저장·관리·분석할 수 있는 범위를 초과하는 규모의 데이터다." (McKinsey, 2011)

"빅데이터는 다양한 종류의 대규모 데이터로부터 저렴한 비용으로 가치를 추출하고 데이터의 초고속 수집, 발굴, 분석을 지원하도록 고안된 차세대 기술 및 아키텍처다." (IDC, 2011)

"빅데이터란 대용량 데이터를 활용해 작은 용량에서는 얻을 수 없었던 새로운 통찰이나 가치를 추출해 내는 일이다. 나아가 이를 활용해 시장, 기업 및 시민과 정부의 관계 등 많은 분야에 변화를 가져오는 일이다." (Mayer-Schonberger & Cukier, 2013)

하지만 보편적으로 통용되는 의미는 가트너(Gartner) 그룹의 더그 레이니(Doug Raney)가 3V 모델로 다음 표와 같이 정의했습니다.

양(Volume)	다양성(Variety)	속도(Velocity)
데이터의 규모 측면	데이터의 유형과 소스 측면	데이터의 발생 속도 측면, 데이터의 수집과 처리 측면

표 1-3 | 빅데이터의 정의 – 3V

4 빅데이터가 만들어 내는 변화

빅데이터가 등장할 수 있었던 배경에는 다양한 IT 기기와 인터넷의 발달, 클라우드(Cloud) 컴퓨팅, 저장장치 비용 하락 등이 있습니다. 과거에는 이와 같은 환경이 마련되지 않았기 때문에 데이터를 수집하는 행위 자체가 힘들었습니다. 물론 지금도 특정 데이터(예: 신약 임상시험 데이터)는 수집하기가 매우 어렵지만 이런 특수 사례를 제외한다면 데이터를 수집하는 환경은 과거보다 훨씬 나아졌습니다.

과거에는 전체 데이터를 모두 수집하기 위해서는 막대한 인력과 자본이 투입되었기 때문에 주로 전체 데이터(모집단)에서 표본(sample)을 추출해 전체 데이터의 특성을 추정해야만 했습니다. 이를 표본조사(Sampling Survey)라고 합니다.

하지만 빅데이터 시대에는 표본이 아닌 모집단 전체 데이터를 수집하는 데도 과거보다 비용이 아주 저렴해졌습니다. 이러다 보니 기존에는 비용 때문에 수집하지 않던 데이터도 수집하기 시작했습니다. 왜냐하면 거기에서 어떤 패턴이나 규칙을 발견해 새로운 가치를 창출할 수도 있다고 생각했기 때문입니다.

과거에는 데이터의 질(quality)에 집중했다면 이제는 양(quantity)에 더 초점을 맞추고 있습니다. 결국 절대적인 데이터량이 많아지면 양질의 데이터도 자연스럽게 증가하기 때문입니다.

이제는 원인 x와 결과 y를 이론적으로 설명하는 인과관계(causation)보다 단순히 x와 y의 관계를 수치화시켜 알려주는 상관관계(correlation)를 더 중요시하고 있습니다. 굳이 발생하는 모든 일의 원인을 알 필요가 없기 때문입니다.

다음 표에 내용을 간략하게 정리했습니다. 예시를 보면 이해가 더 쉬울 것입니다.

빅데이터 전	빅데이터 후	사례
사전처리	사후처리	구글(Google)은 대부분이 쓸모 없을 것이라 생각했던 웹로그(Weblog) 데이터를 분석해 광고에 매칭했고, 세계 최고의 인터넷 기업으로 성장했음
표본조사	전수조사	웹사이트에 접속할 경우 접속자마다 웹로그가 남게 되는데 이는 표본이 아닌 전체 데이터임
질(quality)	양(quantity)	IBM은 자동번역 시스템 구축을 위해 정교하게 번역된 양질의 데이터 수백만 건으로 데이터베이스를 구축했지만, 구글은 잘 번역된 데이터 외에도 오역이 있는 웹사이트 데이터까지 모두 포함해 수십억 건의 데이터베이스를 구축해 IBM이 실패한 프로젝트를 성공시켰음
인과관계 (causation)	상관관계 (correlation)	영국의 보험회사 아비바(Aviva)는 혈액 및 소변검사를 하지 않고도 고혈압, 당뇨와 같은 질병에 걸릴 확률을 취미, TV 시청 습관 등의 소비자 마케팅 데이터만으로 예측해 병원 검사 비용을 없앨 수 있었음

표 1-4 │ 빅데이터가 만들어 내는 4가지 변화

5 빅데이터의 활용

빅데이터는 다양한 분야에 활용되고 있습니다. 산업별로 활용하는 목적은 다르지만 분명한 것은 모든 산업에서 더 많은 데이터를 수집하고, 이를 활용하는 데 초점을 맞추고 있다는 사실입니다.

산업별로 보면 빅데이터는 주로 인터넷, 금융 서비스, 헬스케어, 보험 분야에서 널리 활용되고 있습니다. 실제 빅데이터 활용 사례를 검색해 보더라도 구글, 아마존, 애플, 유튜브, 유나이티드헬스케어, 아비바 등의 사례를 쉽게 찾아볼 수 있습니다. 다음 표에 산업별로 빅데이터의 활용 분야를 간략하게 정리했으니 참고하기를 바랍니다.

산업	활용 분야
인터넷 및 게임	타깃 광고, 고객 맞춤형 서비스 개발, 고객 세분화, 고객 이탈률 최소화 등
금융 및 보험	사기 및 부정행위 탐지(Fraud Detection), 고객 맞춤형 서비스 개발, 고객 세분화, 리스크 최소화 등
유통 및 소매	물류 비용 최소화, 상품 진열 최적화, 재고관리 최적화 등
의료 및 제약	환자 상태 진단, 영상(MRI, CT) 판독, 신약 개발 등
제조업	설비 이상 감지(Anomaly Detection), 생산성 향상, 원가 절감, 부적합(불량) 감지 등
에너지	설비 이상 탐지(Anomaly Detection), 환경오염물질 배출 최소화, 발전량 예측 등
통신	네트워크 최적화, 고객 이탈률 분석, 신규 서비스 개발 등
교육	학습 능률 향상, 학생 수준별 맞춤 수업 제공 등
정부	CCTV 설치 위치 선정, 범죄 예방, 교통량 최적화, 전기차 충전소 설치 위치 선정 등

표 1-5 | 산업별 빅데이터 활용 분야

6 빅데이터와 인공지능

많은 사람들이 빅데이터와 인공지능이 서로 어떤 관계인지 궁금해합니다. 그런데 여기서 문제는 빅데이터의 정의 자체가 앞에서 설명했던 것처럼 다양해 하나로 딱 정할 수 없기 때문에 애매한 부분이 있습니다. 만일 빅데이터를 엑셀로 처리할 수 없는 규모(약 100만 행 이상)의 데이터로 정의한다면 빅데이터는 인공지능 구현을 위한 학습 데이터(Training Data)로 인공지능을 구현하는 데 필요한 대상으로 볼 수 있고, 빅데이터를 더 큰 개념으로 정의한다면 인공지능은 빅데이터의 한 부분집합으로 볼 수 있습니다.

개인적인 생각은 후자에 가깝습니다. 왜냐하면 빅데이터라는 용어가 마치 품질관리에 등장하는 6시그마(평균을 중심으로 양품의 수를 6배의 표준편차 이내($\mu\pm6\sigma$)에서 생산할 수 있는 공정 능력을 나타내는 용어에서 전방위 경영혁신 운동으로 그 의미가 확장되었음)라는 용어처럼 단순히 그 상태를 나타내는 것이 아닌 방법론을 포함하는 개념으로 더 큰 의미가 부여되고 있기 때문입니다.

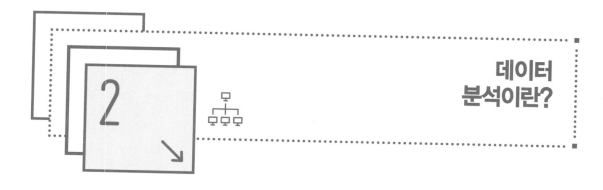

1 데이터 과학? 데이터 분석? 데이터 마이닝?

데이터 분석에 관해 공부를 하거나 업무를 하다 보면 데이터 과학, 데이터 분석, 데이터 마이닝이라는 용어를 자주 접하게 됩니다. 우선 각각의 정의를 위키피디아(wikipedia)에서 찾아 인용해 봤습니다.

"데이터 과학(Data Science)이란 데이터 마이닝(Data Mining)과 유사하게 정형, 비정형 형태를 포함한 다양한 데이터로부터 지식과 인사이트를 추출하는 데 과학적 방법론, 프로세스, 알고리즘, 시스템을 동원하는 융합 분야다. 데이터 과학은 데이터를 통해 실제 현상을 이해하고 분석하는데 통계학, 데이터 분석, 기계학습과 연관된 방법론을 통합하는 개념으로 정의되기도 한다."

"데이터 분석(Data Analysis)은 유용한 정보를 발굴하고 결론 내용을 알리며 의사결정을 지원하는 것을 목표로 데이터를 정리, 변환, 모델링하는 과정이다. 데이터 분석은 여러 면과 접근 방식이 있고 다양한 이름의 다양한 기술을 아우르며 각기 다른 비즈니스, 과학, 사회과학 분야에 사용된다. 오늘날 비즈니스 부문에서 데이터 분석은 의사결정을 더 과학적으로 만들어 주고 비즈니스를 더 효율적으로 운영할 수 있도록 도와주는 역할을 한다."

"데이터 마이닝(Data Mining)은 대규모로 저장된 데이터 안에서 체계적이고 자동적으로 통계적 규칙이나 패턴을 분석하여 가치 있는 정보를 추출하는 과정이다. 다른 말로는 KDD(데이터베이스 속의 지식 발견, Knowledge-discovery in Databases)라고도 일컫는다."

각각의 용어에 대한 이해가 다소 헷갈린다면 다음의 다이어그램을 참고하기를 바랍니다.

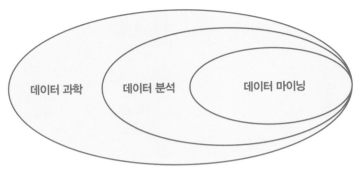

그림 1-10 | 데이터 과학, 데이터 분석, 데이터 마이닝의 관계

데이터 마이닝은 데이터 분석에서 활용하는 방법론 중 일부를 말합니다. 데이터 과학은 데이터 분석을 포함한 광범위한 영역을 뜻합니다. 예를 들어, 데이터 분석이 시각화를 통한 리포팅 수준에서 끝이 난다면 데이터 과학은 데이터 분석을 통해 개발된 모델을 이용한 새로운 시스템을 구축하는 수준까지 확장된다고 보면 큰 무리가 없을 것입니다.

② 데이터 분석가와 데이터 과학자

앞에서 데이터 분석과 데이터 과학에 대해 알아봤습니다. 데이터 과학은 데이터 분석보다 더 큰 개념입니다. 직무를 비교해 보면 그 차이를 더 잘 알 수 있습니다. 다음 표에서 데이터 분석가(Data Analyst)와 데이터 과학자(Data Scientist)의 직무 기술서(Job Description)를 비교해 봤습니다.

요구 사항	데이터 분석가(Data Analyst)	데이터 과학자(Data Scientist)
학력	학사 이상	석사 이상
전공	수학, 통계, 산업공학, 컴퓨터공학 등	수학, 통계, 컴퓨터과학 등
경력	–	5년 이상
사용 가능 언어	SQL, R, Python	SQL, R, Python, C++, Java
기타	–	Hadoop, Spark 등과 같은 대용량 데이터 처리 프레임워크 경험

표 1-6 | 데이터 분석가와 데이터 과학자의 직무 기술서 비교

데이터 과학자는 데이터 분석가의 레벨 업 단계라고 보면 됩니다. 위 직무 기술서의 요구 사항처럼 보편적으로 데이터 과학자에게는 상대적으로 높은 학력과 경력이 요구됩니다. 그리고 데이터 수집(SQL) 및 분석(R, Python)을 위한 언어뿐만 아니라 일반적으로 시스템을 구축하는 데 활용되는 C나 Java 언어를 사용할 수 있는 능력까지 요구하는 경우가 많습니다. payscale.com에서 데이터 분석가의 커리어 패스(Career Paths)와 연봉(salary)을 한 번 검색해 봤습니다.

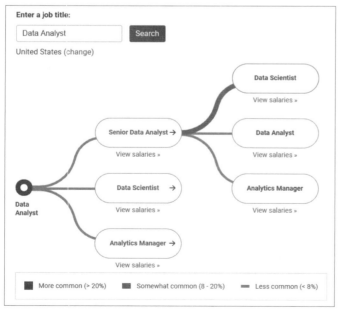

그림 1-11 | Data Analyst Career Paths(출처 : payscale.com)

데이터 분석가에게 인기 있는 회사의 급여 수준		데이터 과학자에게 인기 있는 회사의 급여 수준	
Kaiser Permanente	$70k	Booz, Allen, and Hamilton	$82k
Cenent Corporation	$64k	Microsoft Corp	$125k
Booz, Allen, and Hamilton	$73k	Amazon.com Inc.	$122k
Amazon.com Inc.	$81k	IBM	$114k
J. P. Morgan Chase&Co.(JPMCC)	$77k	Facebook Inc.	$127k
UnitedHealth Group	$68k	Ford Motor Company	$95k
Humans, Inc.	$51k	Apple Computer, Inc.	$125k
Comcast Cable, Inc.	$63k	Deloitte	$91k

그림 1-12 | Data Analyst와 Data Scientist 연봉 비교(출처 : payscale.com, 2020. 11. 01 기준)

데이터 분석가에서 시니어 데이터 분석가를 거쳐 데이터 과학자로 성장해야 연봉이 많아지는 것을 알 수 있습니다. 아마존(Amazon)을 기준으로 연봉을 비교해 보면 데이터 분석가가 $81k(환율 1,150원 기준 약 9,315만 원), 데이터 과학자가 $122k(동일 환율 기준 약 14,030만 원) 수준의 연봉을 받는 것을 알 수 있습니다. 확실히 데이터 과학자의 연봉이 더 높습니다.

정리하자면 데이터 분석가가 현업에서 주어진 문제를 분석하는 수동적인 직무라면, 데이터 과학자는 주도적으로 프로젝트를 처음부터 끝까지 진행하고 데이터 분석뿐만 아니라 시스템화까지 구현할 수 있는 직무를 뜻한다고 볼 수 있습니다. 실제로 데이터 과학자라고 불릴 수 있는 사람들은 극소수입니다.

③ 도메인 지식

데이터 분석 프로젝트를 진행하다 보면 도메인 지식(Domain Knowledge)이라는 용어를 자주 접하게 됩니다. 도메인 지식은 특정 분야의 전문 지식을 뜻합니다. 예를 들어, 철강회사의 도메인 지식에는 가속 냉각온도에 따른 후판(비교적 두꺼운 열간압연 강판)의 인장강도(Tensile Strength) 변화, Slab 압연(Rolling) 중 디스케일링(descaling) 패턴에 따른 후판 표면 스케일(scale) 생성 변화 등이 있습니다. 들어도 도대체 무슨 말인지 이해하기 힘들 것입니다. 당연합니다. 이것이 이 분야의 도메인 지식이기 때문입니다.

이 도메인 지식은 데이터 분석 프로젝트에서 매우 중요한 역할을 합니다. 물론 분석하고자 하는 목적이나 산업에 따라 도메인 지식의 영향력은 각기 다릅니다.

예를 들어, 신문 기사에 달린 댓글을 통해 기업의 평판을 분석하고자 한다면 도메인 지식은 크게 중요하지 않습니다. 댓글 내용을 크롤링(crawling)해 말뭉치(Corpus)를 만들고, 워드 클라우드(Word Cloud)를 통해 어떤 단어가 가장 많았는지 보거나 감성 분석(Sentiment Analysis)을 통해 긍정(positive)의 단어가 많았는지 부정(negative)의 단어가 많았는지 확인하는 정도에 그칠 것입니다.

하지만 석탄 화력 발전소의 미세먼지 배출량 감소를 위한 데이터 분석 프로젝트를 진행한다면 발전소의 구조, 미세먼지가 배출되는 공정, 석탄 성상 등 다양한 도메인 지식 없이는 성공적인 프로젝트 진행이 불가능합니다. 따라서 성공적인 사내 데이터 분석 프로젝트를 위해서는 데이터 분석을 진행하는 부서와 도메인 지식을 가진 현업 부서 간에 원활한 의사소통과 내용 공유가 필수적입니다. 그래서 데이터 과학자에게 요구되는 자질 중 소통 능력 (Communication Skill)이 매우 중요합니다.

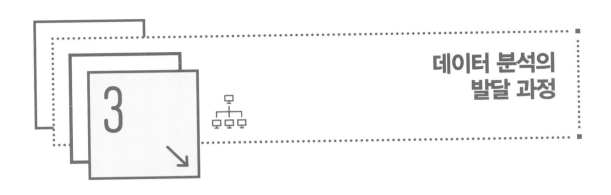

데이터 분석의
발달 과정

① 통계학[*]의 등장

인류는 보다 나은 의사결정을 위해 항상 고민해 왔습니다. 고대 이집트, 메소포타미아, 황하 등 4대 문명이 시작된 시대로 거슬러 올라가보더라도 전쟁에 동원할 수 있는 병력을 조사하거나 세금을 거두기 위해서 인구조사가 이루어진 것을 여러 문헌을 통해서 알 수 있습니다. 통계는 이처럼 아주 오래전부터 국가의 살림을 꾸려나가기 위해 이용되었습니다.

본격적으로 통계학(Statistics)이라는 학문이 등장한 시기는 18세기입니다. 이 시기에 베르누이(J. Bernoulli), 라플라스(P. S. Laplace), 가우스(C. F. Gauss), 파스칼(B. Pascal) 등의 천재들에 의해 통계학의 기틀이 다져졌습니다. 이 통계학이 바로 수학 과목인 "확률과 통계"입니다.

통계학은 크게 "기술통계"와 "추론통계"로 구분할 수 있습니다.

기술통계는 관측을 통해 얻은 데이터에서 그 데이터의 특징을 뽑아내기 위한 기술을 말하는데 도수분포표나 히스토그램 등과 같이 표와 그래프로 표현하는 방법과 평균이나 표준편차와 같이 통계량으로 표현하는 방법이 있습니다.

◆   박성현, 통계학 연구의 과거·현재와 4차 산업혁명 시대의 데이터 사이언스의 역할과 비전, 학술원논문집(자연과학편) 제56집 2호(2017), pp. 53–82

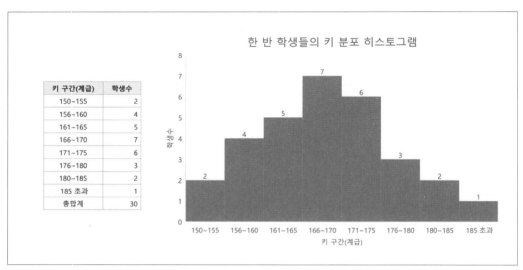

키 구간(계급)	학생수
150~155	2
156~160	4
161~165	5
166~170	7
171~175	6
176~180	3
180~185	2
185 초과	1
총합계	30

그림 1-13 | 도수분포표 및 히스토그램 예시

추론통계는 통계학 방법과 확률 이론을 섞은 것으로 "전체를 파악할 수 없을 정도의 큰 대상"이나 "아직 일어나지 않은, 미래에 일어날 일"에 관해 추측하는 것입니다. 예를 들어, 투표에서 여론조사를 통해 당선이 유력한 후보를 오차범위 내에서 추측하는 것은 추론통계 덕분에 가능한 일입니다.

	정당	실제 결과	KBS	MBC	SBS
19대 총선	새누리당	152	131~147	130~153	126~151
	민주통합당	127	131~147	128~147	128~150
	통합진보당	13	12~18	11~17	10~21
20대 총선	새누리당	122	121~143	118~136	123~147
	더불어민주당	123	101~123	107~128	97~120
	국민의당	38	34~41	43~42	31~43

표 1-7 | 19~20대 총선 방송 3사 출구조사와 실제 결과 비교

❷ 사람들이 통계를 어려워하는 이유 ─────────

아마도 많은 사람들이 확률과 통계는 어려운 과목이라고 생각할 것입니다. 왜냐하면 답이 딱 떨어지지 않고, 다소 버거운 느낌(?)을 받기 때문입니다. 그 이유를 곰곰이 생각해 본 결과, 2가지 원인을 찾을 수 있었습니다.

다음 문제 ①, ② 중 어느 것이 더 어렵게 느껴질까요?

---

① 아래 2차 방정식을 풀어라.

$$x^2+2x+1=0$$

VS

---

② 어느 고등학교의 전체 학생을 대상으로 생활복 도입에 대한 찬반투표를 한 결과 전체 학생의 80%가 찬성하였고, 20%는 반대하였다. 이 고등학교의 전체 학생의 40%가 여학생이었고, 생활복 도입에 찬성한 학생의 70%가 남학생이었다. 이 고등학교의 전체 학생 중 임의로 선택한 한 학생이 여학생일 때, 이 학생이 생활복 도입에 찬성하였을 확률은?

그림 1-14 | 통계가 어렵게 느껴지는 이유 1

대부분은 ②가 더 어렵다고 생각할 것입니다. 왜냐하면 일단 문제에 글이 너무 많아 읽는 순간부터 집중력이 저하되고, 몇 번을 읽어도 무슨 내용인지 헷갈리기 때문입니다.

그러면 조금 문제를 변형해 보도록 하겠습니다. 다음 문제 ①, ② 중에서는 어느 것이 더 쉽게 느껴질까요?

---

① 어느 고등학교의 전체 학생을 대상으로 생활복 도입에 대한 찬반투표를 한 결과 전체 학생의 80%가 찬성하였고, 20%는 반대하였다. 이 고등학교의 전체 학생의 40%가 여학생이었고, 생활복 도입에 찬성한 학생의 70%가 남학생이었다. 이 고등학교의 전체 학생 중 임의로 선택한 한 학생이 여학생일 때, 이 학생이 생활복 도입에 찬성하였을 확률은?

VS

> ② 어느 고등학교의 전체 학생을 대상으로 생활복 도입에 대한 찬반투표를 한 결과 전체 학생 100명 중 80명이 찬성하였고, 20명은 반대하였다. 이 고등학교의 전체 학생 중 40명이 여학생이었고, 생활복 도입에 찬성한 학생 56명은 남학생이었다. 이 고등학교의 전체 학생 중 임의로 선택한 한 학생이 여학생일 때, 이 학생이 생활복 도입에 찬성하였을 확률은?

그림 1-15 | 통계가 어렵게 느껴지는 이유 2

대부분 문제 ①보다는 ②가 더 쉽게 느껴질 것입니다. 그 이유는 "%" 기호 때문입니다. "%"가 들어가는 순간 확률에 대한 공포심이 생겨 제대로 계산을 못하는 경우가 많습니다. 이럴 때는 ②와 같이 100%를 100명으로 바꾸면 훨씬 이해가 쉽습니다. 그리고 마치 스도쿠 문제를 푼다고 생각하고, 다음 표와 같이 주어진 데이터(검은색)에 추측한 값(녹색)을 채워 넣으면 모든 값을 알 수 있습니다. 그러면 임의로 선택한 한 학생이 여학생일 때, 이 학생이 생활복 도입에 찬성하였을 확률 0.6을 쉽게 구할 수 있습니다(찬성한 여학생 수 / 전체 여학생 수 = 24/40 = 3/5 = 0.6).

구분	남학생	여학생	총계
찬성	80×0.7 = 56	24	80
반대	4	16	20
총계	60	40	100

표 1-8 | 생활복 도입에 대한 찬반투표 결과

위 문제는 고3 전국연합학력평가 2017년 7월 수학 영역(가형) 13번 문제였습니다.

③ 컴퓨터의 등장과 인공지능

통계학이 등장하고 난 뒤 1940년대에 컴퓨터가 등장했습니다. 이론은 정립이 되었으나 인간의 두뇌로 계산하기 버거웠던 문제들을 컴퓨터를 이용해 풀기 시작하면서 탄도 계산, 우주선 개발, 일기 예보 등 다양한 분야의 연구가 가능하게 되었고, 통계학의 발전에도 엄청난 기여를 했습니다. 컴퓨터가 나오기 전까지는 변수가 수십 개인 다중 회귀분석(Multiple Regression

Analysis)은 차마 계산할 엄두를 내지 못했지만 이런 일들이 가능해지면서 산업 전반으로 통계학의 영역이 확장되었습니다.

그 결과, 국가 경영을 위한 보조지표로서 뿐만 아니라 산업현장의 다양한 문제를 해결하기 위해 통계가 사용되기 시작했습니다. 특히 제조산업에서 품질관리와 공정관리에 혁명적인 변화를 일으켜 인류의 삶을 변화시켰습니다.

1950년대에 사람의 뇌를 모방한 인공지능(AI, Artificial Intelligence)의 개념이 생겨나기 시작했고, 1956년 미국 다트머스 대학(Dartmouth College)의 존 매카시(John McCarthy) 교수가 개최한 다트머스 회의를 통해 처음으로 인공지능이라는 용어가 사용되기 시작했습니다.

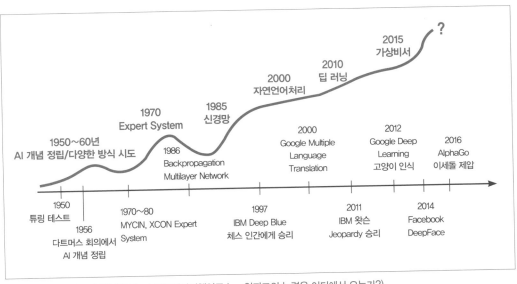

그림 1-16 | 인공지능의 역사(출처 : 소프트웨어정책연구소 – 알파고의 능력은 어디에서 오는가?)

하지만 인공지능을 통해 복잡한 문제들을 해결할 수 있을 것이라는 기대와 달리 컴퓨터 능력의 부족과 극복할 수 없는 몇 가지 근본적인 한계로 원하는 결과물을 얻지 못하자 연구 자금지원이 중단되는 암흑기를 거쳤습니다.

이후 컴퓨터의 발달과 데이터량의 증가 등 환경적인 요소들이 인공지능 구현에 유리한 상황이 되면서 다시 연구가 활발히 진행되었습니다. 특히 2016년 이세돌 9단과 알파고(AlphaGo)의 대국으로 인해 전 세계적으로 인공지능에 대한 관심이 폭발하게 되었습니다. 이런 상황에 힘

입어 인공지능 스피커가 대중화되었고, 구글의 어시스턴트(Assistant), 애플의 시리(Siri), 삼성의 빅스비(Bixby) 등 인공지능 음성 비서 서비스가 널리 사용되게 되었습니다. 이세돌과 알파고 (AlphaGo)의 대국이 있은 지 몇 해 지나지 않았지만 그동안 인공지능은 우리 삶에 깊숙이 자리 잡게 되었고, 가장 유망한 미래 산업의 한 분야가 되었습니다.

인공지능을 이용하면 통계학에서의 추론통계를 기존의 통계학적인 방법론보다 높은 정확도로 예측하는 일이 가능합니다. 그래서 데이터 분석에서 통계학을 공부한 뒤 인공지능의 방법론인 머신러닝과 딥 러닝을 배우는 것입니다.

예를 들어, 부모의 키(x)를 이용해 자식의 키(y)를 예측하고자 할 때 통계학의 회귀분석을 이용하는 방법보다 딥 러닝 알고리즘인 DNN(심층 신경망, Deep Neural Network)을 이용할 경우 대체적으로 더 높은 예측 정확도를 기대할 수 있습니다.

4 인공지능, 머신러닝 그리고 딥 러닝 ———————————

우선 인공지능, 머신러닝(Machine Learning) 그리고 딥 러닝(Deep Learning)의 정의를 위키피디아를 참고해 알아보겠습니다.

> "인공지능(Artificial Intelligence)은 인간의 학습능력, 추론능력, 지각능력, 자연언어의 이해능력 등을 컴퓨터 프로그램으로 실현한 기술이다. 하나의 인프라 기술이기도 하다."

> "기계학습 또는 머신러닝(Machine Learning)은 경험을 통해 자동으로 개선하는 컴퓨터 알고리즘의 연구다. 인공지능의 한 분야로 간주된다. 컴퓨터가 학습할 수 있도록 하는 알고리즘과 기술을 개발하는 분야다. 가령, 기계학습을 통해서 수신한 이메일이 스팸인지 아닌지를 구분할 수 있도록 훈련할 수 있다."

> "심층학습 또는 딥 러닝(Deep Learning)은 여러 비선형 변환기법의 조합을 통해 높은 수준의 추상화 (abstractions, 다량의 데이터나 복잡한 자료들 속에서 핵심적인 내용 또는 기능을 요약하는 작업)를 시도하는 기계학습 알고리즘의 집합으로 정의되며, 큰 틀에서 사람의 사고방식을 컴퓨터에게 가르치는 기계학습의 한 분야라고 이야기할 수 있다."

위의 정의를 자세히 읽어보면 인공지능과 머신러닝 그리고 딥 러닝이 어떤 관계인지 대략적으로 알 수 있습니다. 그림으로 나타내면 다음과 같습니다.

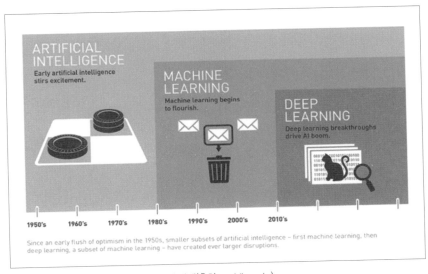

그림 1-17 | 인공지능, 머신러닝, 딥 러닝의 관계(출처 : nvidia.co.kr)

딥 러닝은 머신러닝의 방법론 중 하나로 기존 머신러닝의 문제점인 과적합(overfitting, 학습 데이터를 과하게 학습해 실제 데이터에 대해 오차가 증가하는 현상)과 느린 학습시간을 해결할 수 있는 방법론이 등장하면서 단점이 극복되었고, GPU(그래픽 처리 장치, Graphics Processing Unit)의 발달로 복잡한 행렬 연산에 소요되는 시간이 크게 줄면서 각광받게 되었습니다. 게다가 빅데이터의 등장으로 학습하기에 충분한 데이터가 쏟아진 것도 딥 러닝의 유행에 크게 기여했습니다. 물론 이세돌 9단과 대국한 알파고에 딥 러닝이 사용된 것도 한몫을 했습니다.

딥 러닝은 다양한 머신러닝 알고리즘 중에서도 대체적으로 높은 예측 정확도를 자랑하고 있습니다. 다만, 딥 러닝을 구현하기 위해서는 충분히 많은 양의 학습 데이터가 필요합니다. 따라서 데이터량이 수백 건 이하라면 딥 러닝을 적용하는 것이 바람직하지 않을 수 있습니다.

머신러닝에는 딥 러닝 외에도 다양한 알고리즘이 존재합니다. 다음은 대표적인 머신러닝과 딥 러닝 알고리즘을 도식화한 것입니다.

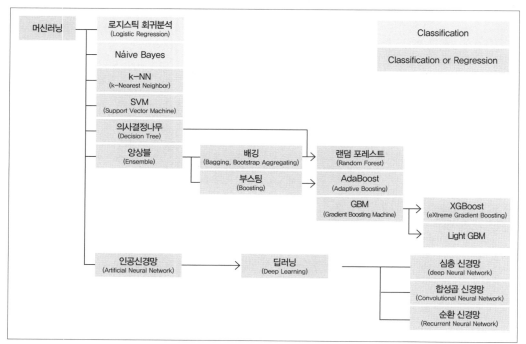

그림 1-18 | 머신러닝과 딥 러닝 알고리즘의 종류

지금은 용어가 어렵겠지만 이 책을 한 번 다 읽고 나면 친숙하게(?) 느껴질 것입니다. SVM과
랜덤 포레스트(Random Forest)라는 알고리즘도 유명하지만 특히 XGBoost와 Light GBM은 캐
글(Kaggle, 예측 모델 및 분석 대회 플랫폼)에서 우수한 성능을 나타내며 많은 사람들이 활용하는 알
고리즘입니다.

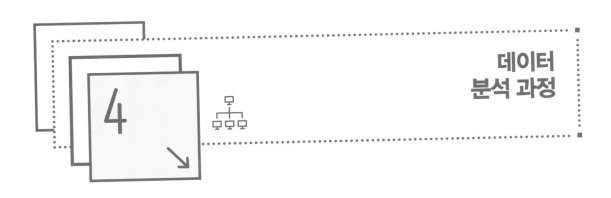

데이터 분석 과정

1 데이터 분석의 결과물

데이터 분석 과정은 결과물의 형태에 따라 달라집니다. 따라서 데이터 분석의 결과물에 대해 살펴보고, 그에 따른 분석 과정을 알아보도록 하겠습니다.

데이터 분석의 결과물은 크게 2가지 형태로 분류할 수 있습니다.

첫 번째는 시각화(visualization) 형태입니다. 예를 들어, 의류 오픈마켓을 운영하는 회사에서 고객 유형을 분류하는 프로젝트를 진행한다고 가정해 보겠습니다. 그러면 현재 회원이 몇 명인

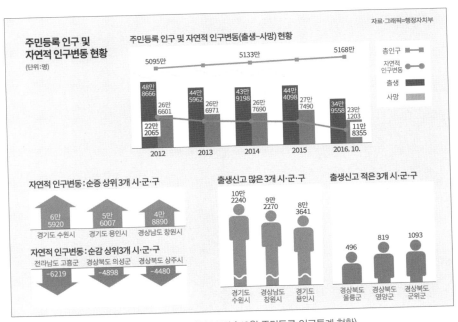

그림 1-19 | 시각화 리포트 예시(출처 : 행정자치부 2016년 10월 주민등록 인구통계 현황)

─ 데이터 분석의 이해

지, 어디에 사는지, 최근 1년간 구매 금액이 얼마나 되는지, 구매 주기가 얼마나 되는지 등 다양한 관점에서 의문을 가지며 고객 유형을 분류하기 위한 특징을 찾기 위해 데이터를 분석해 나갈 것입니다. 이런 데이터 분석 방법을 탐색적 자료 분석(EDA, Exploratory Data Analysis)이라고 합니다. 이렇게 분석된 결과는 대부분 표나 그래프를 통한 시각화로 결과물이 도출됩니다.

두 번째는 모델(model) 형태입니다. 위의 예시에서 더 나아가 최근 20년 동안의 매출 데이터가 있고, 앞으로 3년 동안 매출 변화가 어떻게 될지 예측하는 프로젝트를 진행한다고 가정해 보겠습니다. 의류의 경우 계절적 특징이 강하므로 시계열 분석을 진행할 수도 있고, 다양한 변수를 활용해 회귀분석을 진행할 수도 있습니다. 이런 분석의 결과는 y = ax + b 형태의 수식이나 복잡한 네트워크 구조로 이루어진 인공신경망일 수도 있습니다.

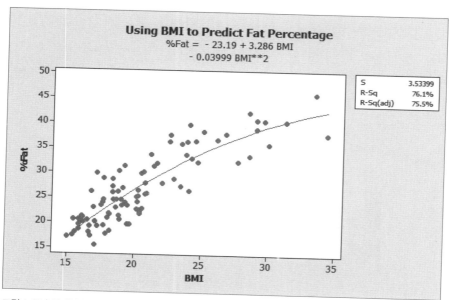

그림 1-20 | 회귀분석 모델 예시(출처 : blog.minitab.com)

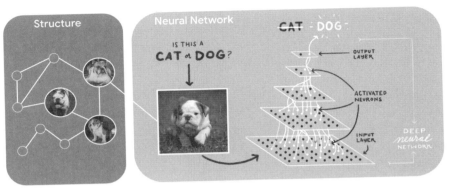

그림 1-21 | 인공신경망 모델 개념도(출처 : tensorflow.org)

다음 표에 간단하게 정리했으니 참고하기를 바랍니다.

구분	시각화(visualization)	모델(model)
방법론	탐색적 자료 분석(EDA)	회귀분석, 머신러닝 등
목적	현황 파악, 새로운 사실 도출 등	예측, 분류 등
형태	표, 그래프, 워드 클라우드, 텍스트 등	수식, 모델 등
예시	월별 매출 현황 분석, 구매 고객 특징 분석, 상관분석, 가설검정, 뉴스 기사 분석 등	일사량에 따른 태양광 발전 출력 예측, 이미지 판별 모델, 금융사기 판별 모델, 자연어 처리 모델 등
최종 산출물	보고서, 대시보드	시스템

표 1-9 | 데이터 분석의 결과물 형태

2 데이터 분석 과정

데이터 분석 방법론에는 대표적으로 KDD(Knowledge Discovery in Database), CRISP-DM(Cross Industry Standard Process for Data Mining)이 있으며, 데이터 분석 과정은 결과물 형태에 따라 다음과 같이 나타낼 수 있습니다.

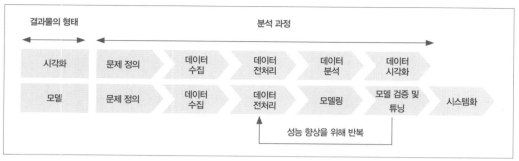

그림 1-22 | 데이터 분석 과정

"문제 정의" 단계는 무엇을 분석할 것인지, 확보 가능한 데이터에는 어떤 것들이 있는지, 예상되는 문제점은 무엇인지 등 본격적인 데이터 분석에 앞서 기본적인 사항들을 정리하는 단계입니다.

"데이터 수집" 단계는 데이터를 한곳에 모으는 행위입니다. 데이터의 형태에 따라 파일이나 데이터베이스에 수집할 수 있습니다. 예를 들어, 태양광 발전량 예측 모델을 만들기 위한 데이터 분석을 진행한다면 발전량, 일사량, 외기온도, 전운량 등의 데이터를 확보해야 합니다. 발전량 데이터는 보유하고 있지만 전운량과 같은 데이터는 기상청이 아니면 수집하기가 어렵기 때문에 기상청 사이트를 통해 전운량 데이터를 확보합니다. 이렇게 데이터를 수집하기 위해서는 어디에 어떤 데이터가 있는지 잘 알아야 하며, 내부 데이터가 아닌 외부 데이터를 활용한다면 추후 시스템화를 고려해 오픈 API가 제공되는지 여부도 반드시 확인해야 합니다.

"데이터 전처리" 단계는 대부분의 데이터 분석 과정에서 가장 오랜 시간이 걸리고, 지루한 과정입니다. 앞의 예를 계속 이용해 발전량 데이터가 30분 단위고, 기상청의 일사량 데이터가 1분 단위라고 한다면 30분 또는 1분 단위로 데이터의 주기를 통일시켜 줘야 합니다. 그래야 하나의 데이터 셋으로 구성할 수 있기 때문입니다. 그리고 기상청 데이터의 경우에는 계측기가 정상적으로 작동하지 않는 경우가 있기 때문에 13시부터 17시까지의 데이터는 있다가 18시부터 20시까지의 데이터는 없을 수도 있습니다. 이런 경우에는 일부 데이터가 없기 때문에 해당 시점의 전체 데이터를 제거할 수도 있고, 앞뒤 데이터의 분포를 보고 평균값이나 중앙값 등으로 대체할 수도 있습니다. 그리고 딥 러닝 모델을 만들 경우에는 단위(예: 발전량 214,201W, 외기온도 2℃)로 인한 변수 간의 값 차이가 커서 모델의 성능이 떨어지는 경우가 많습니다. 그래서 데이터 정규화(normalization)나 표준화(standardization)와 같은 데이터 스케일링(Scaling)을 실시해 서로 다른 변수들을 동일 기준의 값으로 변환합니다. 이런 작업들 때문에 데이터 전처리 과정은 매우 오랜 시간이 걸립니다. 실제 포브스(Forbes)에서 설문 조사한 결과만 보더라도 데이터 전처리(Cleaning and Organizing Data)에 절반이 넘는 60%의 시간을 소비하는 것으로 나타났습니다. 앞서 설명한 "데이터 수집"과 "데이터 전처리" 두 과정을 합치면 약 80%의 시간을 소비하는 것으로 나타납니다. 그래서 데이터를 분석하는 사람들 사이에서는 데이터 수집과 전처리만 끝내도 거의 다했다는 이야기를 하는 것입니다.

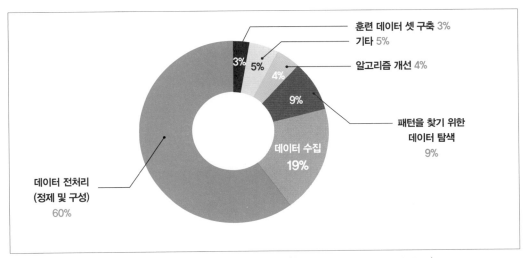

그림 1-23 | 데이터 과학자가 가장 오랜 시간을 소비하는 것은 무엇인가(출처 : Forbes – Cleaning Big Data)

"데이터 분석" 또는 "모델링" 단계는 본격적인 데이터 분석 단계입니다. 먼저 "탐색적 자료 분석"(EDA, Exploratory Data Analysis)에서는 다양한 차트와 파생변수(분석가가 특정 조건을 만족하거나 특정 함수에 의해 값을 만들어 의미를 부여한 변수)를 만들어 가며 새로운 사실을 찾아내고, 변수들 간의 관계나 패턴을 밝혀냅니다.

"모델링"은 다양한 알고리즘을 활용해 예측하고자 하는 결괏값을 높은 성능으로 맞추는 모델을 만들어 가는 과정입니다. 이런 예측은 지도학습(Supervised Learning) 기반일 경우 회귀(regression)와 분류(classification) 문제로 구분할 수 있고, 비지도학습(Unsupervised Learning) 기반일 경우 군집(clustering)이나 연관규칙(Association Rule) 문제로 구분할 수 있습니다.

구분	지도학습(Supervised Learning)	비지도학습(Unsupervised Learning)
학습 여부	Yes	No
문제 유형	회귀, 분류	군집, 연관규칙
알고리즘	회귀분석, 인공신경망, 의사결정나무, SVM, 로지스틱 회귀분석, k-NN 등	K-Means Clustering, Market Basket Analysis 등
예시	기온에 따른 의류 매출액 변화 예측, 신용카드 사기 사용 여부 판별 등	고객 유형 분류(단, 유형에 대한 정의는 없음), 식빵을 구매한 사람이 우유도 구매하는지 분석 등

표 1-10 | 지도학습과 비지도학습 비교

이렇게 모델링을 실시하게 되면 데이터 시각화 단계로 바로 넘어가는 것이 아니라 먼저 "모델 검증 및 튜닝" 단계를 거칩니다. 모델 검증은 이 모델이 적합한지 아닌지 평가하는 방법인데 문제의 유형에 따라 평가하는 방법도 달라집니다. 더 상세한 내용은 실습을 진행하면서 설명 하겠습니다.

구분	회귀(regression)	분류(classification)
예측값 형태	연속형 숫자	범주형 문자 (또는 숫자)
평가 방법	결정계수(R^2), MSE(Mean Squared Error), RMSE(Root Mean Squared Error), MAE(Mean Absolute Error), MAPE(Mean Absolute Percentage Error) 등	정오분류표(Confusion Matrix), ROC(Receiver Operation Characteristic) 커브 등

표 1-11 | 회귀와 분류 문제의 평가 방법

모델을 평가한 뒤에는 데이터 전처리 단계에서 스케일링 방법(예: 정규화 → 표준화)에 변화를 준 다든지, 결측치(Missing Value)를 삭제하지 않고 중앙값으로 치환한다든지, 모델의 파라미터 (Parameter)를 세부적으로 조정하는 등의 튜닝(tuning) 과정을 통해 성능을 만족할 만한 수준까 지 향상시키기 위한 작업을 반복합니다.

마지막으로 "데이터 시각화" 단계에서는 데이터의 형태와 시각화 목적에 맞게 다양한 차트 를 활용해 볼 수 있도록 시각화 작업을 진행합니다. R과 Python을 통해 시각화도 가능하지만 코드를 작성해야 하는 어려움 때문에 시각화 전용 도구인 태블로(Tableau)와 Microsoft사의 Power BI가 널리 사용되고 있습니다.

유형	시각화 목적	기법
시간	시간 흐름에 따른 경향 파악	막대 그래프, 라인 차트(시계열도)
분포	분류에 따른 분포 파악	파이 차트, 도넛 차트, 트리 맵
관계	변수 또는 집단 간의 상관관계 표현	산점도, 버블차트, 히스토그램
비교	각각의 데이터 간의 차이점과 유사성 확인	히트 맵, 평행 좌표 그래프
공간	지도를 통해 데이터 변화 확인	지도 매핑

표 1-12 │ 시각화 목적과 그에 따른 그래프의 종류

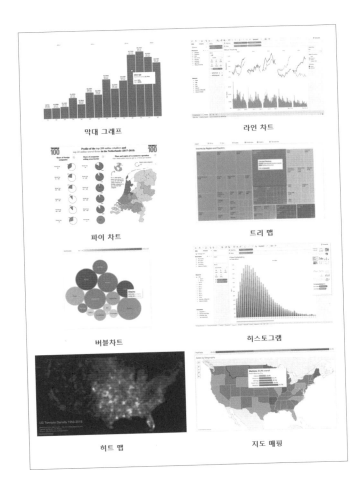

그림 1-24 │ 다양한 차트의 종류
(출처 : Tableau 백서 – 상황에 맞는 차트 또는 그래프 작성)

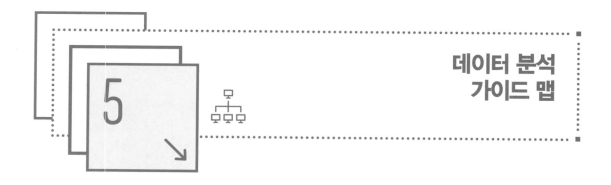

데이터 분석 가이드 맵

5

처음 데이터 분석을 할 경우 문제에 어떤 식으로 접근하고 어떤 알고리즘을 써야 하는지에 대해 혼선이 많을 것이라 생각합니다. 100% 완벽하다고 할 수는 없지만 초보자들이 분석의 방향을 잡는 데 도움이 될 수 있도록 다음과 같이 목적에 따른 분석 가이드 맵을 작성해 봤으니 참고하기를 바랍니다.

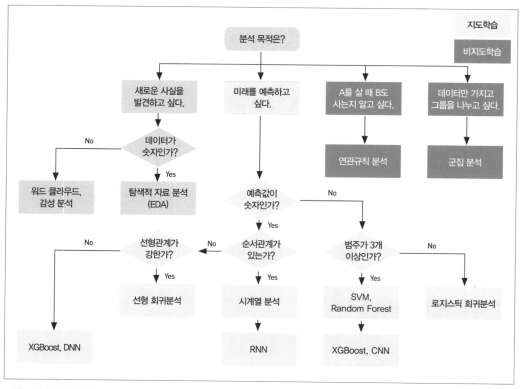

그림 1-25 | 데이터 분석 가이드 맵

1 **데이터의 형태**

- 정형(Structured) 데이터는 엑셀이나 관계형 데이터베이스에 저장된 형태
- 반정형(Semi-structured) 데이터는 주로 웹에서 API를 통해 JSON, XML로 제공되는 형태
- 비정형(Unstructured) 데이터는 문자, 이미지, 음성, 영상 등의 형태

2 **데이터 → 정보 → 지식 → 지혜**

- 데이터(data)는 가공하기 전의 순수한 수치나 기호를 의미
- 정보(information)는 데이터의 가공을 통해 의미를 부여한 것
- 지식(knowledge)은 상호 연결된 정보 패턴을 이해해 이를 토대로 예측한 결과물
- 지혜(wisdom)는 근본 원리에 대한 깊은 이해를 바탕으로 도출되는 창의적 아이디어

3 **빅데이터의 정의**

빅데이터는 데이터의 양(Volume), 다양성(Variety) 그리고 속도(Velocity), 즉 3V로 정의됨

4 **빅데이터가 만들어 내는 변화**

빅데이터 시대에는 데이터의 질보다는 양, 표본조사가 아닌 전수전사, 사전처리가 아닌 사후처리, 인과관계가 아닌 상관관계에 더 초점을 맞추고 있음

5 **인공지능과 머신러닝 그리고 딥 러닝의 관계**

인공지능은 가장 포괄적인 개념이고, 머신러닝은 인공지능의 한 분야며, 딥 러닝은 머신러닝의 한 분야임

연 습
문 제

1 JSON, XML 파일과 같은 데이터 형태를 무엇이라고 하나요?

2 데이터와 정보의 차이점에 대해 설명해 보세요.

3 빅데이터의 정의 중 3V에 해당하지 <u>않는</u> 것은 무엇인가요?

① Variety   ② Volume   ③ Velocity   ④ Value

4 빅데이터가 등장할 수 있었던 배경에 대해 설명해 보세요.

5 빅데이터가 등장하면서 변화된 모습이 <u>아닌</u> 것은 무엇인가요?

① 질 → 양

② 사전처리 → 사후처리

③ 상관관계 → 인과관계

④ 표본조사 → 전수조사

6 통계학은 크게 2가지로 구분할 수 있는데 그 2가지가 무엇인가요?

7   인공지능과 머신러닝 그리고 딥 러닝의 관계를 설명해 보세요.

8   데이터 분석 과정에서 가장 오랜 시간이 소요되는 과정이 무엇이고, 왜 그런지 설명해
     보세요.

데이터 분석을 위한 준비

데이터 분석은 데이터가 있어야 할 수 있습니다. 그렇다면 데이터 수집은 어떻게 이뤄지는지, 데이터 분석에 적합한 데이터 셋의 형태는 어떤 것인지, R과 RStudio는 어떻게 설치하는지 알아보도록 하겠습니다.

2

학 | 습 | 목 | 표

C H A P T E R

- 다양한 환경(DB, 웹, API)에서 데이터를 수집하는 방법에 대해서 이해합니다.
- 분석에 적합한 데이터 구조에 대해서 이해합니다.
- R이 어떤 프로그램인지 이해합니다.
- R과 RStudio를 설치할 수 있습니다.
- R에서 패키지를 설치할 수 있습니다.

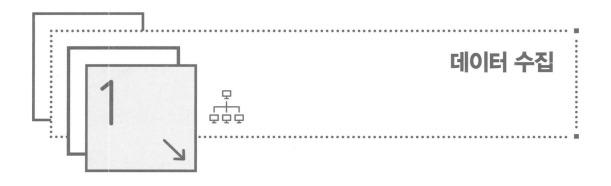

데이터 수집

1 데이터 수집 방법

데이터 분석을 위해 데이터를 수집하는 방법은 주어진 환경과 데이터의 형태에 따라 달라집니다.

예를 들어, TV를 생산하는 전자회사가 있다고 가정해 보겠습니다. 이 회사가 하루에 TV를 30대만 생산한다면 굳이 제조실행시스템(MES, Manufacturing Execution System)이나 전사적자원관리(ERP, Enterprise Resource Planning)와 같은 정보관리시스템을 도입하지 않을 것입니다. 대신에 엑셀(Excel)을 이용해 Microsoft사의 One Drive와 같은 클라우드(Cloud)로 생산 데이터를 관리하고, 구글(Google)의 스프레드시트(Spreadsheets)를 이용해 공용 문서로 생산관리를 할 것입니다.

하지만 하루에 TV를 1만 대 생산한다면 MES나 ERP 없이는 제대로 데이터 관리를 할 수 없을 것입니다. 데이터 관리를 못해 발생하는 품질비용, 재고비용 등의 손실보다 정보관리시스템을 운영하는 비용이 저렴하다면 당연히 정보관리시스템을 도입할 것입니다. 그러면 각종 운영 시스템의 데이터가 데이터베이스(DB, DataBase)에 저장되고, 데이터 웨어하우스(DW, Data Warehouse)를 구축해 사용자들이 목적에 맞는 데이터 마트(DM, Data Mart)를 이용해 데이터에 쉽게 접근할 수 있는 환경을 구축할 것입니다. 그리고 이런 데이터를 BI(Business Intelligence)를 통해 단순 표 형태가 아닌 각종 차트나 이미지, 지도 등으로 표현해 효율적인 의사결정이 가능하도록 만들 것입니다.

용어	설명
데이터베이스	복수의 적용 업무를 동시에 지원할 수 있도록 복수 이용자의 요구에 대응해서 데이터를 받아들이고 저장, 공급하기 위해 일정한 구조에 따라서 편성된 데이터의 집합
데이터 웨어하우스	다양한 시스템의 데이터베이스에 축적된 데이터를 공통의 형식으로 변환해서 주제 영역으로 관리하는 데이터베이스
데이터 마트	데이터 웨어하우스를 이용해 부서 단위 또는 주제 중심으로 특정 목적을 달성하기 위해 세분화된 데이터베이스 또는 데이터 셋
BI	기업에서 데이터를 활용해 효율적인 의사결정을 할 수 있게 돕는 애플리케이션과 기술

표 2-1 | 데이터 시스템 관련 용어

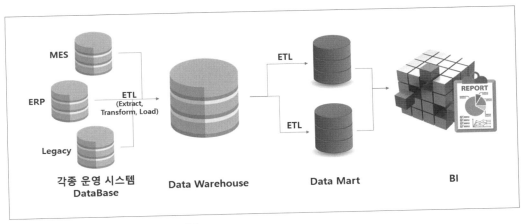

그림 2-1 | 데이터 활용을 위한 시스템 구조 예시

일반적으로 뉴스 기사나 댓글, SNS에서 대중 또는 고객의 현재 이슈나 관심사가 무엇인지 분석하기 위해서는 우선 해당 기사나 댓글 등의 텍스트를 수집해야 합니다. 그리고 기상청에서 제공하는 일기예보 데이터의 경우 파일 형태로 다운받을 수도 있지만 시스템화를 하고자 한다면 API(Application Program Interface)를 이용해 데이터를 수집해야 합니다.

이렇게 주어진 환경에 따라 수집 가능한 데이터가 엑셀과 같은 파일 형태일 수도 있고, 시스템의 DB 형태일 수도 있습니다. 또한 웹에 흩어져 있는 텍스트 형태일 수도 있고, API 형태일 수도 있습니다.

② 데이터베이스에서의 데이터 수집 방법 – SQL

엑셀이나 CSV와 같은 파일 형태의 데이터의 경우에는 웹에서 다운로드받거나 메신저를 통해서 전달받을 수 있어 데이터를 수집하는 방법 자체가 어렵지 않지만 관계형 DB의 경우에는 데이터를 수집하기 위해서 SQL(Structured Query Language)이라는 언어를 다룰 수 있어야 합니다. SQL은 '구조화된 질의 언어'로 관계형 DB에서 원하는 데이터를 불러오거나 수정하는 일 등에 사용하는 언어입니다. SQL은 용도에 따라 DDL(Data Definition Language), DML(Data Manipulation Language), DCL(Data Control Language) 총 3가지 종류로 구분됩니다. 데이터 수집을 위해 테이블(Table)에서 데이터를 검색하는 데 사용하는 명령어는 "SELECT"로 데이터 분석 전문가가 되기 위해서는 반드시 익혀야 합니다.

종류	용도	명령어
DDL	테이블이나 관계의 구조 생성	CREATE, DROP, ALTER, TRUNCATE
DML	데이터 검색, 삽입, 수정, 삭제	SELECT, INSERT, UPDATE, DELETE
DCL	데이터의 사용 권한 관리	GRANT, REVOKE

표 2-2 | SQL 언어 종류

SQL의 경우 C나 Java와 같은 프로그래밍 언어와 달리 문법 체계가 표준화되어 있어 관계형 DB 종류(Oracle, MS SQL, PostgreSQL, Tibero 등)가 다르더라도 사용 가능합니다.

SQL을 이용해 DB의 테이블에 존재하는 데이터를 검색하기 위해서는 DB 관리 도구가 필요합니다. 기본적으로 제공해 주는 관리 도구도 있지만 편의성을 위해 여러 가지 DB에 접속할 수 있는 범용 도구를 사용하기도 합니다.

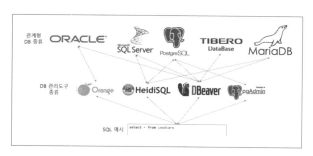

그림 2-2 | 대표적인 DB와 DB 관리 도구 종류

DB의 종류에는 관계형 DB 외에도 JSON과 같은 문서(Document) 형식 데이터에 적합한 NoSQL(Not only SQL), 발전소 설비에 부착된 센서와 같이 실시간 데이터에 적합한 RTDB(Real-Time DataBase) 등이 있습니다.

③ 웹에서의 데이터 수집 방법 – 웹 크롤링

포털의 뉴스 기사나 댓글을 수집하기 위해서는 엄청난 단순 반복 작업이 필요합니다. 예를 들어, 네이버 포털의 뉴스에서 "사회" → "사회 일반" 분야의 2020년 11월 한 달 동안에 발행된 기사 내용에 대한 텍스트 분석을 진행하려고 한다면 해당 섹션의 모든 기사를 수집해야 합니다.

그림 2-3 │ 네이버 포털의 뉴스 기사 섹션

기사를 하나하나 클릭해 가며 전체 내용을 복사한 후 텍스트 파일에 붙여넣는 작업을 반복할 수 있습니다. 이런 행위를 전문적인 용어로 크롤링(crawling)이라고 합니다. 위 사례를 그대로 이어가면 크롤링을 하기에는 신문 기사의 양이 너무 많습니다. 해당 섹션에 발행되는 기사가 하루에도 400~500건에 달합니다. 한 달이면 12,000~15,000건 정도 될 텐데 못할 것은 없겠지만 시간과 노동력에 비해 만족할 만한 결과가 나올 것이라고 장담할 수 없습니다. 따라서 이런 경우에는 크롤링을 자동으로 해주는 프로그램인 크롤러(Crawler)를 만들거나 무료 또는 유료 제품을 구입해서 사용합니다.

크롤러는 R과 Python을 이용해 만들 수 있으며 시중에 많은 책들이 출판되어 있고, 인터넷에 소스들이 많기 때문에 웹과 프로그래밍에 관한 지식이 있다면 며칠 고생하면 원하는 크롤러를 충분히 개발할 수 있습니다.

④ API에서의 데이터 수집 방법

데이터의 종류에서 설명했던 API에 대해 좀 더 상세히 설명하겠습니다. 만일 기상청의 동네예보 데이터를 실시간으로 받아야 할 필요성이 있다면 기상청에서 제공하는 API를 이용해야 합니다.

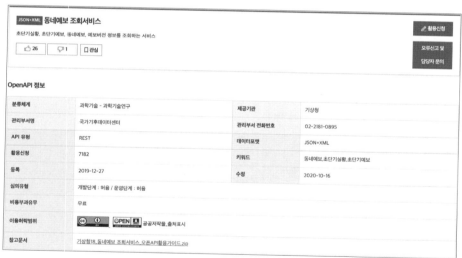

그림 2-4 | 기상청 동네예보 조회서비스 API 정보

공공데이터포털(data.go.kr)에 "기상청 동네예보"를 검색하면 API 정보를 얻을 수 있습니다. API를 이용하기 위해서는 "활용신청"을 해야 하며, 데이터를 파일 또는 DB에 저장할 수 있는 프로그래밍 능력이 요구됩니다. API 활용법은 위 그림 아래쪽에 "참고문서"와 같이 가이드를

제공하기 때문에 프로그래밍을 할 수 있는 개발자들이라면 데이터를 쉽게 받아올 수 있지만 그렇지 않은 경우에는 다소 어려운 데이터 수집 방식입니다.

API는 대부분 어떤 애플케이션이나 서비스를 만드는 데 활용되며, 기상청뿐만 아니라 SKT, 네이버, 카카오, 구글 등과 같은 회사에서도 지도, 메신저, 교통량 등 다양한 데이터를 제공하고 있습니다. API Store(www.apistore.co.kr) 사이트에 들어가 보면 기관 및 회사에서 어떤 API들이 제공되는지 확인할 수 있습니다. 필요한 데이터가 있다면 살펴보기를 바랍니다.

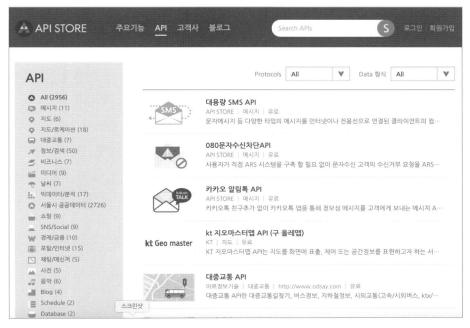

그림 2-5 | API Store의 API 목록

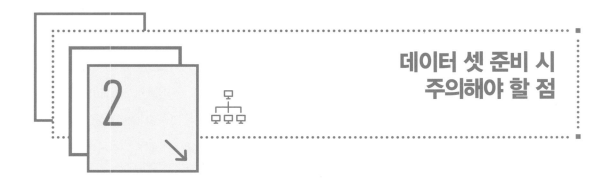

데이터 셋 준비 시
주의해야 할 점

1 분석에 적합한 데이터 형태

데이터 분석을 하다 보면 자연스럽게 익혀지는 부분이긴 하나 책이나 강의 교재의 예제만으로 실습을 한 경우 실제 업무에서 겪게 되는 대표적인 문제에 대해 설명하겠습니다.

바로 적합하지 않은 데이터 형태로 인해 분석이나 시각화가 되지 않는 문제입니다. 책이나 강의 교재에서 사용되는 예제는 실습에 적합한 형태로 이미 가공된 데이터 셋입니다. 그런데 실제 업무에서는 그런 데이터 셋을 찾기가 어렵습니다. 따라서 분석에 적합한 데이터 셋을 만드는 능력이 필요합니다.

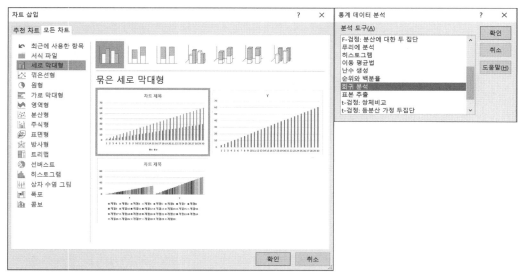

그림 2-6 | 엑셀에서 활용할 수 있는 그래프 및 통계 분석 도구

인류의 생산성에 가장 혁명적인 변화를 일으킨 발명 도구로 많은 사람들이 엑셀(Excel) 프로그램을 꼽습니다. 엑셀은 대부분의 학교와 회사 등의 기관에서 사용되는데 이런 기관에서 생산되는 데이터 또한 대부분 엑셀 파일 형태로 저장되고 관리됩니다. 엑셀의 경우 기본적인 막대 그래프, 선형 그래프 외에도 히스토그램, 상자그림, 트리 맵과 같은 그래프까지도 그릴 수 있으며, 추가 기능의 "분석 도구"를 이용하면 상관분석, 회귀분석, t-검정(test)까지 웬만한 통계분석은 모두 할 수 있습니다.

엑셀만 잘 다루더라도 탐색적 데이터 분석(EDA)을 수행하는 일은 엑셀이 소화할 수 있는 데이터량(표 2-3 참조)을 벗어나지 않는다면 굳이 R이나 Python까지 이용하지 않고도 가능한 경우가 대부분입니다.

구분	엑셀 2003	엑셀 2007 이후
최대 행 수(rows)	65,536	1,048,576
최대 열 수(columns)	256	16,384

표 2-3 | 엑셀 버전에 따른 최대 데이터량

이렇게 대단한 엑셀이지만 로지스틱 회귀분석, 랜덤 포레스트, DNN과 같은 다양한 머신러닝 방법을 적용하기는 어렵고, 워드 클라우드와 같은 텍스트 마이닝을 수행하는 데도 적합하지 않습니다. 따라서 엑셀로 수행하기 어려운 데이터 분석이나 시각화는 R이나 Python, Tableau, Power BI 등의 도구를 이용하는 편이 바람직합니다.

하지만 엑셀의 데이터를 위와 같은 언어나 프로그램에서 활용하려면 잘 안 되는 경우가 대부분입니다. 그 이유는 엑셀에 익숙한 사용자들의 데이터 저장 방식 때문입니다. 엑셀은 행과 열에 상관없이 데이터의 집계가 가능합니다. 그렇기 때문에 데이터를 엑셀에서 보기 편한 방식으로 저장하다 보니 다른 프로그램에서는 분석이나 시각화에 적합하지 않은 경우가 많습니다.

예를 들어, 행 길이보다 열 길이가 더 많으면 엑셀에서는 상관없지만 R에서 분석을 하거나 시각화를 할 때 적합하지 않습니다. 보통 회계 데이터를 보면 가로에는 월이나 분기 등의 기간을 표기하고, 세로에는 매출, 영업이익, 순이익 등의 항목을 표기하는데 이런 형태는 표를 통한 시각화에는 적합하지만 R에서 그래프를 그리거나 데이터를 집계(aggregation)하거나 분석 방법을 적용하기에는 적합하지 않습니다. R에서 합계, 평균, 최솟값과 같은 데이터의 집계는 열(column)을 기준으로 행(row)의 값을 계산합니다. 그래서 아래의 두 번째 그림과 같이 첫 행이 열 이름이고, 두 번째 행부터 데이터가 들어간 형태가 적합합니다. 또한 엑셀에서 "셀 병합"을 할 경우 R에서 데이터를 불러올 때부터 문제가 생길 수 있기 때문에 "셀 병합"이 없는 데이터 형태가 바람직합니다.

일반적인 엑셀 데이터 셋 형태	항목	2020년				2019년			
		4분기	3분기	2분기	1분기	4분기	3분기	2분기	1분기
	매출	379,066	371,634	364,347	357,203	350,199	343,332	336,600	330,000
	영업이익	56,860	55,745	54,652	53,580	52,530	51,500	50,490	49,500
	순이익	22,744	22,298	21,861	21,432	21,012	20,600	20,196	19,800

집계와 분석에 용이한 데이터 셋 형태	연도	분기	매출	영업이익	순이익
	2020년	4분기	379,066	56,860	22,744
	2020년	3분기	371,634	55,745	22,298
	2020년	2분기	364,347	54,652	21,861
	2020년	1분기	357,203	53,580	21,432
	2019년	4분기	350,199	52,530	21,012
	2019년	3분기	343,332	51,500	20,600
	2019년	2분기	336,600	50,490	20,196
	2019년	1분기	330,000	49,500	19,800

그림 2-7 | 분석에 적합한 데이터 셋 형태 예시

2 이항 데이터

이항 데이터(Binomial Data)는 값이 2가지인 데이터를 뜻합니다. 예를 들어, 동전의 앞·뒷면, 사건 발생 유무, 참 또는 거짓 등을 나타낼 때 사용됩니다. 이런 사례들이 실제 업무를 하다 보면 생각보다 많이 접하게 되는 유형입니다. 다시 말해, 제품을 생산하는 공장에서 품질관리 업무를 하고 있다면 정상 제품과 부적합(불량, 한국산업표준KS는 불량 대신 부적합이라는 용어 사용을 장려함) 제품을 구분할 때 사용할 수 있으며, 제품 표면에 이물질이 발생한 경우와 그렇지 않은 경우를 구분할 때도 사용할 수 있습니다.

이항 데이터는 보통 숫자 0과 1로 변경해서 사용합니다. 이렇게 되면 분류(classification) 문제로 가정해 머신러닝 기법을 활용할 수 있습니다. 가장 기본적인 로지스틱 회귀분석(Logistic Regression) 방법을 이용하면 다양한 공정변수를 독립변수(x_1~x_n)로 두고, 종속변수(y)를 이물질 발생 여부(1 또는 0)로 뒀을 때 독립변수에 따른 종속변수의 변화를 확률(probability)로 예측할 수 있습니다. 그렇게 되면 이물질이 발생하는 원인을 파악할 수 있습니다. 이것은 이진 분류 문제를 일반적인 선형 회귀(Linear Regression) 문제로 접근하는 경우가 있어 설명한 것이며, Chapter 6에서 상세히 알아보겠습니다.

❸ 범주형 데이터를 수치화시키는 방법 – One-Hot Encoding

범주형 데이터(Categorical Data)를 다루다 보면 수치화가 필요한 경우들이 있습니다. 예를 들어, 국가별 교육수준에 따른 소득수준에 관한 데이터 분석을 진행한다고 하면 국가라는 범주형 데이터가 분명히 소득수준에 영향을 미칠 것으로 생각되는 독립변수지만 함부로 숫자로 변경해서는 안 됩니다. 왜냐하면 숫자로 치환하는 순간 크기 또는 순서라는 개념이 생기기 때문입니다. 따라서 이런 때에 크기나 순서를 갖지 않는 수치화된 값으로 변환하는 방법이 바로 "One-Hot Encoding"입니다.

국가	교육수준	소득수준
미국	3	5
중국	3	2
일본	4	4
영국	4	4
독일	2	4

국가_미국	국가_중국	국가_일본	국가_영국	국가_독일	교육수준	소득수준
1	0	0	0	0	3	5
0	1	0	0	0	3	2
0	0	1	0	0	4	4
0	0	0	1	0	4	4
0	0	0	0	1	2	4

그림 2-8 | 범주형 데이터 One-Hot Encoding 예시

One-Hot Encoding은 위와 같이 범주형 데이터를 2진수 형태로 0(False)을 Dummy값(의미는 없으나 용도를 위해 공간을 채워 넣는 값)으로 넣고, 해당되는 값을 1(True)로 넣어 변환해 주는 것입니다. 이렇게 되면 국가라는 값이 텍스트가 아니기 때문에 연산이 가능하게 되므로 다양한 머신러닝 방법을 적용할 수 있습니다.

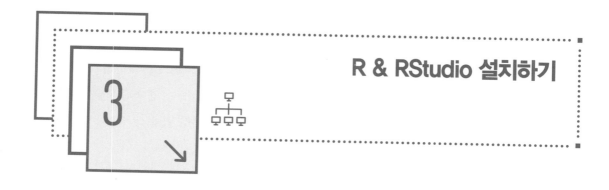

R & RStudio 설치하기

① R은 무엇인가요?

R은 통계 계산과 데이터 시각화를 위한 프로그래밍 언어이자 무료 소프트웨어입니다. 뉴질랜드 오클랜드 대학의 로버트 젠틀맨(Robert Gentleman)과 로스 이하카(Ross Ihaka)에 의해 시작되었으며, 통계 소프트웨어 개발과 데이터 분석에 널리 사용되고 있습니다.

그림 2-9 | R 로고

② R의 특징

R의 가장 큰 특징을 꼽으라면 다양한 패키지(package)를 추가해 기능을 확장할 수 있다는 점입니다. R은 CRAN(the Comprehensive R Archive Network)을 통해 15,000개 이상(2020년 3월 기준)의 패키지를 내려받아 사용할 수 있습니다. 패키지는 라이브러리(library)라는 용어로 사용하기도 하는데 전 세계 다양한 연구자 및 사용자들이 만들어 놓은 함수(function)라고 생각하면 이해가 쉽습니다.

예를 들어, 엑셀에서 각 셀 값들의 합을 계산하기 위해서는 "sum"이라는 함수를 사용합니다. 그리고 엑셀에는 "vlookup", "index", "match" 등 다양한 함수들이 존재하기 때문에 엑셀로 못하는 일이 없다고 말하곤 합니다. 이처럼 엑셀에는 몇백 개의 함수들이 존재하지만 R에는 그런 함수들이 15,000개 이상 존재합니다. 실로 엄청난 차이입니다. 그렇기 때문에 R을 이용하면 간단한 통계분석에서부터 복잡한 딥 러닝까지 구현 가능하고, 엑셀에서 제공하지 않는 다양한 그래프까지 그릴 수 있습니다.

과거에 널리 사용되던 미니탭(Minitab)이나 SPSS, SAS와 같은 통계 프로그램의 경우 버전이 올라감에 따라 다양한 기능이 추가되었고, 그에 따른 비용을 지불해야 했지만 R의 경우는 위에 설명한 패키지를 무료로 사용할 수 있기 때문에 비용을 지불하지 않아도 됩니다. 다만, GUI(Graphic User Interface) 방식이 아니기 때문에 코드(Code)를 입력해야 하는 어려움이 따르므로 일반 사용자들이 사용하기 위해서는 큰(?) 용기가 필요합니다.

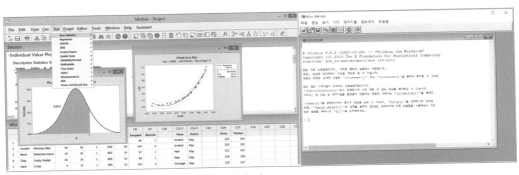

그림 2-10 | 대표적인 데이터 분석 프로그램 미니탭(GUI)과 R(CLI)

접근이 어렵긴 하지만 코드를 직접 입력하는 CLI(Command Line Interface) 방식은 GUI 대비 자유도가 높아 익숙해지면 GUI보다 훨씬 편하고 다양한 기능을 사용할 수 있습니다. 예를 들어, 2000년대에 인터넷 홈페이지 제작이 한창 유행하면서 "나모 웹에디터"라는 국산 HTML 편집 프로그램이 유행했습니다. GUI 기반으로 HTML(HyperText Markup Language)을 몰라도 누구나 쉽게 홈페이지를 만들 수 있었기 때문에 대학에서 교양 필수과목으로 선정될 만큼 널리 사용되었습니다.

하지만 홈페이지 제작 실력이 조금만 늘면 "나모 웹에디터"는 더 이상 사용하지 않게 됩니다. 가장 큰 이유는 소스 코드가 매우 지저분해지기 때문이었습니다. 동일한 결과물을 출력하기 위해 윈도 메모장에서 5줄이면 될 HTML 코드가 "나모 웹에디터"로 작성하게 되면 100줄 가까이 늘어나기도 했습니다. 이렇게 코드가 늘어나면 나중에 수정할 때 어려움이 발생하고, 웹페이지 로딩 속도를 느리게 만들 수도 있습니다. 게다가 코드로는 구현이 가능하나 GUI상의 아이콘과 메뉴만으로는 구현되지 않는 기능들도 많아 기능을 제대로 활용할 수 없는 단점도 크게 부각되었습니다. 그 외에 다양한 문제들로 인해 "나모 웹에디터" 프로그램은 자연스럽게 시장에서 잊혀지게 되었습니다.

이렇게 GUI 기반은 초보자의 접근성을 올릴 수 있는 장점이 있지만 중급 이상 사용자들에게는 오히려 번거롭고 자유도를 해칠 수 있는 문제점이 있습니다.

마지막으로 R은 세상에 존재하는 거의 대부분의 그래프를 구현할 수 있습니다. 특히 가장 널리 사용되는 ggplot2라는 패키지를 이용하면 다음과 같이 다양하고, 시각적으로 뛰어난 그래프를 그릴 수 있습니다.

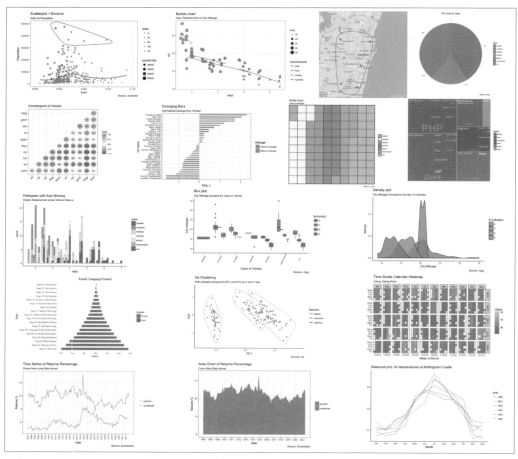

그림 2-11 │ R의 ggplot2 패키지를 활용한 그래프 사례(출처 : r-statistics.co)

다음과 같이 R을 포함한 다양한 데이터 분석 프로그램의 특징을 정리해 봤으니 참고하기를 바랍니다.

구분		엑셀	미니탭	SPSS	SAS	R	파이썬
기본 사항	가격	30만 원 이내	몇백만 원	몇천만 원	몇천만 원	무료	무료
	사용 방법	GUI	GUI	GUI + CLI	GUI + CLI	CLI	CLI
	R 또는 파이썬 연동	불가	가능	가능	가능	–	–
	시각화	하	중	중	중	상	상
	최대 행수	약 105만	1,000만	거의 무한	거의 무한	거의 무한	거의 무한
고급 기능	다중 회귀분석	가능	가능	가능	가능	가능	가능
	로지스틱 회귀분석	불가	가능	가능	가능	가능	가능
	텍스트 마이닝	불가	가능	가능	가능	가능	가능
	자유로운 패키지 사용	불가	불가	불가	불가	가능	가능

그림 2-12 | 데이터 분석 프로그램의 특징 비교

❸ R을 배울까요? 파이썬을 배울까요?

본격적으로 데이터 분석을 공부하려고 할 경우 가장 고민하는 부분이 바로 '어떤 언어를 선택해야 하나?'일 것입니다. 매년 데이터 분석 분야에서 어떤 소프트웨어를 가장 많이 사용하고 있는지 설문조사를 실시하는 KDnuggets(www.kdnuggets.com)라는 기관이 있습니다. 이 기관의 2015년 설문조사 결과는 다음과 같습니다.

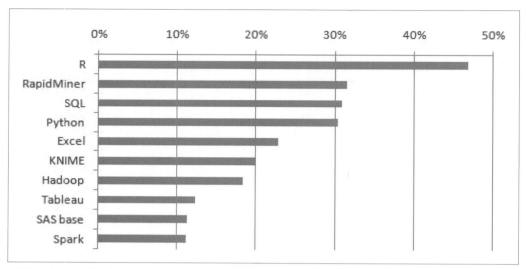

그림 2-13 | 2015년 데이터 분석 소프트웨어 사용 투표 결과(출처: KDnuggets)

2015년에는 위 그래프와 같이 R이 가장 높은 점유율을 차지했고, 그 다음으로 RapidMiner, SQL, Python 순이었는데 SQL은 데이터 수집을 위한 언어기 때문에 제외하면 R>RapidMiner> Python 순이었습니다.

하지만 다음 그래프를 보면 순위가 바뀐 것을 확인할 수 있습니다.

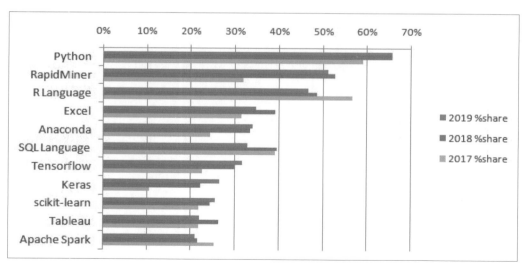

그림 2-14 | 2017~19년 데이터 분석 소프트웨어 사용 투표 결과(출처: KDnuggets)

Python > RapidMiner > R 순으로 R과 Python의 위치가 바뀌었습니다. 이런 일이 발생한 것은 Python의 부족한 데이터 관련 패키지가 많이 보완되었기 때문입니다. 과거에는 Python이 데이터 분석 분야의 선두주자인 R의 패키지를 따라오지 못했지만 최근에는 R을 뛰어넘을 만큼 다양한 패키지가 생겨났고, 프로그래밍 언어다 보니 시스템화를 하는데 유리한 부분도 있어 인기가 급격히 상승했습니다. 하지만 전통적인 통계분석 기능과 데이터 시각화 기능은 R 대비 부족한 부분으로 지적됩니다.

개인적으로는 R을 공부하면서 패키지 사용법과 통계분석, 데이터 시각화에 관한 기본을 익히고, Python을 통해 딥 러닝(Deep Learning) 구현과 구현된 모델을 시스템화시키는 방법에 관해 공부하는 방향을 추천합니다.

④ R 설치하기(Windows 기반)

01 R을 설치하기 위해서는 인터넷 주소창에 "https://cran.r-project.org"라고 직접 입력할 수도 있지만 구글에서 "r download"라고 검색하면 다운로드받는 사이트로 쉽게 이동할 수 있습니다.

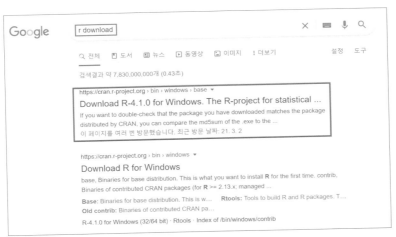

그림 2-15 | "r download" 검색

02 R은 다음 그림과 같이 항상 최신의 버전을 가장 먼저 보여줍니다. 최신 버전을 다운받아 사용할 수도 있지만 최신 버전이 마냥 좋은 것만은 아닙니다. 여러 패키지들과 호환성 문제가 생길 수도 있고, 과거에 만들어 놓은 코드를 활용하지 못할 경우도 있습니다. 그래서 보통은 최신 버전보다는 바로 전 버전이나 사람들이 주로 사용하는 버전을 다운로드받아 사용하는 것이 좋습니다.

이 책에서는 "3.6.3" 버전을 다운로드받아 설치해 사용하도록 하겠습니다. 그러기 위해서 다운로드 페이지 아래에 위치한 "Previous releases" 링크를 클릭합니다.

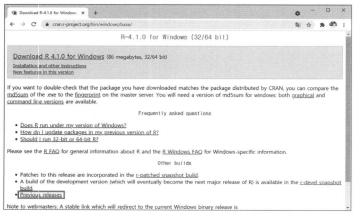

그림 2-16 | R download 사이트

참고 ┆ R은 지속적으로 버전이 업데이트 되기 때문에 사이트의 버전이 그림과 다를 수 있습니다.

03 다음과 같이 이전 버전을 다운로드받을 수 있는 페이지로 이동합니다. 여기서 "R 3.6.3" 을 클릭하면 해당 버전의 링크로 이동합니다.

그림 2-17 | R 이전 버전 다운로드 페이지

04 여기서 가장 위에 위치한 "Download R 3.6.3 for Windows" 링크를 클릭하면 R 윈도우용 설치 파일(R-3.6.3-win.exe)이 다운로드 됩니다.

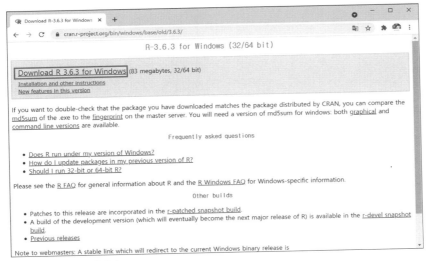

그림 2-18 | R 3.6.3 페이지

05 다운로드가 완료된 후 설치 파일을 실행시키면 다음과 같은 설치 화면이 나옵니다. "다음"을 클릭합니다.

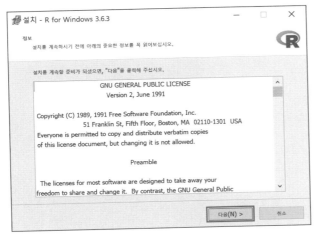

그림 2-19 | R 3.6.3 설치 화면

06 이후부터는 "설치위치"를 정하고, "다음" 버튼을 클릭하면 금방 설치가 완료됩니다. 스타트업 옵션은 기본값 사용(No)으로 그대로 설치하면 됩니다. 설치가 완료되면 "R i386 3.6.3"과 "R x64 3.6.3" 총 2개의 실행 아이콘이 생길 것입니다. 설치할 때 기본적으로 2가지 버전 모두 설치되도록 설정되어 있기 때문입니다. 본인의 Windows OS의 버전을 확인하고, 그에 맞는 버전을 실행하면 됩니다. 참고로 최근의 Windows OS는 대부분 64bit 기반이기 때문에 "R x64 3.6.3"을 실행해서 사용하면 될 것입니다. R을 실행한 화면은 다음과 같습니다.

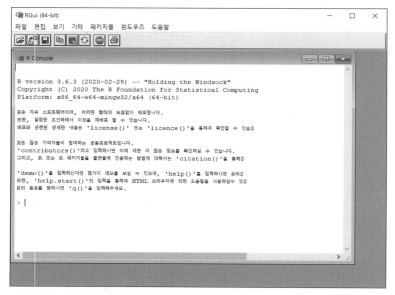

그림 2-20 | RGui 실행 화면

R을 실행하면 콘솔(Console) 창에 빨간색 Command Line만 깜빡거리고 있는 것을 확인할 수 있습니다. 실제 R만 이용하게 되면 불편한 부분이 많아 RStudio라는 프로그램을 추가로 설치해 사용합니다. 이후에 설명하겠지만 RStudio는 R이 설치되어야 사용할 수 있는 보조 프로그램입니다.

⑤ R 설치하기(Mac OS 기반)

01 R은 Windows뿐만 아니라 Mac OS, Linux를 지원하기 때문에 추가적으로 Mac OS에서 R을 설치하는 방법에 대해 간략히 설명하겠습니다. Mac OS를 지원하는 버전을 설치하기 위해서는 구글에서 "r download for mac"이라고 검색하면 됩니다. 그러면 다음과 같이 Mac OS용 R을 다운로드받을 수 있는 사이트로 이동하게 됩니다.

Windows용 버전의 경우는 설치 파일의 확장자가 "exe"였지만, Mac OS의 경우는 "pkg"입니다. 이번에도 최신 버전이 아닌 "3.6.3" 버전을 다운로드받도록 하겠습니다.

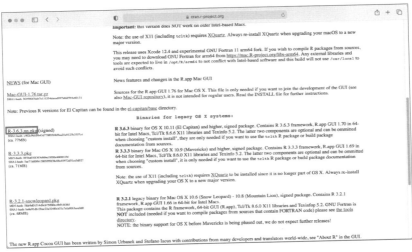

그림 2-21 | Mac OS용 r download 페이지

02 다운로드받은 설치 파일을 실행하면 다음과 같은 메시지가 나타나 Windows용 버전처럼 쉽게 설치할 수가 없습니다. 따라서 관리자 권한으로 설치를 해줘야 합니다.

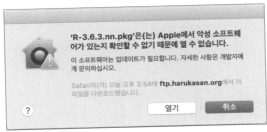

그림 2-22 | Mac OS용 R 설치 파일 실행 시 메시지

03 "시스템 환경설정"에 들어가서 "보안 및 개인 정보 보호"를 선택합니다.

그림 2-23 | Mac OS 시스템 환경설정 화면

04 "일반" 탭에서 다음과 같이 방금 실행시켰던 "R-3.6.3.nn.pkg" 설치 파일에 관한 정보가
표시된 것을 확인할 수 있습니다. 여기서 "확인 없이 열기"를 선택하면 R을 설치할 수 있
습니다.

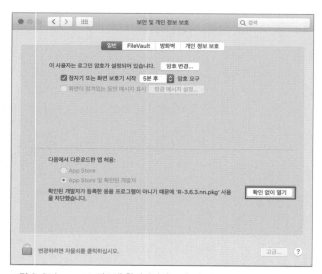

그림 2-24 | Mac OS 시스템 환경설정의 보안 및 개인 정보 보호 화면

05 이후부터는 Windows 버전과 거의 유사한 방식으로 "계속" 버튼을 클릭해 설치를 완료합니다.

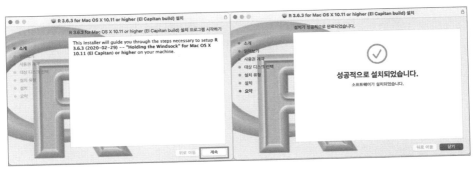

그림 2-25 | Mac OS용 R 3.6.3 설치 시작 및 종료 화면

⑥ RStudio 설치하기(Windows 기반)

RStudio는 R을 좀 더 쉽고, 편리하게 사용할 수 있게 도와주는 프로그램입니다. 따라서 R을 설치한 이후에 RStudio를 설치해야 합니다. RStudio는 R과 마찬가지로 무료로 사용할 수 있습니다. 그 기능에 대해서는 설치 이후에 화면 구성을 보면서 설명하겠습니다.

01 R 설치 파일을 다운로드받기 위한 방법과 동일한 방식으로 구글에 "r studio download"라고 검색하면 RStudio 다운로드 사이트로 쉽게 이동할 수 있습니다. 물론 웹 브라우저의 주소창에 "https://rstudio.com" 주소를 입력해서 들어갈 수도 있습니다.
다운로드 페이지에 접속하면 다음과 같이 4가지 버전의 RStudio를 마주하게 됩니다. 첫번째로 "Free"라고 되어 있는 "RStudio Desktop"이 설치할 버전으로 "DOWNLOAD" 버튼을 클릭합니다. 참고로 "RStudio Server"는 서버에 설치해 웹을 기반으로 여러 명이 RStudio를 사용할 수 있게 해주는 용도며, Desktop 및 Server 버전 모두 "Free" 버전 대비 다양한 기능을 제공하는 대신 연 단위로 라이선스 비용을 지불하는 "Pro" 버전도 존재합니다. "DOWNLOAD" 버튼을 클릭하면 페이지 내에서 "All Installers" 위치로 이동합니다.

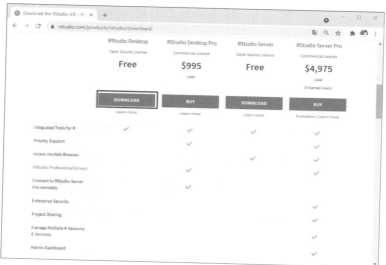

그림 2-26 | RStudio download 페이지 1

02 "All Installers"에서 OS Windows용 RStudio Desktop 파일을 다운로드받아 설치합니다.
참고로 RStudio의 경우는 R과 달리 버전에 상관없이 최신 버전을 설치하면 됩니다. Mac
OS의 경우 확장자가 "dmg"인 파일을 받아 사용하면 되는데 R을 설치할 때와 같은 보안
문제는 발생하지 않습니다.

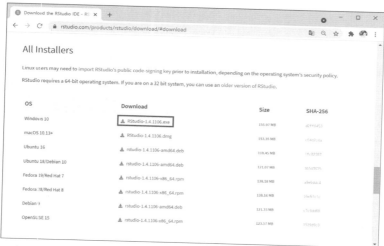

그림 2-27 | RStudio download 페이지 2

⑦ RStudio 화면 구성

RStudio를 처음 실행하면 다음과 같은 화면이 나타납니다.

그림 2-28 | RStudio 실행 화면

녹색 박스로 표시한 아이콘을 클릭하면 코드를 입력할 수 있는 스크립트(Script) 창이 나타납니다. 그러면 총 4개의 창(Window)으로 화면을 구분할 수 있습니다.

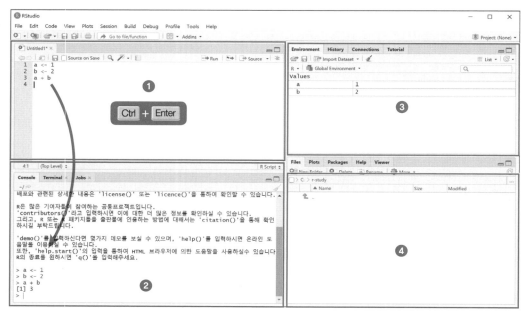

그림 2-29 | RStudio 스크립트 창까지 열린 화면

RStudio에서 나눠지는 4개의 창에 대해 설명하겠습니다.

❶ 스크립트(Script) 창

R 스크립트 (또는 코드)를 작성하는 곳입니다. RGui에도 존재하는 기능입니다. 스크립트를 입력한 후 해당 줄 끝에서 Ctrl + Enter 키를 누르면 아래의 콘솔(Console) 창(❷)에 한 줄씩 실행이 됩니다. 만일 한 줄이 아니라 전체를 입력하고자 한다면 스크립트를 입력한 후 Ctrl + A 키로 전체를 선택하고, Ctrl + Enter 키를 누르면 전체 스크립트가 쭉 실행됩니다.

잠깐만요

R에서의 "<-" 의미

뒤 Chapter에서 자세히 설명하겠지만 R에서는 변수(variable, 계속 변하는 값이면서 그 값을 저장하는 공간)에 값(value)을 입력할 때 일반적으로 코딩에서 사용하는 "=" 기호도 가능하지만 확실한 방향성을 위해 "<-" 기호를 사용합니다(예: a <- 1 : a라는 변수에 1이라는 값을 입력).

❷ 콘솔(Console) 창

스크립트 창(❶)에서 입력된 코드가 실행되는 곳입니다. 스크립트 창을 이용하지 않고, 콘솔 창에 바로 입력해도 무방하지만 스크립트 창을 이용하는 이유는 코드를 입력한 이력을 알아보기 쉽고, 코드만 따로 저장할 수 있기 때문입니다.

❸ 환경(Environment) 및 이력(History)창

환경창은 콘솔에서 실행되어 생성된 변수에 어떤 값이 입력되어 있는지 보여줍니다. 위 예에서는 a라는 변수에 1을 입력했고, b라는 변수에 2를 입력했는데 그 결과를 보여주고 있습니다. 이력창에서는 어떤 순서로 입력되었는지 확인할 수 있습니다.

그림 2-30 | RStudio 환경 및 이력창

❹ 파일(Files) · 그래프(Plots) · 패키지(Packages) · 도움말(Help) 창

파일 창은 현재 R에서 파일을 불러오거나 저장할 때 사용하는 디렉터리를 말합니다. 이런 디렉터리를 워킹 디렉터리(Working Directory)라고 합니다. 워킹 디렉터리는 원하는 위치로 지정 가능하며, 프로젝트 생성 기능(File → New Project)을 통해 지정할 수 있습니다.

그래프 창은 그래프를 그리는 명령어를 실행했을 때(예: plot(a, b) : x축 값이 a, y축 값이 b인 산점도) 그 그래프가 표시되는 창입니다.

패키지 창은 설치된 패키지 (또는 라이브러리)를 보여주는 창으로 현재 체크 박스를 통해 현재 해당 패키지를 불러왔는지(load)의 여부를 확인할 수 있습니다.

도움말 창은 도움말을 검색(예: ?plot : plot 함수 도움말 검색)했을 때 그 결과를 보여주는 창입니다.

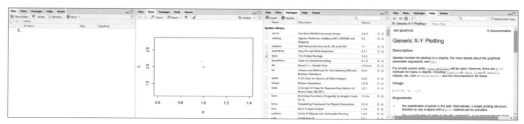

그림 2-31 | RStudio 파일·그래프·패키지·도움말 창

그 외에 사용 빈도가 떨어지는 Terminal이나 Jobs, Connections와 같은 창 (또는 탭)은 인터 넷 검색을 통해 찾아보기를 바랍니다.

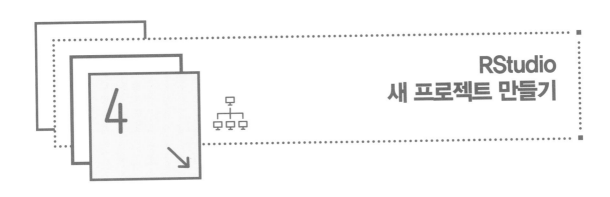

RStudio 새 프로젝트 만들기

4

1 새 프로젝트 만들기

데이터 분석은 일반적으로 프로젝트 단위로 이뤄집니다. 따라서 RStudio에서도 프로젝트 단위로 작업할 수 있는 환경을 제공합니다. 프로젝트 단위로 작업을 하게 되면 동시에 여러 프로젝트를 진행할 수도 있고, 데이터 셋을 프로젝트 단위별로 가져갈 수 있기 때문에 혼선도 방지할 수 있습니다.

01 새 프로젝트를 만드는 방법에는 2가지가 있습니다. "File" 메뉴에서 "New Project"를 선택할 수도 있고, 우측에 위치한 "Project" 아이콘을 통해 "New Project"를 선택할 수도 있습니다. 결과는 동일하기 때문에 편한 방법을 사용하면 됩니다. 그러면 "File" 메뉴에서 "New Project"로 새 프로젝트를 만들어 보겠습니다.

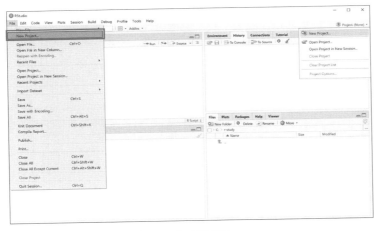

그림 2-32 | RStudio 새 프로젝트(New Project) 만들기 1

—— 데이터 분석을 위한 준비

02 다음과 같이 "Create Project" 창이 나타납니다. "New Directory"를 선택하면 디렉터리까지 새로 생성할 수 있고, "Existing Directory"를 선택하면 이미 만들어진 디렉터리를 선택해 프로젝트를 만들 수 있습니다.

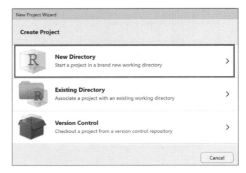

그림 2-33 | RStudio 새 프로젝트(New Project) 만들기 2

03 "New Directory"를 선택해 새로운 디렉터리를 만들어 프로젝트를 생성해 보겠습니다. "Project Type"에서 "New Project"를 선택합니다.

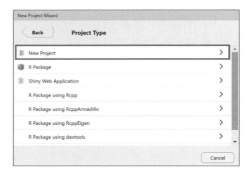

그림 2-34 | RStudio 새 프로젝트(New Project) 만들기 3

04 "Create New Project"에서 "Directory name"에 "r-study"라고 입력합니다. 아래 경로는 "C:/"를 선택하고, "Create Project" 버튼을 클릭하면 프로젝트 생성이 완료됩니다.

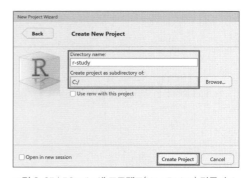

그림 2-35 | RStudio 새 프로젝트(New Project) 만들기 4

잠깐만요

프로젝트 생성 시 유의사항
RStudio의 경우 한글 호환성이 좋지 않습니다. 따라서 추후에 새로운 프로젝트를 만들 때에도 디렉터리명은 영문으로 하는 것이 좋습니다.

05 프로젝트가 정상적으로 생성되었는지는 파일 창을 통해 확인할 수 있습니다.

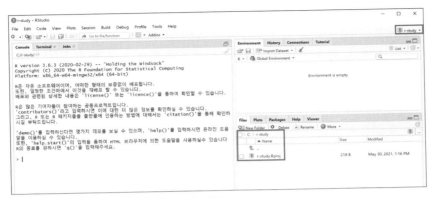

그림 2-36 | RStudio 새 프로젝트(New Project) 만들기 5

② 프로젝트 저장하기

01 다음과 같이 샘플로 간단한 계산을 해보고, 그 스크립트를 저장해 보도록 하겠습니다. Ctrl + S 키를 누르거나 "File" 메뉴에서 "Save"를 선택하거나 저장(디스크 모양) 아이콘을 클릭하면 저장할 수 있습니다.

그림 2-37 | RStudio 프로젝트 저장하기 1

02 저장 아이콘을 클릭하면 다음과 같이 새 창이 열립니다. 파일 이름을 "test1"으로 입력한 후 "Save"를 클릭해 저장을 해보겠습니다.

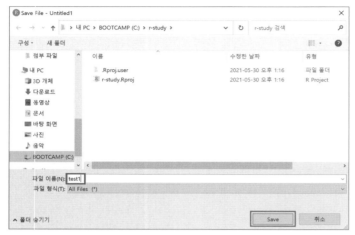

그림 2-38 | RStudio 프로젝트 저장하기 2

03 정상적으로 저장되면 다음과 같이 스크립트 창 좌측 상단에 "test1.R"로 이름이 변경된 것을 확인할 수 있으며, 우측 하단의 파일 창에서도 "test1.R" 파일이 생성되었음을 확인할 수 있습니다.

그림 2-39 | RStudio 프로젝트 저장하기 3

❸ 새 소스 탭 추가하기

한 프로젝트에 소스가 여러 개일 수 있습니다. 실제 그런 경우가 많고, 본격적인 실습이 시작될 Chapter 4 이후에서도 Chapter별로 소스 (또는 스크립트) 탭을 구분해서 저장할 것이기 때문에 새 소스 탭을 추가하는 방법을 설명하겠습니다. "File" 메뉴에서 New File → R Script(단축키 : Ctrl + Shift + N)를 선택할 수도 있고, "File" 메뉴 아래에 있는 "+" 모양 아이콘을 클릭하면 추가할 수 있는 다양한 리스트가 출력되는데 여기서 "R Script"를 선택하면 됩니다.

그림 2-40 | RStudio 소스 (또는 스크립트) 탭 추가하기 1

그러면 다음과 같이 "Untitled1"이라는 새로운 소스 탭이 정상적으로 추가됩니다.

그림 2-41 | RStudio 소스 (또는 스크립트) 탭 추가하기 2

4 소스 파일 불러오기

다양한 프로젝트를 하다 보면 다른 사람이 만든 소스 (또는 스크립트)를 불러와야 할 경우가
많습니다. 이럴 경우 어떻게 소스를 불러오는지 알아보겠습니다. 우선 "ch4_script.R"이라는
소스 파일(저자 블로그 또는 깃허브에서 다운로드받아 놓은)을 미리 "C:/r-study" 디렉터리에 옮겨놓고,
"Code" 메뉴 밑에 위치한 불러오기 아이콘을 클릭하면 새 창이 열립니다.

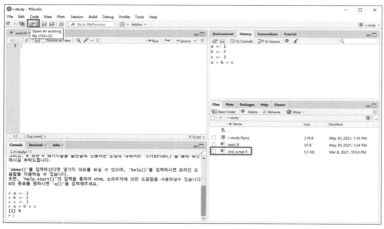

그림 2-42 | RStudio 소스 파일 불러오기 1

소스 파일 위치는 이미 동일한 디렉터리에 미리 넣어놨기 때문에 바로 확인할 수 있습니다.
"ch4_script.R" 파일을 선택한 후 "Open" 버튼을 클릭합니다.

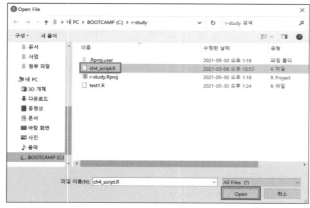

그림 2-43 | RStudio 소스 파일 불러오기 2

정상적으로 불러왔다면 다음 그림과 같이 새로운 소스 탭이 추가되어 있을 것입니다. 추가적으로 경고문이 나타난 이유는 해당 소스 파일에 사용된 패키지가 현재 설치되어 있지 않을 경우 패키지를 설치하라는 의미로 나타난 것입니다.

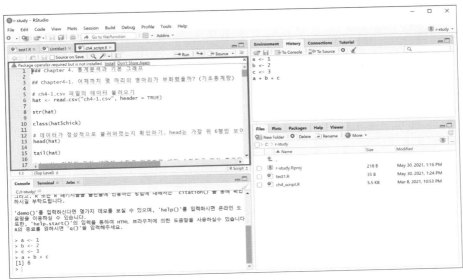

그림 2-44 | RStudio 소스 파일 불러오기 3

잠깐만요

RStudio에서 한글 깨짐 발생 시 대처법

한글 주석으로 된 R 파일을 읽어올 때 인코딩(Encoding) 문제로 글자가 깨져 보일 수 있습니다. 이때에는 File → Reopen with Encoding… → UTF-8을 선택하면 해결됩니다.

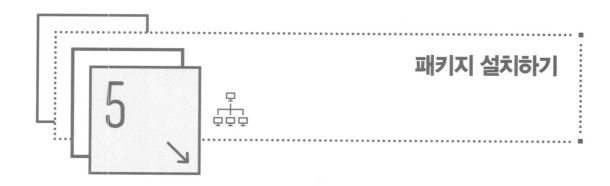

패키지 설치하기

① 패키지란?

패키지(package)는 R을 사용하는 사람들이 개발해 놓은 함수(function)를 말합니다. 이런 함수는 누구나 만들 수 있으며, CRAN에 올리면 누구나 사용할 수 있습니다. 따라서 많은 연구자들이 자신의 분석 기법을 패키지화해서 공유하고 있으며 이로 인해 R의 생태계가 보다 풍요로워질 수 있습니다.

쉽게 설명하자면 실제로 본인이 모든 코드를 입력해서 인공신경망(Artificial Neural Network)을 구현할 수도 있지만 nnet이라는 패키지를 설치하면 한 줄의 코드만 입력해도 복잡한 인공신경망 알고리즘을 구현할 수 있습니다.

그림 2-45 | R에서 사용할 수 있는 패키지 리스트(2020. 11. 22 기준 16,655개)

② 패키지 설치하기(인터넷 연결 환경)

패키지를 설치하는 가장 기본적인 방법은 install.packages("패키지명") 명령어를 입력하는 것입니다.

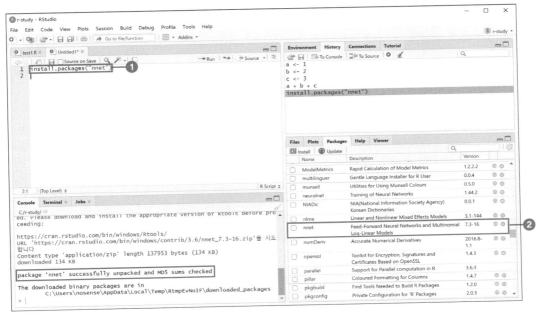

그림 2-46 │ R 패키지 설치 예시

❶ 인터넷이 연결된 환경에서 위와 같이 명령어를 입력하고, 실행(⌜Ctrl⌟ + ⌜Enter⌟)하면 nnet이라는 패키지를 자동으로 CRAN에서 다운받아 압축파일을 해제해서 설치하게 됩니다.

❷ 패키지가 정상적으로 설치되면 RStudio의 우측 하단에 위치한 "Packages" 탭에서 nnet 패키지가 추가된 것을 확인할 수 있습니다.

잠깐만요

**R에서 직접 패키지 설치 시
CRAN 지정 유의사항**

RStudio에서 패키지를 설치한 경우에는 자동으로 RStudio CRAN이 지정되어 다운로드되지만 RGui에서 위의 명령어를 입력하면 패키지를 다운받을 CRAN을 지정해야 합니다. 우리나라에도 3곳의 CRAN이 있으니 그중 아무 곳이나 선택하면 됩니다.

그림 2-47 │ RGui에서 패키지 설치 시 CRAN mirrors 선택 화면

그런데 설치해야 할 패키지가 여러 개라면 위처럼 명령어를 입력하다가는 오랜 시간이 걸릴 것입니다. RStudio에서는 여러 개의 패키지를 한번에 설치할 수 있는 기능이 있습니다. 우측 하단의 "Packages" 탭에서 "Install"이라는 버튼을 클릭한 후 Install Packages 창에서 콤마

(,) 또는 스페이스(space)로 구분해서 패키지명만 입력하고 "Install" 버튼을 클릭하면 한번에 여러 개의 패키지를 설치할 수 있습니다. 실제 이런 기능은 install.packages("패키지1", "패키지명2", "패키지명3", …) 명령어를 실행한 것과 동일한 결과를 나타냅니다.

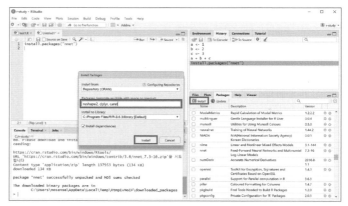

그림 2-48 | R 패키지 여러 개 설치 예시

❸ 이렇게 패키지를 설치하면 library(패키지명) 명령어를 입력하고 실행(Ctrl + Enter)해야 해당 함수를 불러와 사용할 수 있는 상태가 됩니다.

❹ 정상적으로 불러왔으면 "Packages" 탭의 해당 패키지 앞 박스에 체크가 표시됩니다.

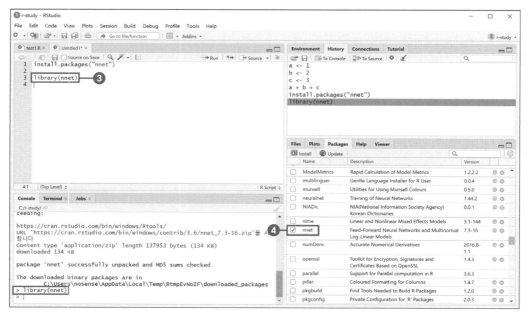

그림 2-49 | R 패키지 불러오기 예시

❸ 패키지 설치하기(Off-Line 환경)

다양한 이유로 인터넷이 연결되어 있지 않은 환경에서 R을 사용해야 할 경우가 있습니다. 이런 경우에는 install.packages("패키지명") 명령어를 실행해도 CRAN mirrors에 연결할 수 없기 때문에 설치가 안 됩니다. 따라서 인터넷이 연결되지 않은 환경에서 어떻게 패키지를 설치할 수 있는지 설명하겠습니다.

우선 인터넷이 가능한 PC가 한 대 있어야 합니다. 이 PC에 R을 설치하고, 필요한 패키지를 모두 설치합니다. 설치된 패키지는 R이 설치된 폴더 하부에 있는 library라는 폴더에 존재합니다(Windows 기반 R 설치 시 옵션을 조정하지 않았다면 C:₩Program Files₩R₩R-3.6.3₩library 폴더에 패키지가 설치됩니다). 따라서 해당 폴더를 전체 압축해서 Off-Line 환경에 마련된 PC에 R을 설치하고, 그 내부에 생긴 library 폴더에 압축을 해제해 파일 추가 또는 교체하면 됩니다.

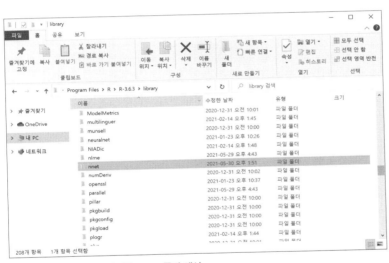

그림 2-50 | R 패키지가 설치된 library 폴더 예시

단, 이런 작업이 정상적으로 수행되기 위해서는 반드시 인터넷 망에 설치된 R과 Off-Line 환경에 설치된 R의 버전이 동일해야 패키지 사용이 가능하므로 주의하기를 바랍니다.

1 데이터 수집

- 데이터베이스에서 데이터를 수집하기 위해서는 SQL을 이용함
- 기상청의 실시간 데이터는 API를 이용해서 수집함
- 포털의 신문 기사 데이터를 수집하기 위해서는 웹 크롤러가 필요함

2 데이터 셋 준비 시 주의해야 할 점

범주형 데이터(Categorical Data)를 수치화하기 위해서는 크기와 순서의 개념이 적용되지 않는 One-Hot Encoding을 실시해야 함

3 R의 특징

R은 무료이며 15,000개 이상의 패키지를 사용할 수 있고, 다양한 그래픽 패키지를 통해 뛰어난 시각화가 가능하지만 CLI(Command Line Interface) 기반이라 조금 어렵게 느껴질 수 있음

1   데이터베이스에서 데이터를 조회할 수 있는 언어를 무엇이라고 하나요?

2   방대한 웹에서 원하는 데이터만 추출해서 수집해 주는 프로그램을 무엇이라고 하나요?

3   기상청에서 동네예보 데이터를 실시간으로 받고자 합니다. 이를 위해서는 기상청에서
    제공하는 어떤 기술을 사용할 수 있어야 하나요?

4   R의 특징이 <u>아닌</u> 것은 무엇인가요?

    ① 유료 소프트웨어   ② 뛰어난 시각화 기능   ③ 수많은 패키지   ④ 인터프리터

5   R의 부족한 기능을 보완하기 위해 보편적으로 사용하는 프로그램은 무엇인가요?

6   R에서 패키지를 설치하기 위해 사용하는 명령어는 무엇인가요?

데이터 다루기

데이터 분석에 앞서 데이터를 다루는 방법에 대해서 알아보도록 하겠습니다. 기본적인 R 문법은 어떻게 되는지, 패키지는 어떻게 설치하고 사용하는지, 다양한 형태의 데이터는 어떻게 불러오는지, R에서 다룰 수 있는 데이터 유형에는 어떤 것들이 있는지 등에 대해서 알아보겠습니다.

3

학 | 습 | 목 | 표

C H A P T E R

- R의 문법 체계에 대해서 이해합니다.
- R에서 주석과 도움말을 사용할 수 있습니다.
- 데이터 프레임에 대해서 이해합니다.
- 결측치와 이상치를 처리하는 방법에 대해서 이해합니다.
- 스케일링을 하는 이유에 대해서 이해합니다.

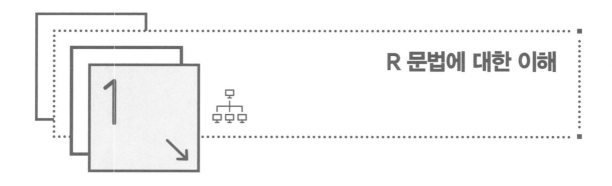

R 문법에 대한 이해

1 R 문법 체계

R은 보편적으로 널리 알려진 C나 Java와 같은 프로그래밍 언어와 목적이 다르기 때문에 프로그래밍이 익숙하지 않은 일반 사용자들이 데이터 분석만을 목적으로 사용한다면 쉽게 익힐 수 있습니다. 여러 가지 이유가 있겠지만 가장 큰 이유는 R이 인터프리터(Interpreter) 언어기 때문일 것입니다. 인터프리터 언어는 명령어들을 한 번에 한 줄씩 읽어들여 실행하기 때문에 전체 문장이 맞아야 실행되는 C와 같은 컴파일러(Complier) 언어보다 오류를 찾기 쉽고, 소스를 해석하기가 쉽습니다.

이런 R 언어의 문법 체계에 대해 예시로 한 번 나타내 봤습니다. 다음 그림을 보면 abc라는 변수에 R에서 회귀분석할 수 있는 lm(Linear Model)이라는 함수로 만든 모델을 집어넣는다고 이해하면 됩니다. lm이라는 함수에 사용되는 문법은 이미 정해져 있기 때문에 외우거나 도움말(help()) 기능을 통해 찾아보면 됩니다.

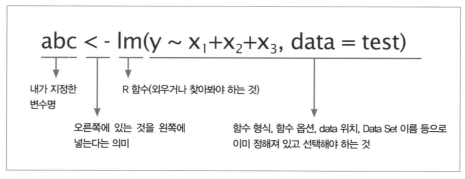

그림 3-1 | R 문법 체계 예시

C, Java 그리고 R에서 프로그래밍 언어를 배울 때 가장 먼저 실습해 보는 "Hello, world!"라는 텍스트 메시지를 화면에 띄우는 코드가 어떻게 다른지 비교해 보았습니다.

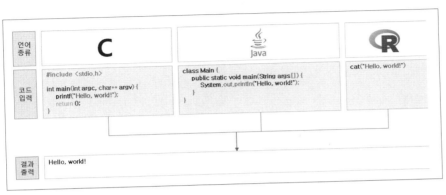

그림 3-2 | 프로그래밍 언어별 차이

그림 3-2와 같이 화면에 "Hello, world!"라는 텍스트를 출력하기 위해서 C나 Java 대비 R은 코드가 훨씬 짧습니다.

❷ 변수

위에서 간단히 언급한 변수(variable)에 대해서 좀 더 설명하겠습니다. 프로그래밍에서 의미하는 변수는 특정 값을 저장하는 공간을 뜻합니다. 그래서 변수를 쉽게 설명할 때 그릇이나 장바구니로 비유합니다. R에서는 이 변수에 데이터 셋을 집어넣기도 하고, 모델을 집어넣기도 합니다. 물론 문자를 집어넣는 일도 가능합니다. 다만, R에서 변수를 만들 때 시작 글자는 반드시 문자(text)만 가능합니다. 그리고 대시(-)와 언더바(_)를 조합해서 사용할 수도 있습니다. 다음과 같이 "1a"라는 변수는 못 만들지만 "a1", "a_1"이라는 변수는 만들 수 있습니다.

```
> 1a <- 1
에러: 예상하지 못한 기호(symbol)입니다. in "1a"
> a1 <- 1
> a_1 <- 1
```

그림 3-3 | 다양한 변수 조합

③ 주석 사용하기

R뿐만 아니라 프로그래밍을 하다 보면 가장 중요한 행위 중 하나가 바로 주석(Comment)을 작성하는 일입니다. 주석을 제대로 작성하지 않으면 본인이 예전에 작성했던 코드를 이해하거나 다른 사람의 코드를 읽어올 때 불필요한 시간이 늘어납니다. 따라서 주석을 잘 작성하는 것이 중요합니다.

R에서 주석을 작성할 때는 "#" 기호를 사용합니다. "#" 기호를 입력하고 텍스트를 입력하면 해당 줄은 주석으로 처리됩니다. R은 인터프리터 언어기 때문에 다른 언어처럼 여러 줄을 한번에 주석 처리하는 방법은 없습니다. 다만, 주석의 내용이 길다면 일단 "#" 기호 없이 내용을 입력하고, Ctrl + Shift + C 키를 누르면 해당 내용 앞에 자동으로 "#"이 생겨 일괄 주석 처리가 됩니다.

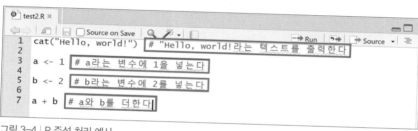

그림 3-4 | R 주석 처리 예시

④ 도움말 및 예제 불러오기

여러 가지 함수나 패키지를 사용하다 보면 자주 사용하는 것들은 문법을 외우지만 다 외우는 것은 현실적으로 불가능합니다. 따라서 해당 함수의 도움말을 이용할 줄 아는 것이 중요합니다. R에서는 도움말을 영어로 지원하기 때문에 다소 불편할 수 있지만 구글 번역기를 이용하면 해석에 큰 무리가 없습니다.

R에서 도움말을 사용하는 방법은 함수 앞에 물음표(?)를 붙이거나 help(함수명)을 입력하면 됩니다.

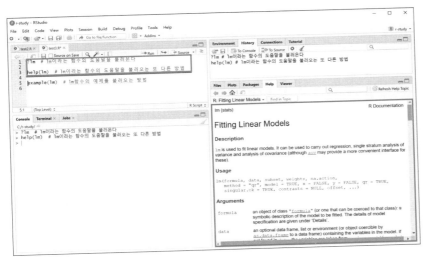

그림 3-5 | R 도움말 사용 예시

위와 같이 ?lm 또는 help(lm)이라고 입력한 후 실행(Ctrl + Enter)하면 RStudio 우측 하단의 Help 창에 도움말이 출력됩니다. Usage 부분을 보면 해당 함수를 어떻게 사용하는지 알 수 있습니다.

사용법을 봐도 이해가 잘 되지 않는 경우를 대비해 예제(Example)를 불러올 수 있는 방법도 있습니다. example(함수명)을 실행하면 됩니다. 위에서 도움말을 확인했던 lm() 함수의 예제를 example(lm) 명령어를 통해 실행하면 다음과 같이 콘솔(Console) 창에 예제가 출력되는 것을 확인할 수 있습니다.

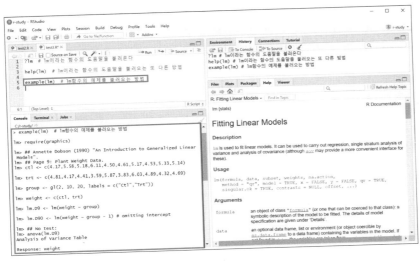

그림 3-6 | R 예제 사용 예시

— 데이터 다루기

데이터 프레임 다루기

1 데이터 프레임이란?

R에서 다룰 수 있는 데이터 타입은 다양하지만 주로 사용하는 것은 데이터 프레임(Data Frame)입니다. 데이터 프레임은 엑셀의 시트(Sheet)와 같습니다. 행(row)과 열(column)이 존재하는 형태로 분석하고자 하는 대상에 따라 다를 순 있겠지만 가장 보편적으로 사용되는 데이터 타입입니다.

데이터 프레임에 대해서 알아보기 위해 데이터 분석에 가장 널리 사용되고 있는 iris라는 데이터 셋을 불러오도록 하겠습니다. R에서는 iris 데이터 셋을 기본적으로 탑재하고 있기 때문에 다음 그림과 같이 스크립트 창에 iris를 입력하고 실행(Ctrl + Enter)하면 콘솔 창에 iris 데이터 셋이 출력됩니다.

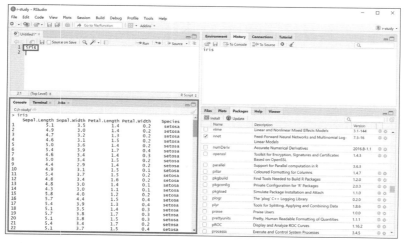

그림 3-7 | iris 데이터 셋 불러오기

이제 iris 데이터 셋이 무엇인지 알아보겠습니다. iris는 우리말로 붓꽃을 말합니다. 붓꽃은 다음 그림과 같이 생긴 꽃입니다. iris 데이터 셋은 3가지 종류의 붓꽃에 대해 각각 꽃받침의 길이와 너비, 꽃잎의 길이와 너비를 측정해 기록한 결과물입니다. 3가지 종류의 붓꽃에 각각 50개의 측정값이 존재해 총 150행으로 이뤄져 있습니다.

그림 3-8 | 붓꽃 종류 모양(출처 : rpubs.com)

열은 아래 표와 같이 총 5개로 이뤄져 있습니다.

열 이름	설명	데이터 형태
Sepal.Length	꽃받침의 길이 데이터	수치형(연속형)
Sepal.Width	꽃받침의 너비 데이터	수치형(연속형)
Petal.Length	꽃잎의 길이 데이터	수치형(연속형)
Petal.Width	꽃잎의 너비 데이터	수치형(연속형)
Species	붓꽃의 종류(setosa, versicolor, virginica)	범주형(명목형)

표 3-1 | iris 데이터 셋 정보

이렇게 iris 데이터 셋은 5개의 열(column)과 150개의 행(row)으로 이뤄진 데이터 프레임 형태입니다. 실제 대부분의 엑셀 파일과 관계형 DB의 데이터 형태가 바로 데이터 프레임 타입입니다.

iris 데이터 셋의 특징

iris 데이터 셋이 데이터 분석 교육용으로 가장 널리 사용되는 이유는 수치형(numerical) 데이터뿐만 아니라 붓꽃의 종류라는 범주형(categorical) 데이터까지 존재해 회귀(regression)와 분류(classification) 문제 모두를 실습해 볼 수 있기 때문입니다.

❷ 데이터 프레임 다루기

데이터 프레임은 가장 많이 다루게 될 데이터 형태기 때문에 자유자재로 다룰 수 있어야 원활한 데이터 분석이 가능합니다. iris 데이터 셋을 이용해 실습을 해보겠습니다.

① 열 이름 변경하기

Raw Data(원천 데이터)를 바로 이용하다 보면 열 이름이 너무 길거나 알아보기 힘들어 활용하기 쉬운 형태로 변경하는 경우가 많습니다. R에서는 열 이름 변경을 위해 names() 함수를 사용합니다. 해당 함수를 이용해 iris 데이터 셋에서 열 이름만 출력해 보겠습니다.

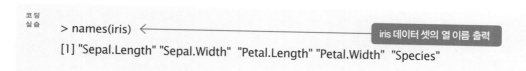

```
> names(iris) ←                                    iris 데이터 셋의 열 이름 출력
[1] "Sepal.Length" "Sepal.Width"  "Petal.Length" "Petal.Width"  "Species"
```

총 5개의 열 이름이 출력된 것을 확인할 수 있습니다. 열 이름이 너무 길므로 전체를 줄여서 바꿔보도록 하겠습니다. 우선 iris 데이터 셋을 df라는 변수에 집어넣어 해당 데이터 셋으로 실습하겠습니다. names(df)를 실행하면 다음과 같이 iris 데이터 셋의 열 이름과 동일하게 출력됩니다. 이제 해당 열 이름을 알파벳 2글자로 줄여보도록 하겠습니다. 예를 들어, "Sepal. Length"는 "sl"로 바꾸는 식입니다. df 데이터 셋에 열이 총 5개 존재하기 때문에 5개의 이름을 모두 바꿔줍니다. 이때 c() 함수('결합시키다'의 의미인 'concatenate'의 첫 글자를 사용)를 사용합니다. c()

함수는 벡터(Vector) 객체를 입력할 때 사용하는 함수로 벡터에 대해서는 뒤에서 다시 설명하겠습니다. 일단 다음과 같이 실행해 봅니다.

```
코딩
실습
> df <- iris          ← iris 데이터 셋을 df라는 변수에 입력
> names(df)
[1] "Sepal.Length" "Sepal.Width"  "Petal.Length" "Petal.Width"  "Species"
> names(df) <- c("sl", "sw", "pl", "pw", "sp")      ← 열 이름 변경
> names(df)
[1] "sl" "sw" "pl" "pw" "sp"
```

처음에 df 열 이름 "Sepal.Length", "Sepal.Width", "Petal.Length", "Petal.Width", "Species"에서 두 글자로 줄인 "sl", "sw", "pl", "pw", "sp"로 변경된 것을 확인할 수 있습니다.

이제 특정 열 이름만 변경해 보도록 하겠습니다. 앞서 2글자로 줄인 이름 중 5번째인 "sp"를 "s"로 바꿔보겠습니다. names(df)[5]의 의미는 df 데이터 셋의 5번째 열 이름을 뜻합니다. 여기에 "s"를 집어넣는다는 의미로 names(df)[5] <- "s"를 입력합니다. 이후 확인해 보면 5번째 열 이름이 "sp"에서 "s"로 변경된 것을 알 수 있습니다.

```
코딩
실습
> names(df)[5] <- "s"      ← 5번째 열 이름을 s로 변경
> names(df)
[1] "sl" "sw" "pl" "pw" "s"
```

② 특정 데이터만 추출하기

데이터 프레임에서 특정 데이터만 선택해서 추출하기 위해서는 subset() 함수를 이용합니다. 이 함수를 이용해 4가지 케이스의 데이터 셋을 만들어 보도록 하겠습니다.

잠깐만요

도움말 사용

함수에 대한 사용법은 도움말 기능을 이용하면 모두 다 확인할 수 있으니 도움말 사용(?함수명 또는 help(함수명))을 습관화하기를 바랍니다.

첫 번째 케이스는 df 데이터 셋에서 열 이름 "s"가 'versicolor'인 대상만 추출해 df_1이라는 변수에 넣어보겠습니다. R에서 같다는 의미의 논리 연산자는 "=="입니다. 그리고 'versicolor'라는 값은 숫자가 아닌 문자기 때문에 작은 (또는 큰) 따옴표(' ', " ")를 사용해야 합니다.

코딩 실습

```
# df 데이터 셋에서 s가 'versicolor'인 대상만 추출해 df_1에 넣음
> df_1 <- subset(df, s == 'versicolor')     ← subset(데이터 셋, 조건)
```

두 번째 케이스는 df 데이터 셋에서 열 이름 "sl"이 6보다 크고, "s"가 'versicolor'인 대상만 추출해 df_2라는 변수에 넣어보겠습니다. 조건이 2가지 모두를 만족해야 하기 때문에 and 연산자인 "&" 기호를 사용합니다. 그리고 6이라는 값은 숫자기 때문에 문자와 달리 따옴표를 사용할 필요가 없습니다.

코딩 실습

```
# df 데이터 셋에서 sl이 6보다 크고, s가 'versicolor'인 대상만 추출해 df_2에 넣음
> df_2 <- subset(df, sl > 6 & s == 'versicolor')
```

세 번째 케이스는 df 데이터 셋에서 열 이름 "s"가 'setosa'인 대상에서 "sl", "sw", "s" 열만 선택해서 추출해 df_3라는 변수에 넣어보겠습니다. 여러 개의 열을 선택해야 할 경우는 "select"라는 옵션에 c() 함수를 혼합해서 사용해야 합니다.

df 데이터 셋에서 s가 'setosa'인 sl, sw, s열만 추출해 df_3에 넣음

```
> df_3 <- subset(df, s == 'setosa', select = c(sl, sw, s))
```

네 번째 케이스는 df 데이터 셋에서 열 이름 "s"만 제외하고 추출해 df_4라는 변수에 넣어보 겠습니다. 현재 데이터 셋의 경우 열 이름이 5가지로 적지만 수백 개의 열 이름이 존재한다면 그중 몇 개만 제외하려고 하면 매우 암담(?)할 것입니다. 이때 다음과 같이 "select" 옵션에서 "-" 기호를 이용하면 됩니다.

df 데이터 셋에서 s열만 제외하고 추출해 df_4에 넣음

```
> df_4 <- subset(df, select = -c(s))
```

위와 같이 입력한 후 df_1, df_2, df_3, df_4를 각각 입력하고 실행하면 데이터를 확인할 수 있 으며 Chapter 4에서 자세히 설명하겠지만 head(), str() 함수를 이용하면 데이터의 일부 값과 형태를 확인할 수 있습니다.

위에서 사용한 관계 및 논리 연산자 기호를 다음 표와 같이 정리했으니 참고하기를 바랍니다.

연산자 기호	설명	비고
>, <	크다, 작다	
>=, <=	크거나 같다, 작거나 같다	
==	같다	주의!
!=	같지 않다	
&	그리고(and)	
|	또는(or) (Shift + ₩ 키)	

표 3-2 | R에서 사용하는 관계 및 논리 연산자 기호

❸ 나머지 데이터 타입

데이터 프레임 외에도 R에서 다룰 수 있는 데이터 타입에는 스칼라(Scalar), 벡터(Vector), 행렬(Matrix), 리스트(List), 배열(Array) 등이 있습니다. 간단하게 표로 그 내용을 정리해 봤습니다.

타입	차원	예시	특징
스칼라	단일	7(숫자), a(문자), TRUE(진릿값)	모든 타입의 기본값
벡터	1차원	[1] 1 2 3 4 5 6 7 8 9	한 가지 유형의 스칼라만 저장 가능
행렬	2차원	[,1] [,2] [,3] [1,] 1 4 7 [2,] 2 5 8 [3,] 3 6 9	한 가지 유형의 스칼라만 저장 가능
데이터 프레임	2차원	x y z 1 1 4 a 2 2 5 b 3 3 6 c	열에 서로 다른 유형의 스칼라 저장 가능

배열	2차원 이상	, , 1
		    [,1] [,2] [,3]
		[1,] 1 3 5
		[2,] 2 4 6
		, , 2
		    [,1] [,2] [,3]
		[1,] 7 9 11
		[2,] 8 10 12
		, , 3
		    [,1] [,2] [,3]
		[1,] 13 15 17
		[2,] 14 16 18
			행렬을 2차원 이상으로 확장한 개념 (예시의 경우 2x3x3의 3차원)

리스트	2차원 이상	$name [1] "Jon Snow" $family [1] "Stark" "Targaryen"	JSON 파일과 같은 (키, 값) 형태로 서로 다른 유형의 스칼라 저장 가능

표 3-3 | R에서 사용하는 데이터 타입

모든 데이터 타입이 중요하지만 한꺼번에 모든 것을 이해하려고 하기보다는 앞으로 실습을 통해 왜 이런 데이터 타입을 사용해야 하는지 직접 느껴보는 것이 더 중요합니다. 여기서는 간단히 데이터 타입을 소개만 하고 넘어가겠습니다.

위 표에서 예시로 나타낸 것을 다음과 같이 R 코드로 정리했으니 한 번 실행해 보기를 바랍니다. 참고로 데이터 셋의 데이터 타입을 확인하는 함수는 class()입니다.

코딩
실습
```
> v <- c(1, 2, 3, 4, 5, 6, 7, 8, 9) # 벡터 생성 예시
> m <- matrix(c(1, 2, 3, 4, 5, 6, 7, 8, 9), nrow=3) # 행렬 생성 예시
> d <- data.frame(x=c(1, 2, 3), y=c(4, 5, 6), z=c('a', 'b', 'c')) # 데이터 프레임 생성 예시
> a <- array(1:18, dim=c(2,3,3)) # 배열 생성 예시
> l <- list(name = 'Jon Snow', family = c('Stark', 'Targaryen')) # 리스트 생성 예시


> class(v) # v 데이터 타입 확인, 벡터는 별도 표시 안 됨
[1] "numeric"
> class(m) # m 데이터 타입 확인
[1] "matrix"
> class(d) # d 데이터 타입 확인
[1] "data.frame"
> class(a) # a 데이터 타입 확인
[1] "array"
> class(l) # l 데이터 타입 확인
[1] "list"
```

데이터 다루기

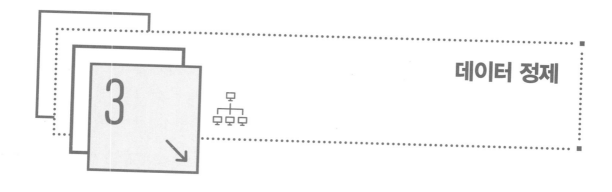

데이터 정제

1 결측치(NA)

데이터를 다루다 보면 아주 다양한 이유로 데이터가 잘못 들어오거나 저장이 안 되는 경우가 있습니다. 예를 들어, 미세먼지 측정 데이터를 공유하고 있는 에어코리아(airkorea.or.kr)에서 미세먼지 측정소별 확정자료를 조회해 보면 다음과 같이 데이터가 없어 비어 있는 행을 쉽게 찾아볼 수 있습니다. 아마도 미세먼지를 측정하는 계측기가 오작동했거나 통신 장애가 발생해서 데이터가 넘어오지 못했을 것으로 생각됩니다.

날짜 (년-월-일)	PM_{10} (μg/㎥)	$PM_{2.5}$ (μg/㎥)	오존 (ppm)	이산화질소 (ppm)	일산화탄소 (ppm)	아황산가스 (ppm)
06-01-01	28	18	0.039	0.009	0.3	0.002
06-01-02	19	14	0.041	0.007	0.3	0.002
06-01-03	15	13	0.043	0.006	0.3	0.002
06-01-04	16	13	0.042	0.006	0.3	0.002
06-01-05	14	11	0.041	0.008	0.3	0.003
06-01-06	14	10	0.040	0.009	0.3	0.003
06-01-07	15	10	0.038	0.014	0.3	0.002
06-01-08	20	10	0.034	0.019	0.3	0.002
06-01-09	28	15	0.032	0.022	0.4	0.003
06-01-10	28	12	0.035	0.017	0.4	0.003
06-01-11	29	9	0.038	0.015	0.4	0.003
06-01-12	32	11	0.039	0.012	0.3	0.003
06-01-13	32	11	0.038	0.015	0.3	0.003
06-01-14						
06-01-15						
06-01-16			0.038	0.020	0.4	0.003
06-01-17	27	12	0.041	0.022	0.4	0.003

그림 3-9 |
에어코리아 미세먼지 측정 데이터(airkorea.or.kr)

위와 같이 값이 없는 데이터를 결측치(NA, Not Available)라고 합니다. 데이터 분석에 앞서 정제 단계에서는 이런 결측치를 제거하거나 대체해야 합니다. 대부분 제거를 하지만 데이터량이 적을 경우 최대한 많은 데이터를 살려야 하기 때문에 대체하는 방법을 검토합니다. 결측치가 주변 값과 유사해 중앙값이나 평균값으로 대체할 수 있는 경우가 있을 수 있으며 결측치가 두 점 사이의 값으로 추정 가능한 경우 회귀분석이나 선형 보간법(Linear Interpolation)을 이용할 수도 있습니다.

잠깐만요

선형 보간법이란?

선형 보간법(Linear Interpolation)은 끝점의 값이 주어졌을 때 그 사이에 위치한 값을 추정하기 위해 직선 거리에 따라 선형적으로 계산하는 방법입니다. 예를 들어, 다음 표와 같이 1시간마다 일사량 데이터를 측정했을 때 09시 데이터가 결측치라면 08시와 10시 데이터의 평균인 700으로 보간해서 결측치를 대체할 수 있습니다.

측정 시각	05:00	06:00	07:00	08:00	09:00	10:00	11:00	12:00	13:00
일사량	0	100	300	500	NA	900	1,100	1,300	1,300

① 결측치 제외

실습을 통해 결측치를 찾고, 제외하는 방법에 대해 알아보겠습니다. 지금부터 사용하는 데이터 셋은 외부 파일이기 때문에 기존과는 달리 C드라이브에 프로젝트용 폴더를 생성하고, RStudio에서 프로젝트 생성을 통해 진행하도록 하겠습니다. 이렇게 프로젝트를 설정하는 이유는 RStudio에서 데이터 파일을 불러올 때 프로젝트 폴더를 기본 경로로 하기 때문에 외부 데이터 파일을 불러오는 명령어를 입력할 때 번거로움이 줄기 때문입니다. 이 부분은 실습을 하다 보면 저절로 이해가 될 것입니다.

내 컴퓨터의 C드라이브에 "r-study"라는 폴더를 만들겠습니다. 단, Chapter 2에서 이미 C드라이브에 r-study 폴더를 만들었다면 하지 않아도 됩니다. 그런 다음 RStudio에서 File → New Project → Existing Directory → "C:\r-study" 선택 → Create Project를 통해 해당 폴더를 프

로젝트 폴더로 지정하겠습니다.

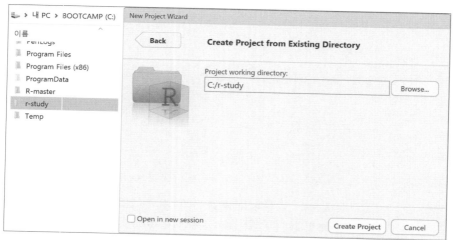

그림 3-10 | 폴더 만들기 및 RStudio 프로젝트 생성

그리고 해당 폴더에 실습용 데이터 셋인 "ch3-1.csv" 파일을 다운받아(https://datawithnosense. tistory.com 또는 https://github.com/datawithnosense/R) 저장하겠습니다.

이제 실습용 데이터 셋을 불러오겠습니다. 실습용 데이터 셋은 그림 3-9의 에어코리아 종로 측정소에서 2020년 6월 1일 한 시간 단위 미세먼지 측정 데이터입니다.

R에서 csv 파일 데이터를 불러오기 위해서는 read.csv() 함수를 이용합니다. 일단 다음과 같이 코드를 작성하고 실행해 보기를 바랍니다.

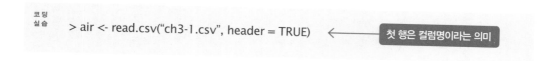

air라는 변수(데이터 셋)에 ch3-1.csv라는 파일의 데이터를 집어넣는다는 뜻입니다. 파일의 첫 행은 데이터가 아닌 열 이름이기 때문에 "header = TRUE"라는 옵션을 지정했습니다. 그리고 데이터를 확인하기 위해 변수 air를 스크립트 창에 입력하고, 실행(Ctrl + Enter)해 보면 다음 과 같은 결과를 볼 수 있습니다. air 데이터 셋은 7개의 열과 24개의 행으로 구성되어 있는데 14시부터 16시까지의 측정값 일부가 누락되어 있습니다. 실제 csv 데이터 파일에는 해당 시

점의 데이터가 존재하지 않으며 R에서 불러올 때 데이터가 없기 때문에 자동으로 "NA"로 표시되었습니다.

코딩
실습

```
> air
   MMDDHH PM10 PM25   O3     NO2    CO   SO2
1  06-01-01  28   18  0.039  0.009  0.3  0.002
2  06-01-02  19   14  0.041  0.007  0.3  0.002
3  06-01-03  15   13  0.043  0.006  0.3  0.002
4  06-01-04  16   13  0.042  0.006  0.3  0.002
5  06-01-05  14   11  0.041  0.008  0.3  0.003
6  06-01-06  14   10  0.040  0.009  0.3  0.003
7  06-01-07  15   10  0.038  0.014  0.3  0.002
8  06-01-08  20   10  0.034  0.019  0.3  0.002
9  06-01-09  28   15  0.032  0.022  0.4  0.003
10 06-01-10  28   12  0.035  0.017  0.4  0.003
11 06-01-11  29    9  0.038  0.015  0.4  0.003
12 06-01-12  32   11  0.039  0.012  0.3  0.003
13 06-01-13  32   11  0.038  0.015  0.3  0.003
14 06-01-14  NA   NA   NA     NA    NA   NA
15 06-01-15  NA   NA   NA     NA    NA   NA
16 06-01-16  NA   NA  0.038  0.020  0.4  0.003
17 06-01-17  27   12  0.041  0.022  0.4  0.003
18 06-01-18  24   14  0.048  0.016  0.4  0.003
19 06-01-19  25   12  0.048  0.014  0.3  0.003
20 06-01-20  26   14  0.043  0.020  0.4  0.003
21 06-01-21  28   15  0.049  0.017  0.4  0.003
22 06-01-22  25   13  0.045  0.020  0.4  0.003
23 06-01-23  29   14  0.035  0.023  0.4  0.003
24 06-01-24  25   15  0.028  0.027  0.4  0.003
```

결측치 "NA"가 포함된 행을 제외하기 위해서는 na.omit() 함수를 사용합니다. 다음과 같이 air_d라는 새로운 변수를 만들고, 여기에는 na.omit() 함수를 이용해 결측치를 제외한 데이터만 저장되도록 하겠습니다.

코딩
실습

```
> air_d <- na.omit(air)   ← air 데이터 셋에서 결측치(NA)만 제외
> air_d
    MMDDHH  PM10 PM25  O3    NO2   CO  SO2
1   06-01-01  28   18   0.039 0.009 0.3 0.002
2   06-01-02  19   14   0.041 0.007 0.3 0.002
3   06-01-03  15   13   0.043 0.006 0.3 0.002
4   06-01-04  16   13   0.042 0.006 0.3 0.002
5   06-01-05  14   11   0.041 0.008 0.3 0.003
6   06-01-06  14   10   0.040 0.009 0.3 0.003
7   06-01-07  15   10   0.038 0.014 0.3 0.002
8   06-01-08  20   10   0.034 0.019 0.3 0.002
9   06-01-09  28   15   0.032 0.022 0.4 0.003
10  06-01-10  28   12   0.035 0.017 0.4 0.003
11  06-01-11  29    9   0.038 0.015 0.4 0.003
12  06-01-12  32   11   0.039 0.012 0.3 0.003
13  06-01-13  32   11   0.038 0.015 0.3 0.003
17  06-01-17  27   12   0.041 0.022 0.4 0.003
18  06-01-18  24   14   0.048 0.016 0.4 0.003
19  06-01-19  25   12   0.048 0.014 0.3 0.003
20  06-01-20  26   14   0.043 0.020 0.4 0.003
21  06-01-21  28   15   0.049 0.017 0.4 0.003
22  06-01-22  25   13   0.045 0.020 0.4 0.003
23  06-01-23  29   14   0.035 0.023 0.4 0.003
24  06-01-24  25   15   0.028 0.027 0.4 0.003
```

위와 같이 na.omit() 함수를 이용하면 결측치가 포함되었던 14~16시 행만 제외할 수 있습니다.

② 중앙값으로 대체

결측치를 제외하지 않고, 중앙값으로 대체해 보도록 하겠습니다. 중앙값은 데이터를 크기 순서대로 나열했을 때 가장 중앙에 위치한 값으로 평균과는 그 의미가 조금 다릅니다. 평균 (Average, Mean)의 경우 어떤 값이 너무 크거나 작으면 전체를 대표할 때 왜곡이 발생할 수 있으므로 이런 때 중앙값을 사용합니다. 주로 신문 기사에서 서울시 아파트 가격을 나타낼 때 중앙값을 사용하는 이유가 이 때문입니다.

결측치를 중앙값으로 대체하기 위해서는 패키지를 이용하면 편리합니다. DMwR2라는 패키지를 설치해서 불러온 뒤 중앙값으로 대체해 보겠습니다. 그 전에 air_m이라는 새로운 변수에 기존의 air 데이터 셋을 저장해서 중앙값 대체 실습용 데이터 셋을 만들겠습니다.

잠깐만요

RStudio 패키지 설치 시 발생할 수 있는 문제

앞서 설명했지만 RStudio를 윈도 운영체제에서 실행할 때는 "관리자 권한"으로 실행하기를 바랍니다. 그렇지 않으면 패키지 설치 시 폴더 접근 권한 문제가 발생해 기본 폴더(C:/Program Files/R/R-3.6.3/library)에 패키지 설치가 불가합니다. 따라서 개인 라이브러리(library) 폴더를 만들어서 사용할 수도 있지만 나중에 쓰다 보면 여러 곳에 패키지 설치가 되어 있어 혼선이 발생할 수 있습니다. 그러므로 패키지 설치를 기본 폴더에 설치하기 위해 RStudio 실행 시 아이콘을 마우스 우클릭해 "관리자 권한으로 실행(A)"하기를 바랍니다.

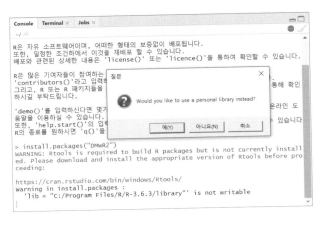

그림 3-11 |
패키지 설치 시 관리자 권한으로 실행하지 않을 때 나타나는 메시지

코딩
실습
```
> air_m <- air
> install.packages("DMwR2")
> library(DMwR2)
```

DMwR2 패키지가 정상적으로 설치된 후 불러오면 다음과 같은 메시지가 콘솔 창에 나타납니다. 해당 패키지 설치(install.packages) 시 연관된 다른 패키지들이 자동으로 설치되면서 여러 가지 다운로드 창이 나타났다가 사라지는 것을 봤을 것입니다. 그리고 library(DMwR2) 명령어를 통해 패키지를 불러오면 "필요한 패키지를 로딩중입니다"와 같은 다양한 메시지를 볼 수 있습니다. 이런 메시지는 패키지마다 다르며 어떤 패키지를 불러왔을 때 아무런 메시지도 나타나지 않는 경우가 대부분입니다.

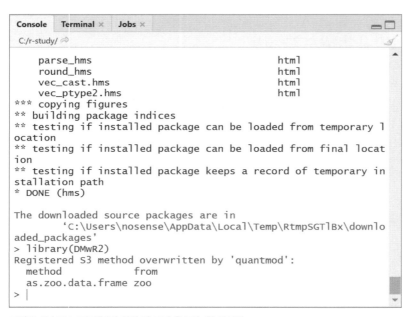

그림 3-12 | DMwR2 패키지 설치 및 로딩 후 콘솔 창 메시지

이제 불러온 DMwR2 패키지를 이용해 air_m 데이터 셋에 존재하는 결측치를 각 열의 중앙값으로 대체하도록 하겠습니다. 그 전에 PM10, PM25열의 중앙값을 계산해서 패키지로 대체한

값이 맞는지 보겠습니다. R에서 중앙값을 계산할 수 있는 함수는 median()이고, 데이터 셋에서 특정 열을 선택하기 위해서는 "$" 기호를 사용합니다. 그리고 데이터 셋에 결측치가 존재할 경우 결측치를 제외하고 계산하라는 옵션으로 "na.rm = TRUE"가 있습니다. 이를 이용해 다음과 같이 입력하고 실행하면 PM10열의 중앙값은 25, PM25열의 중앙값은 13이 나온 것을 알 수 있습니다.

```
코딩
실습    > median(air_m$PM10, na.rm = TRUE)   # 결측치를 제외한 PM10의 중앙값 계산
        [1] 25
        > median(air_m$PM25, na.rm = TRUE)   # 결측치를 제외한 PM25의 중앙값 계산
        [1] 13
```

다음으로 DMwR2 패키지의 centralImputation() 함수를 사용하겠습니다. 결측치가 존재하는 데이터 셋(air_m)과 중앙값으로 대체될 데이터 셋(air_c)을 구분하기 위해 centralImputation(air_m)의 결과를 air_c라는 변수를 만들어 집어넣겠습니다. 그리고 데이터가 너무 많으므로 보기 쉽게 결측치가 포함된 14~16행만 표시되도록 하겠습니다. 데이터 프레임에서 원하는 데이터만 표시하려면 "데이터 프레임명[행 인덱스, 열 인덱스]"를 입력하면 됩니다.

여기서 인덱스는 데이터가 위치한 좌표(x, y)라고 이해하면 편합니다. 기본적으로 숫자지만 사용자가 별도로 지정할 수도 있습니다. 인덱스를 입력하지 않으면 전체가 출력됩니다. air_m과 air_c 데이터 셋 모두 14~16행만 표시하면 되므로 air_m[14:16,], air_c[14:16,]으로 각각 입력해서 데이터를 확인해 보겠습니다. 위에서 PM10의 중앙값은 25, PM25의 중앙값은 13이었는데 다음 결과를 보니 정상적으로 대체된 것을 확인할 수 있습니다.

```
> air_c <- centralImputation(air_m)   # 결측치를 중앙값으로 대체
> air_m[14:16,]   # air_m 데이터 셋의 14~16번째 행의 값만 표시
      MMDDHH   PM10  PM25  O3      NO2    CO   SO2
14 06-01-14    NA    NA    NA      NA     NA   NA
15 06-01-15    NA    NA    NA      NA     NA   NA
16 06-01-16    NA    NA    0.038   0.02   0.4  0.003
> air_c[14:16,]   # air_c 데이터 셋의 14~16번째 행의 값만 표시
      MMDDHH   PM10  PM25  O3      NO2     CO    SO2
14 06-01-14    25    13    0.0395  0.0155  0.35  0.003
15 06-01-15    25    13    0.0395  0.0155  0.35  0.003
16 06-01-16    25    13    0.0380  0.0200  0.40  0.003
```

잠깐만요

R에서 인덱스(Index) 시작은 1부터

R에서 인덱스는 1부터 시작합니다. 따라서 첫 번째 행과 열의 값은 [1, 1]이라는 인덱스로 표시할 수 있습니다. 하지만 파이썬(Python)은 인덱스가 0부터 시작합니다. 따라서 첫 번째 행과 열의 값을 [0, 0]으로 인덱싱(Indexing)하니 혼선이 없기를 바랍니다.

③ 인접값 가중 평균으로 대체(k-NN)

결측치를 중앙값이 아닌 k-NN(최근접 이웃, k-Nearest Neighbor) 알고리즘을 이용한 값으로 대체해보도록 하겠습니다. k-NN 알고리즘은 회귀(regression)와 분류(classification) 문제 모두에 적용할 수 있는 알고리즘으로 회귀 문제에서는 k개 인접 이웃 값의 가중 평균으로 값을 예측합니다. 따라서 해당 알고리즘을 이용하면 단순 평균이나 중앙값이 아닌 인접한 값의 가중 평균값으로 결측값을 대체할 수 있습니다.

k-NN 알고리즘을 이용한 결측치 대체를 위해서는 knnImputation() 함수를 이용해야 합니다. 해당 함수를 사용하기 위해서는 데이터 셋에 문자(Factor)가 존재하면 오류가 발생하기 때문에 첫 번째 열을 제외한 별도 데이터 셋을 air_k라는 변수로 구성하겠습니다. 그리고 air_knn이라는 변수에 knnImputation(air_k)의 결과를 집어넣고, 결측치가 존재하는 14~16행만 표시해

서 데이터를 확인해 보겠습니다. 마지막으로 중앙값으로 대체한 **air_c** 데이터 셋의 14~16행(첫 번째 열만 제외하고 표시, **air_knn** 데이터 셋과 동일하게 보기 위함)의 값과 비교해 보도록 하겠습니다.

```
> air_k <- air_m[,-1]  # 첫 번째 열을 제외하고, 별도 데이터 셋 구성
> air_knn <- knnImputation(air_k)  # 인접값 가중 평균으로 대체
> air_knn[14:16,]  # air_knn 데이터 셋의 14~16번째 행의 값만 표시
      PM10     PM25     O3     NO2     CO   SO2
14 19.70000 12.60000 0.0385 0.0117 0.32 0.0024
15 19.70000 12.60000 0.0385 0.0117 0.32 0.0024
16 27.62243 12.63962 0.0380 0.0200 0.40 0.0030
> air_c[14:16,-1]  # 앞서 계산한 중앙값 대체 데이터와 비교
   PM10 PM25   O3     NO2    CO   SO2
14  25   13  0.0395 0.0155 0.35 0.003
15  25   13  0.0395 0.0155 0.35 0.003
16  25   13  0.0380 0.0200 0.40 0.003
```

위 결과와 같이 중앙값과는 다르게 PM10의 경우 19.7, 27.62243으로 서로 다른 값으로 결측치가 대체된 것을 확인할 수 있습니다.

이상으로 결측치를 대체하는 대표적인 방법론에 대해 알아봤고, 이외에도 다양한 방법이 있으며 도메인 지식에 따라 결측치 값을 대체하는 것도 무방합니다. 결측치 대체 방법이 최종적으로 데이터 분석의 결과에 큰 영향을 미치기 때문에 다양한 방법을 시도해 보는 것이 중요합니다.

❷ 이상치(Outlier)

결측치가 데이터가 존재하지 않는 것이라면, 이상치는 다른 데이터와 동떨어진 데이터를 말합니다. 사람의 키를 측정한 데이터가 183cm, 165cm, 191cm, 173cm, 423cm라면 누구나 데이터에 대해서 의심하게 됩니다. 사람의 키가 423cm라는 것은 상식적으로 받아들이기 어렵기 때문입니다. 이렇게 일반적인 분야 외에도 전문적인 분야에 종사하고 있는 사람들은 대부분 본인이 다루고 있는 숫자에 대한 감이 있기 때문에 갑자기 이상한 데이터가 발생하면 바로 의심을 하게 됩니다.

품질관리 분야에서는 관리도(Control Chart)를 이용해 규격 한계 범위를 벗어난 대상을 부적합품으로 판정합니다. 부적합품이 바로 이상치입니다.

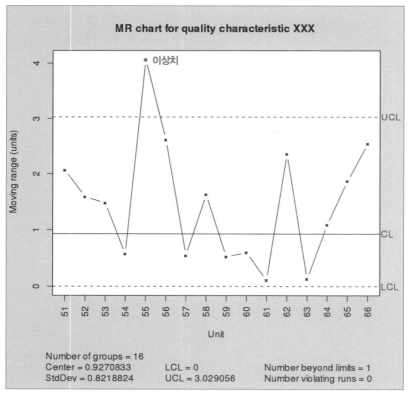

그림 3-13 | Shewhart 관리도 예시(출처 : wikipedia)

이상치에 대한 기준은 정하기 나름이며 일반적으로는 상자그림(Boxplot)을 이용해 이상치를 정의하거나 데이터의 분포를 확인할 수 있는 히스토그램을 이용해 평균(μ)±n*표준편차(σ)의 범위를 벗어나면 이상치로 정의하기도 합니다. 상자그림과 히스토그램에 관한 내용은 Chapter 4에서 상세하게 다룰 예정입니다.

이렇게 정의된 이상치는 데이터 분석을 할 때 잘못된 결과를 야기할 가능성이 높기 때문에 제외하고 데이터 셋을 구성합니다.

③ 스케일링(Scaling)

스케일링은 서로 다른 변수 간에 단위로 인한 값 차이가 너무 클 경우 해당 변수가 영향이 있음에도 불구하고 크기로 인해 영향이 없는 것처럼 왜곡될 수 있는 문제를 해결하기 위해 사용하는 방법입니다.

예를 들어, 아파트 가격(y)에 영향을 미치는 변수로 도시별 인구수(x_1)와 근로자 평균 연봉(x_2)이라는 데이터가 다음과 같다고 가정해 보겠습니다.

도시	인구수(명, X_1)	근로자 평균 연봉(천만 원, X_2)	아파트 중위 가격(원, y)
A	150,000	6.0	500,000,000
B	500,000	5.5	450,000,000
C	1,000,000	4.5	300,000,000
D	5,000,000	4.0	450,000,000
E	10,000,000	3.5	1,000,000,000

표 3-4 | 스케일링 설명용 예시

인구수의 단위는 명, 연봉은 천만 원, 아파트 가격은 원으로 단위가 서로 다르고, 그로 인해 표현되는 값의 절대적인 크기도 다릅니다. 위와 같은 경우라면 근로자 평균 연봉이라는 변수는 그 값의 크기가 너무 작아 아파트 중위 가격에 큰 영향을 미치지 않는 인자로 취급될 수도 있습니다. 하지만 실제 인구수보다는 상관관계가 낮지만 유의미한 상관관계를 갖는 인자입니다. 이렇게 단위로 인한 값의 절대적인 차이를 줄이는 방법을 스케일링이라고 하며 스케일링에도 다양한 방법들이 있습니다. 가장 대표적인 3가지 방법에 대해서 간단히 표로 정리했으니 참고하기를 바랍니다.

방법	설명
Standard Scaling	각 변수의 평균(mean, μ)을 0, 표준편차(Standard Deviation, σ)를 1로 변환 $$x_{scale} = \frac{x - \mu}{\sigma}$$
MinMax Scaling	• 각 변수의 하한값(min)과 상한값(max)을 특정값으로 변환 • 대부분의 경우 하한값을 0, 상한값을 1로 정하며 이런 경우를 Normalization이라고 함 $$x_{scale} = \frac{x - x_{min}}{x_{max} - x_{min}}$$
Robust Scaling	Standard Scaling과 유사하지만 평균과 분산 대신 중앙값과 사분위수를 이용해 변환 $$x_{scale} = \frac{x - median}{IQR}$$

표 3-5 | 스케일링의 종류

이런 스케일링은 데이터 크기 차이로 인한 문제 외에도 딥 러닝 시 학습률(Learning Rate)을 크게 저하시키는 문제를 방지하기 위한 목적도 있습니다. 그리고 딥 러닝 모델 구현 시 스케일링 방법에 따라 예측 정확도가 크게 변할 수도 있기 때문에 중요합니다. 딥 러닝을 다루는 챕터에서 구체적으로 다시 설명하겠습니다.

1 R 문법에 대한 이해

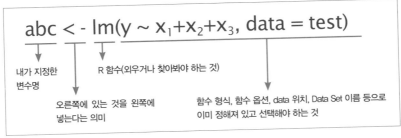

$$abc < - lm(y \sim x_1 + x_2 + x_3, data = test)$$

내가 지정한
변수명

R 함수(외우거나 찾아봐야 하는 것)

오른쪽에 있는 것을 왼쪽에
넣는다는 의미

함수 형식, 함수 옵션, data 위치, Data Set 이름 등으로
이미 정해져 있고 선택해야 하는 것

2 R 주석 및 도움말 사용 방법

구분	기호 및 명령어	예시
주석	#	# 결측치를 중앙값으로 대체
도움말	?, help(함수명)	?names, help(names)
예제	example(함수명)	example(names)

3 R 관계 및 논리 연산자 기호

R의 관계 및 논리 연산자는 다른 프로그래밍 언어와 대부분 유사하며 프로그래밍에 익숙하지 않은
사용자가 헷갈릴 수 있는 관계 연산자는 "같다"의 의미를 가진 "=="임

4 R 데이터 타입

R에는 스칼라(Scalar), 벡터(Vector), 데이터 프레임(Data Frame), 행렬(Matrix), 리스트(List), 배열(Array) 등
의 데이터 타입이 존재하며 주로 사용되는 타입은 데이터 프레임임

5 데이터 정제 방법

방법	경우	비고
제외	결측치(NA), 이상치(Outlier)	na.omit()
대체	결측치(NA)	중앙값, 평균 등으로 대체
스케일링	단위로 인한 값의 크기 차이가 클 때	Standard, MinMax, Robust

연 습
문 제

1 C 언어는 전체 문장이 맞아야 실행되는 컴파일러 언어인 반면에 R은 한 줄씩 실행되는 언어입니다. 이런 언어를 무엇이라고 하나요?

2 다음 중 R에서 변수로 사용할 수 <u>없는</u> 것은 무엇인가요?

① a1   ② 1a   ③ a_1   ④ a.1

3 다음 중 R에서 도움말을 사용하기 위해 사용하는 기호는 무엇인가요?

① #   ② !   ③ ==   ④ ?

4 가장 널리 사용되는 데이터 타입으로 행과 열로 이뤄져 있고, 서로 다른 열에 숫자와 문자가 혼용 가능한 테이블 형태의 데이터 타입을 무엇이라고 하나요?

5 다음 중 R에서 사용되는 논리 연산자의 기호와 의미가 맞지 <u>않게</u> 연결된 것은 무엇인가요? (기호 : 의미)

① == : 같다   ② != : 같지 않다   ③ & : 그리고   ④ $: 또는

6 R에서 결측치를 제외하기 위해 사용하는 함수는 무엇인가요?

7 가장 대표적인 스케일링 방법으로 각 변수의 하한값을 0으로, 상한값을 1로 변환하는 방법은 무엇인가요?

본격적인 실습에 앞서…

Chapter 4부터는 본격적인 R 활용 데이터 분석 실습 단계로 Chapter 1과 3은 건너뛰고, Chapter 2의 3(R & RStudio 설치하기), 4(R 프로젝트 만들기)만 읽고 바로 넘어와도 무방합니다.

실습에 사용할 데이터(csv)는 저자의 블로그(https://datawithnosense.tistory.com/), 깃허브(https://github.com/datawithnosense/R)에서 다운받을 수 있습니다.

이제부터 가상의 1인 기업을 운영하는 김 대표가 되어 업무에서 데이터 분석을 활용해 보도록 하겠습니다.

분 | 석 | 스 | 토 | 리

김 대표는 글로벌 축산기업을 만들겠다는 원대한 꿈을 안고 양계산업에 뛰어들었습니다. 대학에서 경영학을 전공하고, 누구나 선망하는 대기업 경영전략실에서 5년간 근무했지만 언젠간 본인의 사업을 하겠다는 꿈이 있었기에 회사를 박차고 나와 양계농장을 차렸습니다. 회사를 다니면서 양계산업의 규모, 성장 가능성, 경쟁사 현황 분석 등 철저한 준비를 마쳤기 때문에 자신감이 넘쳤고, 이제부터 자신만의 회사를 성장시킬 생각에 가슴이 벅차 올랐습니다. 하지만 찬란할 것만 같은 김 대표의 앞날에도 다양한 문제들이 도사리고 있는데, 과연 김 대표는 앞으로 회사를 잘 키워나갈 수 있을까요?

통계분석과
기본 그래프

데이터 분석의 가장 기본이 되는 평균, 표준편차, 정규분포,

그래프 그리기 등 통계에 관해 아주 간단하고 쉽게 꼭 필요한

부분만 알아보도록 하겠습니다.

4

CHAPTER

김 대표의 양계장에는 7개의 부화장이 있고, 부화장
마다 최대 30개의 알을 부화시킬 수 있습니다. 사전
에 공부한 바에 따르면 병아리가 부화하는 데 걸리는
기간은 약 21일입니다. 어제까지 딱 21일이 지났습니
다. 드디어 김 대표 양계장에 처음으로 생명이 탄생
했는데, 총 몇 마리의 병아리가 부화했는지 알아보도
록 하겠습니다.

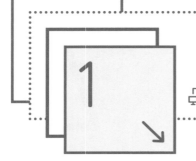

어제까지 몇 마리의 병아리가 부화했을까? (기초 통계량)

1 데이터 불러오기

데이터를 불러오기에 앞서 데이터의 형태에 대해서 알아
보겠습니다. ch4-1.csv 파일(Comma-separated Values)은 콤
마(,)로 구분된 텍스트 데이터 형태입니다. 첫 행(row)에는
hatchery, chick이라는 열(column) 이름이 존재하고, 2행부
터 8행까지 총 7행에 데이터가 들어 있습니다. hatchery열
은 A부터 G까지 부화장 이름(범주)이, chick열은 부화된 병
아리 마릿수(숫자) 데이터입니다.

```
ch4-1.csv
1   hatchery,chick
2   A,30
3   B,30
4   C,29
5   D,26
6   E,24
7   F,28
8   G,27
```

그림 4-1 | 데이터 형태

R에서 csv 파일 데이터를 불러오기 위해서는 **read.csv()** 함수를 이용합니다. 일단 다음과 같
이 코드를 작성하고 실행해 봅니다.

코딩
실습
```
> hat <- read.csv("ch4-1.csv", header = TRUE)
```

hat이라는 변수(데이터 셋)에 ch4-1.csv라는 파일의 데이터를 집어넣는다는 뜻입니다. 파일의 첫 행은 데이터가 아닌 열 이름이기 때문에 "header = TRUE"라는 옵션을 지정했습니다.

> **Q** 다른 작업공간에 위치한 파일은 어떻게 불러오나요?
>
> **A** 현재는 작업공간에 데이터 파일이 존재하기 때문에 파일 이름("ch4-1.csv")만 입력하면 되지만 다른 곳에 위치할 경우 전체 경로(예 : "c:/r-study/ch4-1.csv")를 입력해야 데이터 파일을 불러올 수 있으며 경로 입력 시 "₩" 대신 반드시 "/" 기호를 사용해야 합니다.
>
> **Q** csv 파일 말고, 다른 파일(txt, 엑셀 등)은 어떻게 불러오나요?
>
> **A** R에서는 다양한 파일을 불러올 수 있습니다. 일반적으로 데이터 파일은 csv(콤마 구분 텍스트), txt(텍스트), xls(엑셀97~2003), xlsx(엑셀) 확장자를 주로 사용합니다. csv와 txt 파일은 별도의 패키지(라이브러리) 없이도 불러올 수 있지만 엑셀 파일을 불러오기 위해서는 패키지(openxlsx) 설치가 필요합니다. 파일이 아닌 데이터베이스에 존재하는 데이터를 불러오는 것도 가능한데 데이터베이스 종류에 따른 별도 패키지 설치가 필요합니다.

② 데이터 확인하기

코딩
실습

```
> hat
hatchery chick
1       A   30
2       B   30
3       C   29
4       D   26
5       E   24
6       F   28
7       G   27
```

위에서 생성한 hat 변수를 실행하면 데이터를 확인할 수 있습니다. 김 대표의 부화장은 7개밖에 되지 않아 한 화면에 표시가 가능하지만 하○, 체리부○와 같은 양계 대기업의 경우 셀 수 없을 만큼 부화장이 많을 것입니다. 그럴 경우에는 위와 같이 데이터를 조회해서 보기가 어렵습니다. 그럴 때 사용하는 것이 바로 head()와 tail() 함수입니다. head()는 데이터 셋의 처음부터 6행까지 데이터를 보여주고, tail()은 데이터 셋의 끝에서부터 이전 6행까지의 데이터를 보여줍니다.

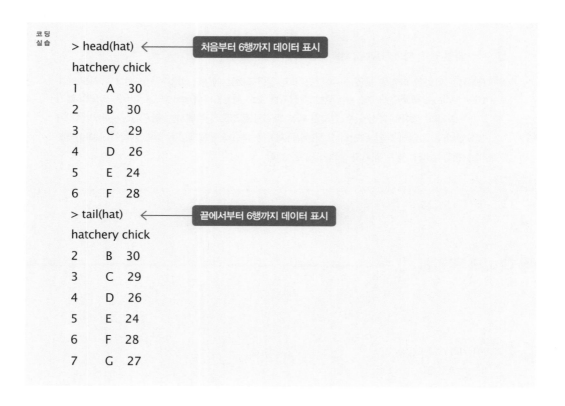

꼭 6행이 아니라 원하는 행만큼도 보여줄 수가 있는데, 그 경우에도 아래와 같이 head() 또는 tail() 함수를 사용하면 됩니다.

```
코딩
실습    > head(hat,3)  ←  head or tail(데이터 셋, 행 길이)
        hatchery chick
        1      A    30
        2      B    30
        3      C    29
```

hat 데이터 셋의 처음부터 3행까지 데이터를 표시해 봤습니다. 데이터가 엄청나게 많아서 불러오는 행위 자체가 시스템에 큰 부하를 일으킬 때 유용하므로 반드시 기억해 두기를 바랍니다.

③ 기초 통계량 구하기

본격적으로 기초 통계량을 구해 보도록 하겠습니다. 엑셀의 함수 기능을 사용할 수 있다면 전혀 어렵지 않은 내용입니다. 먼저 가장 기초적인 데이터의 합을 구해 보도록 하겠습니다. 엑셀과 동일하게 합은 sum() 함수를 사용합니다. 여기서 합을 계산할 데이터는 hat 데이터 셋의 chick(부화된 병아리 마릿수)열인데 R에서는 데이터 셋의 특정 열을 지정할 때 특수문자 "$"를 사용합니다. 그렇기 때문에 "hat$chick"으로 지정했습니다.

```
코딩
실습    > sum(hat$chick)
        [1] 194
```

김 대표는 7개의 부화장에 30개씩 총 210개의 알을 준비했는데 그중에 부화한 것은 총 194개의 알입니다. 만일 부화율이라는 파생변수(사용자가 특정 조건이나 함수에 의해 값을 만들어 의미를 부여한 변수)를 만든다면 194/210 = 92.4(%)가 됩니다.

이제 부화장별 부화된 병아리 마릿수 평균을 구해 보겠습니다. 엑셀에서는 평균을 average 함수로 사용하지만 R에서는 함수명이 mean()입니다.

— 통계분석과 기본 그래프

133

```
> mean(hat$chick)
[1] 27.71429
```

부화장별로 약 28마리의 병아리가 부화했습니다.

표준편차도 구해 보겠습니다. 표준편차는 Standard Deviation의 약자인 sd()를 사용합니다.

```
> sd(hat$chick)
[1] 2.21467
```

표준편차가 2.21 정도로 나왔습니다. 표준편차는 데이터가 퍼진 정도를 나타내는 매우 중요한 통계 지표 중 하나입니다. 이것은 이후에 더 자세하게 설명할 것이므로 계산만 간단히 해보고 나머지 중요한 기초 통계량인 중앙값과 최솟값, 최댓값을 구해 보겠습니다. 각각의 함수명은 median(), min(), max()입니다.

참고 ┆ 중앙값은 데이터를 크기 순서대로 배열했을 때 중앙에 위치하게 되는 값입니다.

```
> median(hat$chick)  # 중앙값
[1] 28

> min(hat$chick)  # 최솟값
[1] 24

> max(hat$chick)  # 최댓값
[1] 30
```

④ 데이터 정렬하기

order() 함수를 이용해 데이터를 정렬해 보면 중앙값이 28, 최솟값이 24, 최댓값이 30으로 정상적으로 구해진 것을 확인할 수 있습니다.

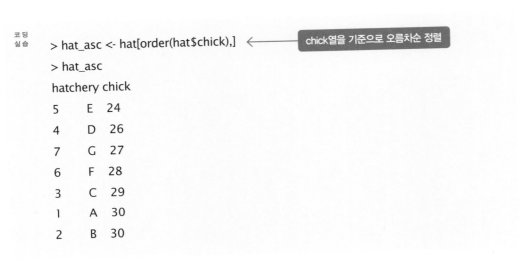

```
코딩
실습    > hat_asc <- hat[order(hat$chick),]        chick열을 기준으로 오름차순 정렬
        > hat_asc
        hatchery chick
        5        E      24
        4        D      26
        7        G      27
        6        F      28
        3        C      29
        1        A      30
        2        B      30
```

참고 : 내림차순 정렬의 경우 hat$chick 앞에 "–" 부호를 붙이면 됩니다. 한 번 해보세요!

지금까지 R에서 제공하는 다양한 함수를 이용해 hat 데이터 셋의 기초 통계량을 구해 봤는데 요약해서 별도의 표로 나타내면 다음과 같습니다.

항목	합계(sum)	평균(mean)	표준편차(sd)	중앙값(median)	최솟값(min)	최댓값(max)
값	194	27.71	2.21	28	24	30

표 4-1 | hat 데이터 셋의 기초 통계량

⑤ 막대 그래프 그려보기

위 데이터를 보기 쉽게 그래프로 표현해 보겠습니다.

— 통계분석과 기본 그래프

우선 가장 기본적인 그래프인 막대 그래프로 부화장별 병아리 부화 마릿수를 나타내 보겠습니다. 막대 그래프를 그리기 위해서는 barplot() 함수를 사용합니다.

```
> barplot(hat$chick)
```

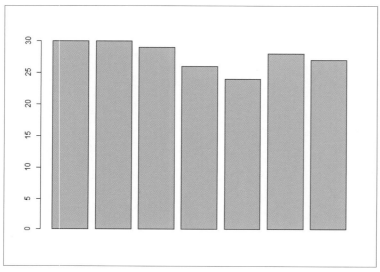

그림 4-2 | 기본 막대 그래프

그래프를 그리긴 했는데 항목 이름도 없고, 항목별 값도 표시되지 않고, 색깔도 회색으로 매우 칙칙합니다. 총체적 난국인 이 그래프에 다양한 옵션을 지정해볼 만한 그래프로 탈바꿈시켜 보겠습니다.

```
> barplot(hat$chick, names.arg = hat$hatchery,
+     col = c("red","orange","yellow","green", "blue", "navy", "violet"),
+     main = "부화장별 병아리 부화현황", xlab = "부화장", ylab = "병아리수",
+     ylim = c(0,35))
```

지금까지 실습 중 가장 긴 코드가 나왔습니다. 하지만 너무 어려운 내용이 아니므로 천천히 따라해 보기를 바랍니다. 우선 위 코드는 총 4줄로 이뤄져 있습니다.

R에서는 한 줄의 코드를 4줄로 나눠서 실행시킬 때 위와 같이 "+" 기호로 이 4줄의 코드가 하나의 코드임을 표시합니다.

참고 | "+" 기호는 R 콘솔 창에 자동으로 적용되기 때문에 사용자가 입력하지 않습니다.

실제 barplot() 함수의 도움말(?barplot)을 보게 되면 적용 가능한 옵션은 더 많지만 이번 그래프에 적합한 옵션만 적용해 봤습니다.

- names.arg : 가로축의 항목 이름 표시
- col : 막대 색상(color) 지정, 항목이 여러 개라서 c() 함수 이용 각각 지정
- main : 그래프 제목 표시
- xlab : x축 이름(label) 표시
- ylab : y축 이름(label) 표시
- ylim : y축 상 · 하한값 지정

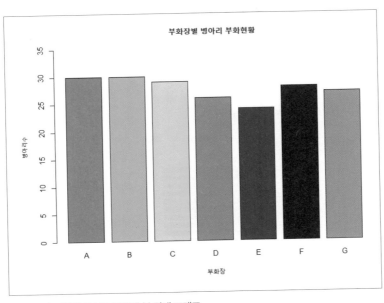

그림 4-3 | 다양한 옵션을 지정해 본 막대 그래프

6 그래프 색상 바꿔보기

처음보다는 훨씬 괜찮은 막대 그래프가 나왔지만 여전히 색상이 촌스럽습니다. 색상의 경우 7개 항목이라 무지개 색깔로 지정해 봤는데 아무래도 색상 전문가의 도움이 필요할 것 같습니다. 외부 패키지를 하나 사용해 보겠습니다.

코딩
실습

```
> install.packages("RColorBrewer")  # RColorBrewer라는 색상 팔레트 패키지 설치
> library(RColorBrewer)  # RColorBrewer 패키지 현재 작업 환경으로 불러오기
```

RColorBrewer라는 패키지는 각종 그래프에 예쁜 색상을 입힐 수 있게 미리 다양한 팔레트를 만들어 놓은 것입니다.

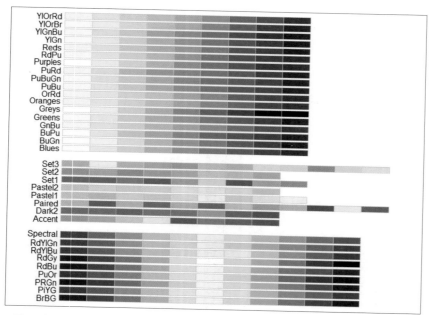

그림 4-4 | RColorBrewer 패키지의 전체 팔레트

참고 │ 위 전체 팔레트 현황은 display.brewer.all() 실행 시 확인 가능합니다.

다양한 팔레트 중 하나를 골라서 7개의 색상만 막대 그래프에 적용시켜 보도록 하겠습니다. col7이라는 변수를 만들어 팔레트와 사용할 색상 개수를 지정해 집어넣습니다. 그리고 기존과 동일한 코드에서 "col" 옵션 부분만 방금 만든 col7 변수를 지정합니다.

코딩
실습
```
> col7 <- brewer.pal(7, "Pastel2")   # "Pastel2" 팔레트에서 7개의 색상을 col7에 집어넣음
> barplot(hat$chick, names.arg = hat$hatchery,
+         col = col7,
+         main = "부화장별 병아리 부화현황", xlab = "부화장", ylab = "병아리수",
+         ylim = c(0,35))
```

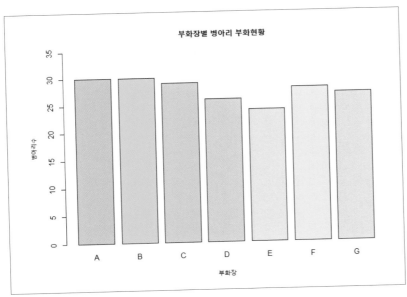

그림 4-5 | 팔레트 색상을 적용한 막대 그래프

☑ 그래프 위에 텍스트 추가하기

막대 그래프가 기존보다 훨씬 예쁜 색으로 바뀌었습니다. 이제 막대 그래프 위에 값을 한 번

표시해 보겠습니다. 사실 이 부분은 엑셀에서는 매우 간단하게 마우스 클릭만으로 표시가 가능하지만 R에서는 표현이 조금 어렵습니다. 왜냐하면 barplot() 함수의 옵션에는 해당 기능이 없기 때문입니다. R에서 그래프 위에 텍스트나 선(line)을 표시하기 위해서는 text()와 abline() 함수를 이용합니다.

text() 함수는 그래프의 특정 좌표에 텍스트를 보여주는 함수입니다. 위에 그린 막대 그래프에 부화장별 부화된 병아리 마릿수를 표시하기 위해서 각 막대의 x좌표, y좌표 그리고 표시해 줄 병아리 마릿수 데이터가 필요합니다. y좌표는 hat$chick(병아리 마릿수)이며 표시해 줄 값은 y좌푯값과 동일합니다. 그런데 x좌표를 모릅니다. 왜냐하면 부화장 이름으로만 표시되기 때문입니다. 막대 그래프에서 각 막대의 x좌표를 구하는 방법을 알아보겠습니다.

```
코딩
실습   > bar_x <- barplot(hat$chick)  # bar_x 변수에 barplot으로 그린 x좌표 집어넣음
       > bar_x
             [,1]
       [1,]  0.7
       [2,]  1.9
       [3,]  3.1
       [4,]  4.3
       [5,]  5.5
       [6,]  6.7
       [7,]  7.9
```

bar_x는 데이터 타입이 행렬(matrix)로 7행, 1열로 구성되어 있습니다. 1행의 값인 0.7이 첫 번째 막대의 x좌표고, 7행의 7.9가 일곱 번째 막대의 x좌표입니다. 여기서 아마 이상한 문제가 발생했을 것입니다. 기존에 기껏 예쁘게 만들어 놓은 막대 그래프(그림 4-5)는 사라지고, 다시 칙칙한 처음의 막대 그래프(그림 4-2)가 표시되었을 것입니다. R에서는 그래프를 그리면 기존 그래프가 사라지고 최초의 그래프가 표시되기 때문입니다. 그래서 다소 불편하지만 다시 한 번 예쁜 그래프를 그리고, 알아낸 막대의 x좌표를 이용해 그래프 위에 텍스트를 표시해 보겠습니다.

```
> barplot(hat$chick, names.arg = hat$hatchery,
+       col = col7,
+       main = "부화장별 병아리 부화현황", xlab = "부화장", ylab = "병아리수",
+       ylim = c(0,35))
> text(x = bar_x, y = hat$chick, labels = hat$chick, pos = 3)  # 그래프에 텍스트 추가
```

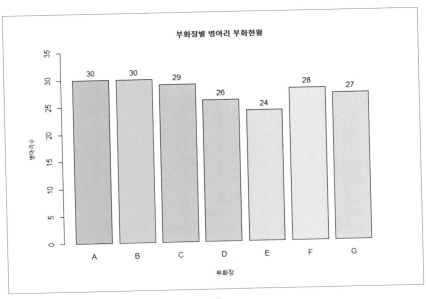

그림 4-6 | 팔레트 색상 및 텍스트를 추가한 막대 그래프

참고 ┊ text() 함수의 옵션 중 "pos"는 1일 경우 좌표 기준 아래, 2일 경우 왼쪽, 3일 경우 위, 4일 경우 오른쪽에 표시합니다. 직접 한 번 해보세요!

8 그래프 위에 선 추가하기

막대 그래프에 마지막으로 점선을 추가해 보겠습니다. 부화장별 최대 30마리의 병아리가 부화할 수 있었기 때문에 y축을 기준으로 30에 빨간색 점선을 한 번 그어보겠습니다. 위에서 간

략하게 설명했던 것처럼 점선의 경우는 abline() 함수를 사용합니다.

코딩
실습
> abline(h = 30, col = "red", lty = 2, lwd = 1) # y값 30 기준으로 빨간색 점선 표시

참고 | abline() 함수에서 lty는 선의 모양(Line Type), lwd는 선의 굵기(Line Width)를 의미합니다.

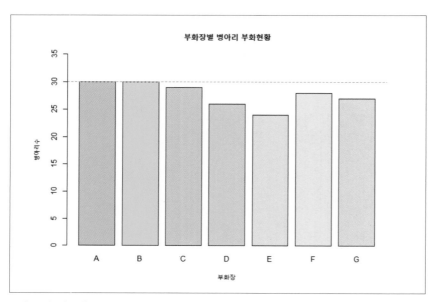

그림 4-7 | y값 30을 기준으로 빨간색 점선이 추가된 막대 그래프

🄎 파이 차트 그려보기

파이 차트는 주로 전체에서 항목별 비율을 확인할 때 사용합니다. 파이 차트를 통해 부화장별로 병아리 부화 비율을 나타내 보겠습니다.

우선 병아리 부화 비율을 hat 데이터 셋에 pct라는 열을 하나 추가해서 계산해 보겠습니다. 부화 비율은 각 부화장별 태어난 병아리 마릿수를 전체 병아리 합으로 나눠준 값으로 정의하겠습니다.

```
> hat$pct <- round(hat$chick/sum(hat$chick)*100, 1)
> hat
  hatchery chick  pct
1     A     30   15.5
2     B     30   15.5
3     C     29   14.9
4     D     26   13.4
5     E     24   12.4
6     F     28   14.4
7     G     27   13.9
```

반올림해 소수 첫째 자리까지 표시

참고 ┊ 비율 계산 시 소수자릿수가 너무 길게 나올 수 있기 때문에 round() 함수를 이용해 반올림을 했고, 소수 둘째 자리
┊ 에서 반올림해 첫째 자리까지 표시되게 했습니다.

파이 차트는 pie() 함수를 통해 그릴 수 있습니다. 먼저 그려봤던 막대 그래프와는 조금 다르
지만 다양한 옵션을 한번에 다 지정해 보겠습니다.

```
> pie(hat$chick, labels = paste(hat$hatchery, hat$pct, "%"),
+     col = col7, clockwise = TRUE,
+     main = "부화장별 병아리 부화 비율")
```

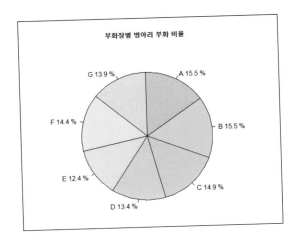

그림 4-8 |
다양한 옵션을 적용해 그려본 파이 차트

파이 차트에서 "labels" 옵션은 파이 차트에서 항목별 텍스트를 뭘 보여줄지 지정하는 것입니다. 그런데 파이 차트의 경우 비율을 보여주는 것이 중요하기 때문에 항목 이름, 비율, 단위 총 3가지를 한번에 보여주기 위해 paste() 함수를 사용했습니다. 이 함수는 텍스트로 여러 항목을 보여주고자 할 때 사용하는 함수입니다. "col(색상)"과 "main(차트 제목)" 옵션의 경우는 막대 그래프를 작성하는 경우와 동일하며, "clockwise = TRUE" 옵션의 경우는 시계 방향으로 항목을 정렬해 보여주는 옵션입니다. 도움말(?pie)을 이용해 다양한 옵션을 확인해 여러 가지로 바꿔 보면 금방 실력이 늘 것입니다.

분 | 석 | 스 | 토 | 리

이렇게 김 대표는 기초 통계량 및 기본 그래프를 통해 어제까지 194마리의 병아리가 부화했고, 부화 장별 평균 약 28마리가 태어난 것을 확인했으며, 부화장 A, B에서는 모든 알이 병아리로 부화한 것을 알 수 있게 되었습니다. 아마도 2~3일 정도 더 기다린다면 나머지 부화장의 알도 대부분 부화할 것입니다.

부화된 병아리들의 체중은 얼마일까?
(정규분포와 중심극한정리)

체계적인 사육을 위해 김 대표는 부화된 병아리 모두에 GPS 위치추적기가 탑재된 Tag를 부착해 병아리 개별 데이터를 수집하기로 했습니다. 그리고 병아리들의 몸무게를 측정해 봤는데 병아리의 몸무게는 얼마일까요?

1 데이터 불러와서 구조와 유형 확인하기

ch4-2.csv 파일의 경우 ch4-1.csv보다 데이터가 더 많아졌습니다. B 부화장에서 부화된 병아리 30마리의 체중 데이터기 때문인데 b라는 변수를 만들어 데이터를 불러온 뒤 어떤 형태인지 확인해 보겠습니다.

```
코딩
실습    > b <- read.csv("ch4-2.csv", header = TRUE)
        > head(b)
          chick_nm weight
        1    b01    37
        2    b02    39
        3    b03    41
        4    b04    45
        5    b05    37
        6    b06    33
```

병아리의 이름(문자)과 몸무게(숫자)가 입력되어 있습니다. 변수 b를 입력해서 총 30개의 데이터가 입력되어 있는 것을 확인할 수도 있지만 데이터 구조(structure)와 유형(class)을 확인할 수 있는 str() 함수를 이용해 보겠습니다.

```
코딩
실습
> str(b)  ◄─────────────────────────  데이터 구조 확인
'data.frame':      30 obs. of 2 variables:
 $ chick_nm: Factor w/ 30 levels "b01","b02","b03",..: 1 2 3 4 5 6 7 8 9 10 ...
 $ weight  : int 37 39 41 45 37 33 34 31 40 41...
```

출력된 결과를 해석해 보겠습니다. "data.frame"이라는 용어가 나왔습니다. 우리가 일반적으로 엑셀에서 사용하는 행과 열이 존재하는 데이터 구조(structure)를 R에서는 데이터 프레임 (Data Frame)이라고 합니다. "30 obs. of 2 variables"는 2개 변수가 30개의 관측치를 가지고 있다는 뜻입니다. 나머지 "$ chick_nm", "$ weight"는 각 변수의 데이터 유형(class)과 값 일부를 표시합니다. 현재 데이터 셋의 경우 변수와 데이터 개수가 적지만 수백 개의 변수와 몇천만 건의 데이터를 분석해야 할 경우 데이터의 구조와 유형을 확인하는 일조차 어려울 수 있습니다. 이럴 때 str() 함수가 유용하게 사용됩니다.

참고 : 데이터 구조와 유형에 따라 활용할 수 있는 데이터 분석 방법들이 달라지기 때문에 이를 이해하는 것은 매우 중요합니다. 데이터 구조와 유형에 대한 상세한 설명은 Chapter 3을 확인해 보기를 바랍니다.

② 통계량으로 분포 확인하기

병아리 몸무게 데이터(b$weight)가 어떻게 분포되어 있는지 summary() 함수를 이용해 구해 보겠습니다.

```
코딩
실습
> summary(b$weight)  ◄─────  주요 통계량 계산
   Min.   1st Qu. Median   Mean   3rd Qu.   Max.
  31.00   36.25   39.00    38.40  40.75     45.00
```

min(), mean(), max() 함수를 실행해야 확인할 수 있는 통계량을 한번에 구할 수 있습니다. 1st Qu.(1사분위수), 3rd Qu.(3사분위수)와 같이 잘 모르는 통계량도 있습니다. 이 부분은 뒤에 상자그림을 통해 상세히 설명하겠습니다.

앞에서 배웠던 sd() 함수를 이용해 표준편차를 구해 보겠습니다.

코딩
실습
```
> sd(b$weight)  # 표준편차
[1] 3.286335
```

평균이 수많은 데이터들의 특징을 하나의 값으로 설명한다면 표준편차는 데이터들이 어떻게 분포하고 있는지를 설명하는 통계량입니다. 계산하는 공식은 다음과 같습니다.

$$(\text{모}) \ \text{표준편차}(\sigma) = \sqrt{\frac{1}{n} \sum_{i=1}^{n} (x_i - \bar{x})^2}$$

$(x_i : \text{개별값}, \bar{x} : \text{평균}, n : \text{데이터 개수})$

데이터의 분포를 아는 것이 왜 중요한지 다음 그래프로 설명하겠습니다.

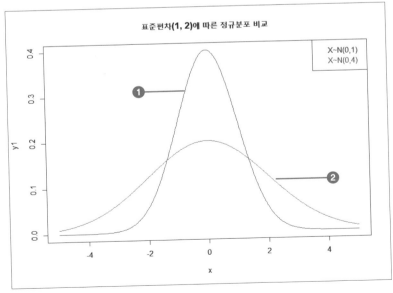

그림 4–9 | 표준편차에 따른 데이터 분포 변화

위 그래프는 평균이 동일한 데이터의 분포를 그린 그래프입니다. x축이 무엇인지, y축이 무엇인지 살펴볼 필요는 없습니다. 단지 그래프의 형상만 보면 됩니다. 그래프 ❶은 그래프 ❷ 대비 종 모양이 좁은 형태를 보여주고 있습니다. 즉, 데이터가 평균(0)에 더 많이 분포하고 있다는 의미입니다.

만일 부화장 A와 B의 병아리 몸무게 평균이 38g으로 동일하더라도 표준편차가 크면 병아리를 사육하는 데 문제가 있을 수 있습니다. 몸무게 분포가 좁은 집단은 동일한 사료를 먹고 키우더라도 성장하는 데 큰 무리가 없겠지만 몸무게 분포가 넓은 집단은 왜소한 병아리가 상대적으로 거대한(?) 병아리한테 먹이를 빼앗겨 잘 먹지 못하고 있을 수 있기 때문입니다. 즉, 평균의 함정에 빠지는 문제를 보완하기 위해 데이터의 분포를 알아야 하고, 그 분포를 설명해주는 지표가 바로 표준편차입니다.

다음 정규분포에 대한 설명을 보면 더 이해가 잘 될 것입니다.

> **참고** R에서는 표준편차를 모 표준편차가 아닌 표본 표준편차로 계산하기 때문에 분모를 n이 아닌 (n−1)로 나눠줍니다. 모 표준편차와 표본 표준편차의 차이는 인터넷 검색을 통해 한 번 찾아보세요!

③ 히스토그램으로 분포 확인하기

평균, 최솟값, 최댓값, 표준편차 등 숫자로만 데이터를 확인하니 분포에 대한 감이 잘 잡히지 않습니다. 그래프를 그려서 병아리 몸무게 분포를 확인해 보겠습니다.

코딩
실습
```
> hist(b$weight, col = "sky blue", xlab = "병아리 무게(g)", main = "B 부화장 병아리 무게 분
포 현황")
```

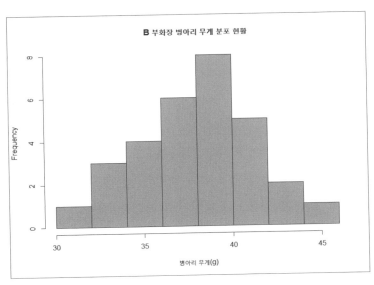

그림 4-10 | 히스토그램

일반 막대 그래프처럼 보이지만 위의 그래프는 히스토그램(histogram)이라고 합니다. hist() 함수로 그릴 수 있습니다. 가로축은 병아리 무게(측정값) 구간(계급), 세로축은 마릿수(도수, 데이터 개수)로 도수 분포의 상태를 막대 모양의 그래프로 나타낸 것입니다. 히스토그램은 데이터의 분포를 확인할 때 사용하는 가장 대표적인 그래프입니다. 히스토그램의 분포 형태가 익숙해 보이는 것은 학창시절 수학의 통계 과목에서 다룬 정규분포(Normal Distribution)기 때문입니다.

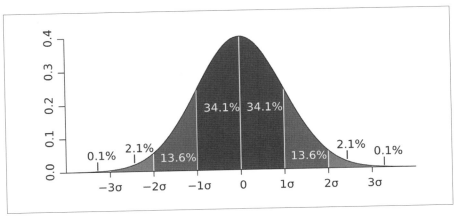

그림 4-11 | 정규분포(출처 : wikipedia)

정규분포는 평균(μ)과 표준편차(σ)에 의해 모양이 결정되는 연속확률분포(이런 것이 있다는 정도만 알면 충분합니다!)의 하나로 N(μ, σ²)으로 표기합니다. 병아리 몸무게 이야기를 하다가 갑자기 정규분포를 언급하는 이유는 바로 우리 주변에서 흔히 볼 수 있는 다양한 데이터의 분포가 정규분포에 가까운 형태를 보이고 있기 때문입니다. 지금 설명하는 병아리의 몸무게 분포 외에도 ○○중학교 3학년 3반 학생들의 키 분포, ○○과수원에서 수확한 사과의 당도 분포 등 굉장히 다양한 데이터들이 있는데 이런 **데이터가 적당히 많을 경우**(일반적으로 30건 이상) **정규분포에 가까워진다**는 것을 정리한 것이 바로 **중심극한정리**입니다. 이 중심극한정리를 이용하면 **평균과 표준편차만 알고 있어도 대략적인 데이터의 분포를 알아낼 수 있기 때문에 매우 유용합니다.** 이 부분은 마지막에 다시 설명하겠습니다.

4 상자그림으로 분포 확인하기

다른 그래프를 하나 더 그려보겠습니다. 상자그림이라는 그래프인데 이 그래프도 히스토그램과 마찬가지로 데이터의 분포를 확인할 때 주로 사용합니다.

```
코딩
실습   > boxplot(b$weight, col = "sky blue", main = "B 부화장 병아리 무게 상자그림")
```

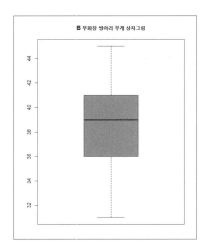

그림 4-12 | 상자그림

boxplot() 함수를 사용하며 위 그래프에서 세로축은 병아리 무게(측정값)를 나타냅니다. 그리고 상자로 표시된 부분은 전체 데이터에서 중앙값(상자 가운데 선)을 기준으로 위·아래로 각각 25%씩 총 데이터의 50%가 포함되는 범위(IQR, Inter Quantile Range)를 나타냅니다. summary() 함수에서 출력되었던 1st Qu.(1사분위수), 3rd Qu.(3사분위수)가 각각 상자의 아랫변과 윗변에 해당하는 측정값을 뜻합니다. 상자그림은 이렇게 전체 데이터를 4등분해 데이터의 분포를 간략히 파악하는 데 큰 도움이 되며 서로 다른 2개 이상의 집단 간 데이터 분포를 비교할 때 주로 사용됩니다. 이 부분은 뒤에 추가로 설명할 예정이며 상자그림에 대한 상세한 설명은 아래 그림을 참고해 주기를 바랍니다.

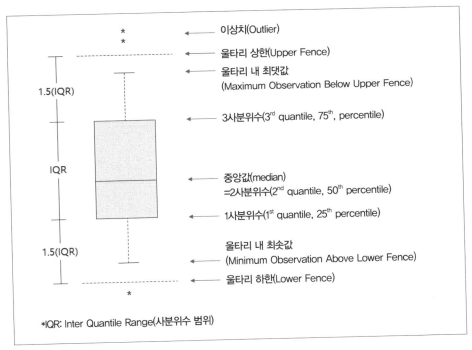

그림 4-13 | 상자그림 설명

⑤ 다중 그래프로 분포 확인하기 ──────

병아리 몸무게 분포를 확인하기 위해 히스토그램과 상자그림을 그려봤습니다. 이번에는 이 2가지 그래프를 한번에 그려서 살펴보겠습니다.

코딩
실습

```
> par(mfrow=c(2,1))  #
> hist(b$weight, col = "sky blue", xlab = "병아리 무게(g)", main = "B 부화장 병아리 무게 분포
현황")
> boxplot(b$weight, horizontal = TRUE, col = "sky blue")
```

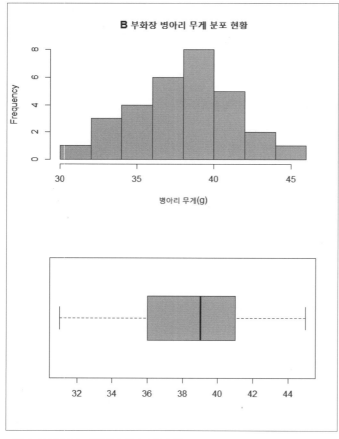

그림 4-14 │ 히스토그램(위)과 상자그림(아래)

R에서 그래프를 2개 이상 한번에 그리기 위해서는 par() 함수를 이용합니다. "mfrow" 옵션은 그래프의 배치를 정하는 데 사용하며 "c(행 개수, 열 개수)"를 입력합니다. 위 그래프에서는 행 2개, 열 1개로 해서 2개의 그래프를 배치하고자 했기 때문에 "mfrow=c(2,1)"로 지정했습니다. 그리고 boxplot() 함수에서 "horizontal"이라는 옵션을 추가했는데 처음에 그린 상자그림은 세로로 긴 형태였지만 히스토그램과 같이 보기 위해 상자그림을 가로로 긴 형태로 변경했습니다. 이렇게 데이터 분포를 확인하니 병아리 몸무게가 어느 정도인지 시각적으로 확실히 알 수 있게 되었습니다.

마지막으로 앞에서 설명한 중심극한정리를 이용해 병아리 몸무게의 평균과 표준편차만으로 대략적인 분포를 구해 보는 방법을 알아보겠습니다.

앞서 계산한 결과에 따르면 병아리 몸무게의 평균(μ)은 38.4고, 표준편차(σ)는 3.286335입니다. 이 2가지 값만 이용해 최솟값, 1, 3사분위수, 최댓값을 대략적으로 추정하면 다음과 같습니다.

구분	최솟값	1사분위수	3사분위수	최댓값
실제 값	31.00	36.25	40.75	45.00
추정값	28.54	36.18	40.62	48.26
추정값 계산식	$\mu-3\sigma$	$\mu-0.6745\sigma$	$\mu+0.6745\sigma$	$\mu+3\sigma$

표 4-2 | 평균과 표준편차를 이용한 병아리 무게 분포 추정

비록 최솟값과 최댓값은 다소 차이가 있지만 1, 3사분위수는 거의 비슷하게 맞췄습니다. 이것이 가능한 것은 바로 중심극한정리를 이용했기 때문입니다. 병아리 몸무게 데이터가 30건으로 충분히 많고, 정규분포에 가까운 형태기 때문에 정규분포를 따른다고 가정해 시그마(표준편차, σ)에 따른 확률을 이용해 계산한 것입니다. 다음 그림을 보면 이해가 될 것입니다.

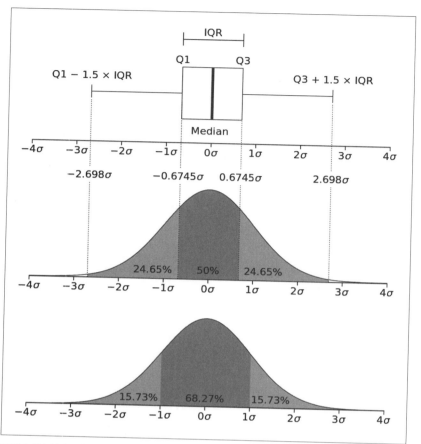

그림 4-15 | 상자그림과 정규분포(출처 : wikipedia)

참고 위 그림은 상자그림과 정규분포를 비교한 그림으로 매우 유용하기 때문에 따로 저장(https://en.wikipedia.org/wiki/Box_plot)하거나 중요 값들(예 : ±3시그마 범위일 때 확률값 99.73%)을 외우면 공정관리나 품질관리, 데이터 분석 업무를 하는 데 큰 도움이 됩니다.

분 | 석 | 스 | 토 | 리

히스토그램과 상자그림을 통해 병아리 몸무게가 어느 정도인지 확인한 결과, 30마리의 체중이 30~45g 사이에 분포하며 그중 절반은 36.25(1사분위수)~40.75(3사분위수)g 사이에 분포하고 있음을 알 수 있었습니다. 게다가 중심극한정리를 이용해 평균과 표준편차만으로도 대략적인 몸무게의 분포를 추정할 수 있음을 알게 되었습니다.

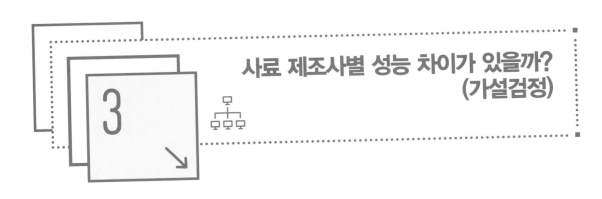

사료 제조사별 성능 차이가 있을까? (가설검정)

분 | 석 | 스 | 토 | 리

병아리가 부화한 지 5일이 지났습니다. 그런데 이상한 점을 발견했습니다. 부화장 A에서 태어난 병아리 대비 부화장 B에서 태어난 병아리의 덩치가 더 작아 보입니다. 서로 다른 사료를 먹이고 있긴 한데 기분 탓인지, 아니면 정말 작은지 한 번 검정해 보겠습니다.

1 데이터 불러와서 확인하기

태어난 지 5일된 병아리의 몸무게 데이터인 ch4-3.csv 파일을 불러온 후 어떤 데이터인지 확인해 보겠습니다.

코딩
실습
```
> test <- read.csv("ch4-3.csv", header = TRUE)
> test
  hatchery chick_nm weight
1        A      a01    112
2        A      a05    116
3        A      a09    106
4        A      a12    104
5        A      a15    116
6        A      a17    118
```

— 통계분석과 기본 그래프

7	A	a26	110
8	A	a28	112
9	A	a29	106
10	A	a30	108
11	B	b01	100
12	B	b02	110
13	B	b07	98
14	B	b11	100
15	B	b13	104
16	B	b17	112
17	B	b22	106
18	B	b27	106
19	B	b28	96
20	B	b30	110

위 데이터는 부화장 A와 B 각각에서 태어난 30마리의 병아리 중에서 10마리씩 샘플링한 몸무게 데이터입니다.

❷ 상자그림으로 분포 비교하기

얼핏 데이터를 살펴보더라도 부화장 A의 병아리들이 몸무게가 조금 더 나가는 것처럼 보입니다. 앞에서 배운 상자그림을 통해 이 두 그룹의 몸무게를 비교해 보겠습니다.

코딩
실습
```
> boxplot(weight ~ hatchery, data = test,
+       horizontal = TRUE, col = c("light green", "sky blue"),
+       ylab= "부화장", xlab = "몸무게 분포",
+       main = "부화장 A vs. B 몸무게 분포 비교")
```

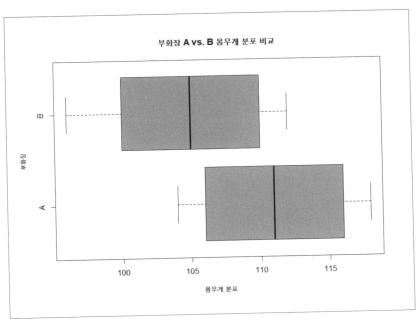

그림 4-16 | 상자그림을 통한 집단 간 분포 비교

상자그림으로 비교해 보니 부화장 A의 병아리 몸무게가 B보다 높게 분포함을 알 수 있습니다. 그런데 통계적으로 두 집단 간의 몸무게가 같은지 다른지는 어떻게 설명할 수 있을까요? 이럴 때 사용하는 것이 바로 "가설검정"입니다. 가설검정이란 추론통계의 영역으로 '비교하는 값과 차이가 없다'는 가정의 귀무가설(H0, Null Hypothesis)과 반대인 대립가설(H1, Alternative Hypothesis)을 설정해 검정 통계량으로 가설의 진위를 판단하는 방법입니다. 내용이 다소 어렵기는 하지만 한 번 다뤄보도록 하겠습니다.

③ 정규분포인지 검정하기

두 집단 간의 몸무게 평균이 같은지 다른지 가설검정의 방법론인 t-test를 통해 진행하겠습니다. t-test는 데이터가 정규분포를 한다는 가정하에 평균이 데이터의 대표값 역할을 한다고 전제합니다. 따라서 t-test를 수행하기 전에 데이터가 정규분포를 따르는지 샤피로-월크 검정

(Shapiro-Wilk Test)을 통해 판정합니다.

코딩
실습
```
> a <- subset(test$weight, test$hatchery == 'A')
> b <- subset(test$weight, test$hatchery == 'B')
> shapiro.test(a)

          Shapiro-Wilk normality test

data:  a
W = 0.94, p-value = 0.553

> shapiro.test(b)

          Shapiro-Wilk normality test

data:  b
W = 0.93907, p-value = 0.5427
```

우선 subset() 함수를 이용해서 a, b라는 변수에 각각 부화장 A, B의 병아리 몸무게 데이터를
집어넣겠습니다. subset() 함수는 데이터 셋에서 필요한 데이터만 필터링해서 다른 데이터 셋
을 만들 때 사용하는 필수적인 함수므로 사용법을 반드시 익히기를 바랍니다. 변수 a, b의 데
이터를 각각 shapiro.test() 함수를 이용해 샤피로－월크 검정을 진행합니다. 그리고 결과 해
석을 하자면 샤피로－월크 검정에서 귀무가설은 '정규분포한다'고, 대립가설은 '정규분포하
지 않는다'입니다. p-value(p값)가 a는 0.553, b는 0.5427로 둘 다 신뢰수준을 95%로 설정할 때
의 유의수준인 0.05보다 크기 때문에 귀무가설을 채택합니다. 즉, a, b 데이터 셋 모두 정규분
포를 합니다.

신뢰수준, 유의수준, p-value

- **신뢰수준(1-α)** : 통계에서 어떤 값이 알맞은 추정값이라고 믿을 수 있는 정도를 뜻하며 주로 95% 를 사용합니다. 신뢰도라고도 부릅니다.
- **유의수준(α)** : 통계적인 가설검정에서 사용되는 기준값을 말합니다.
- **p-value(유의확률)** : 귀무가설이 맞다고 가정할 때 얻은 결과보다 극단적인 결과가 실제로 관측될 확률을 말합니다. p값이 유의수준보다 작으면 귀무가설 대신 대립가설을 채택하며, 반대일 경우에 는 귀무가설을 채택합니다.

４ t-test로 두 집단 간 평균 검정하기

정규분포를 따른다는 사실을 알았으니 이제 t-test를 통해 부화장 A, B의 병아리 몸무게 평균 이 같은지 다른지 검정해 보겠습니다.

코딩
실습

```
> t.test(data = test, weight ~ hatchery)

        Welch Two Sample t-test

data:  weight by hatchery
t = 2.8425, df = 17.673, p-value = 0.01094
alternative hypothesis: true difference in means is not equal to 0
95 percent confidence interval:
   1.71544 11.48456
sample estimates:
mean in group A mean in group B
       110.8           104.2
```

t.test() 함수를 통해 test 데이터 셋에서 부화장(hatchery)에 따른 몸무게(weight)를 검정해 봤습

니다. 결과는 p-value를 보면 됩니다. p-value가 0.01094로 0.05보다 작기 때문에 95% 신뢰수준에서 대립가설을 채택합니다. 즉, **부화장 A와 B의 병아리 몸무게 평균은 서로 다르다고 판단합니다**(만일 신뢰수준을 99%로 설정했다면 p-value가 0.01보다 크기 때문에 귀무가설을 채택합니다. 즉, 부화장 A와 B의 병아리 몸무게 평균은 서로 같다고 판단합니다).

분 | 석 | 스 | 토 | 리

부화장 B의 병아리들이 부화장 A의 병아리들보다 덩치가 작았던 것은 기분 탓이 아니었습니다. 납품 기한 문제로 인해 불가피하게 수급한 B사의 사료 품질이 A사 대비 떨어졌기 때문이었습니다. 김 대표는 B사와 거래를 끊고, 며칠 간 발품을 팔아 새로운 사료 제조사인 C사와 거래를 하게 되었고, 다행히 A사와 동일한 품질의 사료임을 t-test를 통해 판정할 수 있었습니다. 그 후 김 대표는 사료 수급처를 다변화하면서 안정적인 사료 공급망을 구축해 위기를 모면하게 되었습니다. 기본적인 병아리 생산 현황 파악 및 사료 문제를 해결한 김 대표는 본격적으로 병아리가 건강하게 성장할 수 있는 방법을 모색하기 시작합니다.

핵 심
요 약

1 데이터 불러오기

파일 형태	필요 패키지	R 함수	사용 예시
txt	–	read.table()	read.table("test.txt", header = TRUE)
csv	–	read.csv()	read.csv("test.csv", header = TRUE)
xlsx	openxlsx	read.xlsx()	read.xlsx("test.xlsx", sheet = 2) # 2번째 시트

2 데이터 확인하기 및 정렬하기

구분	R 함수	사용 예시
처음부터 6행	head()	head(test, 10) # 처음부터 10번째까지
끝에서부터 6행	tail()	tail(test, 10) # 끝에서 위로 10번째까지
데이터 타입(구조) 및 형태	str()	str(test)
데이터 타입(구조)	class()	class(test)
오름차순 정렬하기	order()	test[order(test$no),] # no열 기준 정렬
내림차순 정렬하기	order()	test[order(−test$no),]

3 기초 통계량

통계량	R 함수	사용 예시
합계	sum()	sum(iris$Sepal.Width) # iris의 Sepal.Width열 합 계산
평균	mean()	mean(iris$Sepal.Width)
표준편차	sd()	sd(iris$Sepal.Width)
최솟값	min()	min(iris$Sepal.Width)
최댓값	max()	max(iris$Sepal.Width)
중앙값	median	median(iris$Sepal.Width)
요약	summary()	summary(iris$Sepal.Width)

4 기본 그래프

종류	R 함수	사용 예시
막대 그래프	barplot()	barplot(iris$Sepal.Width)
파이 차트	pie()	pie(iris$Sepal.Width)
히스토그램	hist()	hist(iris$Sepal.Width)
상자그림	boxplot()	boxplot(iris$Sepal.Width, horizontal = TRUE) # 가로로 표시

5 그래프 주요 옵션

옵션명	기능	사용 예시
main	그래프 제목	main = "부화장 A vs. B 몸무게 분포 비교"
xlab	x축 이름	xlab = "몸무게 분포"
ylab	y축 이름	ylab = "부화장"
xlim	x축 제한	xlim = c(0, 7)
ylim	y축 제한	ylim = c(0, 35)
col	그래프 색상	col = c("light green", "sky blue")

6 데이터 셋 필터링 함수 : subset()

필터링 조건	사용 예시
iris에서 Sepal.Width 4 이상인 대상만 선택	subset(iris, iris$Sepal.Width >= 4)
iris에서 Sepal.Width 4인 대상만 선택	subset(iris, iris$Sepal.Width == 4)
iris에서 Species "setosa"인 대상만 선택	subset(iris, iris$Species == "setosa")
iris에서 Sepal.Width와 Species열만 선택	subset(iris, select = c(Sepal.Width, Species))
iris에서 Species열만 제외하고 선택	subset(iris, select = -c(Species))

7 두 집단 간 평균이 같은지 검정할 경우

검정	R 함수	비고
샤피로 – 월크 검정	shapiro.test()	정규분포인지 검정, p-value가 0.05보다 크면 95% 신뢰수준에서 정규분포함
t–test	t.test()	정규분포일 경우 진행, p-value(p값)가 0.05보다 작으면 95% 신뢰수준에서 대립가설 채택

세상에서 가장 유명한 iris(붓꽃)라는 교육용 데이터 셋이 있습니다. 앞에서 배웠던 병아리 예제를 바탕으로 iris 데이터 셋을 이용해 기초 통계량과 다양한 그래프를 그려보기를 바랍니다. 참고로 iris 데이터 셋은 R에서 iris라고 입력하면 바로 확인할 수 있습니다.

1   iris 데이터 셋의 구조(structure)와 형태(class)를 R 함수를 이용해 확인해 보세요. 몇 개의 열과 행으로 이뤄졌으며, 각 열은 어떤 형태를 갖추고 있나요?

2   head() 함수를 이용해 iris 데이터 셋의 처음부터 10행까지 데이터를 불러와 보세요.

3   Sepal.Width(꽃받침 너비)열의 데이터 평균과 표준편차 그리고 3사분위수를 구해 보세요.

4   Sepal.Width열의 데이터 분포를 히스토그램으로 나타내 보세요.

5   상자그림을 이용해 붓꽃 품종별(Species) Sepal.Width의 분포를 나타내 보세요. Sepal.Width가 가장 넓은 품종은 어떤 종인가요?

6   setosa 품종의 Sepal.Width만 필터링해 s라는 데이터 셋을 만들고, versicolor 품종의 Sepal.Width만 필터링해 v라는 데이터 셋을 만들어 보세요.

(힌트) subset() 함수를 이용해 데이터를 필터링할 수 있습니다.

7   데이터 셋 s와 v가 정규분포를 따르는지 검정해 보세요.

8   데이터 셋 s와 v의 평균이 같다고 볼 수 있는지 t-test를 통해 검정해 보세요.

상관분석과
회귀분석

상관분석과 회귀분석은 데이터 분석 모델을 만들기 위한 가장 기초적인 관문입니다. 상관분석은 다양한 변수가 서로 비례 또는 반비례 관계인지 ±부호와 숫자로 표현해 주고, 회귀분석은 서로 상관관계가 있는 연속형 변수들의 관계를 수식으로 나타내줍니다. 회귀분석 모델은 수식으로 표현되기 때문에 활용도가 높습니다.

5

CHAPTER

이제 막 병아리를 키우고 있는 김 대표는 문득 병아리의 성장 속도에 영향을 미친 인자들이 궁금해졌습니다. 병아리의 성장 속도가 빠르면 보다 많은 매출을 올릴 수 있기 때문입니다. 아마도 유전적인 요소도 중요할 것이고, 사료를 얼마만큼 먹는지도 중요할 것입니다. 그렇다면 데이터를 통해 한 번 알아보도록 하겠습니다.

병아리의 성장에 영향을 미치는 인자는 무엇일까? (상관분석)

1 상관분석이란?

상관분석(Correlation Analysis)은 연속형인 두 변수 간에 어떤 선형적인(linear) 또는 비선형적인(non-linear) 관계를 갖고 있는지 분석하는 방법입니다. 상관분석을 실시하면 두 변수 간의 관계를 상관계수(Correlation Coefficient)로 나타냅니다. 이 상관계수는 -1~1 사이의 값을 가지며 (−)부호일 경우 반비례 관계인 음의 상관관계를 나타내고, (+)부호일 경우 비례 관계인 양의 상관관계를 나타냅니다.

상관계수를 판정하는 일반적인 기준은 다음 그림과 같습니다.

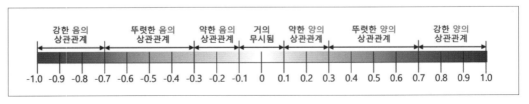

그림 5-1 | 상관계수 판정 기준

상관계수의 경우 두 변수 간에 연관된 정도만을 나타낼 뿐, 인과관계를 설명하는 것은 아니라는 점을 확실히 알아야 합니다.

그러면 병아리의 성장(몸무게)에 영향을 미치는 변수들에는 무엇이 있고, 어떤 상관관계를 갖는지 데이터를 통해 알아보겠습니다.

② 데이터 불러와서 확인하기

부화한 지 1주일된 병아리 몸무게(weight), 종란 무게(egg_weight), 하루 평균 이동거리 (movement), 하루 평균 사료 섭취량(food) 데이터가 포함된 ch5-1.csv 파일을 불러와서 확인해 보겠습니다.

코딩
실습
```
> w <- read.csv("ch5-1.csv", header = TRUE)
> head(w)
  chick_nm weight egg_weight movement food
1    a01     140       65        146    14
2    a02     128       62        153    12
3    a03     140       65        118    13
4    a04     135       65        157    13
5    a05     145       69        157    13
6    a06     138       65        143    13
> str(w)
'data.frame':     30 obs. of  5 variables:
 $ chick_nm : Factor w/ 30 levels "a01","a02","a03",..: 1 2 3 4 5 6 7 8 9 10 ...
 $ weight : int  140 128 140 135 145 138 125 148 133 145 ...
 $ egg_weight : int  65 62 65 65 69 65 61 69 64 69 ...
 $ movement : int  146 153 118 157 157 143 110 159 133 174 ...
 $ food : int  14 12 13 13 13 13 11 15 11 13 ...
```

총 5개의 열(변수)과 30개의 행으로 구성되어 있습니다. 첫 번째 열은 병아리 번호로 데이터 타입이 "Factor"고, 나머지는 숫자(Int)입니다.

❸ 상관분석을 위한 별도 데이터 셋 만들기 ────────

상관분석은 숫자 형태의 데이터만 가능하기 때문에 문자인 첫 번째 열을 제외하고, 별도의 데이터 셋을 따로 만들겠습니다. w_n이라는 데이터 셋을 만들어 숫자 데이터만 따로 넣겠습니다.

```
코딩
실습
> w_n <- w[,2:5]  # w 데이터 셋에서 2~5열 데이터만 가져오기(첫 번째 열은 factor이므로)
> head(w_n)
    weight egg_weight movement food
1    140       65        146     14
2    128       62        153     12
3    140       65        118     13
4    135       65        157     13
5    145       69        157     13
6    138       65        143     13
```

잠깐만요 ••••••••••••••••••••••••••••••••••••••

subset() 함수 이용법

앞서 배웠던 subset() 함수를 이용해서 원하는 열의 데이터를 가져올 수도 있습니다.

w_n <- subset(w, select = -c(chick_nm))

head() 함수를 통해 원하는 데이터 셋이 만들어졌는지 확인했습니다.

❹ 상관분석 실시 ────────

R에서 상관분석은 cor() 함수를 통해 가능합니다. w_cor이라는 변수를 만들어 상관분석 결과를 집어넣도록 하겠습니다.

```
코딩
실습   > w_cor <- cor(w_n)  # w_n 데이터 셋으로 상관분석한 결과를 w_cor 변수에 넣음
       > w_cor  # w_cor 상관분석 결과 확인
                     weight     egg_weight  movement    food
       weight      1.0000000   0.9571693   0.3807186   0.8775735
       egg_weight  0.9571693   1.0000000   0.4282457   0.8081467
       movement    0.3807186   0.4282457   1.0000000   0.3190107
       food        0.8775735   0.8081467   0.3190107   1.0000000
```

상관분석 결과를 확인해 보면 가로와 세로에 각각 변수명이 존재하고, 상관계수가 표시됨을 알 수 있습니다. 상관분석 자체가 1:1의 상관관계를 나타내기 때문에 위와 같은 상관행렬(Correlation Matrix)이라는 형태로 결과가 표시됩니다. 여기서 알고자 하는 것은 병아리의 몸무게(weight)와 다른 변수들 간의 상관관계기 때문에 첫 번째 열 또는 첫 번째 행의 결과만 해석하면 됩니다. 첫 번째 열을 기준으로 상관분석 결과를 해석하면 병아리 몸무게(weight)에 가장 큰 상관계수를 갖는 변수는 종란 무게(egg_weight)로 무려 0.9571693이라는 1에 매우 가까운 양의 상관관계를 나타내고 있습니다. 다음으로 높은 변수는 하루 평균 사료 섭취량(food)으로 0.8775735의 상관계수를 나타내고 있습니다. 충분히 높은 상관계수입니다. 마지막으로 하루 평균 이동거리(movement)는 0.3807186의 상관계수를 나타내고 있습니다. 다른 변수들에 비해 높진 않지만 양의 상관관계가 어느 정도 존재하는 것으로 생각됩니다.

잠깐만요

상관계수의 종류

상관계수를 구하는 방법에는 피어슨(Pearson), 스피어만(Spearman) 그리고 켄달(Kendall) 3가지가 존재하는데 cor() 함수에서 별도 method 옵션을 지정하지 않을 경우 피어슨 상관계수를 기본으로 합니다. 스피어만 상관계수는 두 변수가 순서 또는 서열 척도인 경우 사용하며, 피어슨 상관계수가 선형관계의 크기만 측정하는 것에 비해 비선형적인 관계도 나타낼 수 있습니다.

⑤ 상관분석 결과 표현하기

상관분석 결과의 경우 상관행렬의 형태로만 나타내게 되면 데이터의 해석을 왜곡할 우려가 있기 때문에 산점도를 그려서 같이 확인해야 합니다. plot() 함수를 통해 w_n 데이터 셋 내 전체 변수들 간의 관계를 산점도(Scatter Plot)로 나타내 보겠습니다.

코딩
실습
> plot(w_n) # w_n 데이터 셋을 산점도로 표현

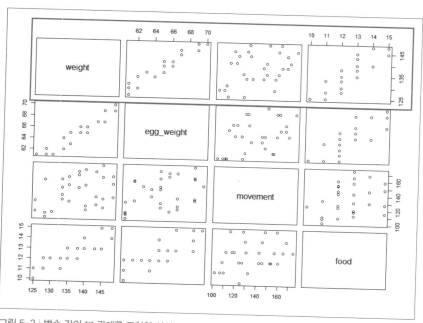

그림 5-2 | 변수 간의 1:1 관계를 표현한 산점도

위 산점도는 첫 번째 행인 녹색 박스 부분만 보면 됩니다. 병아리의 몸무게(weight)가 y축일 때 나머지 변수들이 x축일 경우를 나타낸 산점도로 상관분석 결과와 마찬가지로 종란 무게(egg_weight)와 하루 평균 섭취 사료량(food)은 병아리의 몸무게(weight)에 강한 양의 선형관계를 갖는 것으로 보입니다. 반면에 하루 평균 이동거리(movement)의 경우 상관계수로만 판단했을 때

뚜렷한 선형관계가 있을 것으로 판단되었으나 데이터의 분포가 매우 흩어져 있음을 확인할 수 있습니다.

위의 산점도로 변수 간의 상관관계를 나타내는 것도 좋지만 상관관계를 표현하는 다양한 패키지들이 있기 때문에 그중에서 많은 사람들이 주로 사용하는 패키지를 하나 소개하겠습니다. corrplot이라는 패키지는 상관분석한 결과를 보기 좋게 표현해 주는 패키지입니다. 먼저 패키지를 설치하고 불러온 뒤 패키지를 이용해 상관분석 결과를 표현해 보겠습니다.

코딩
실습

```
> install.packages("corrplot")  # corrplot 패키지 설치
> library(corrplot)  # corrplot 패키지 불러오기
> corrplot(w_cor)  # 상관분석 결과인 w_cor를 corrplot 패키지로 실행해 보기
```

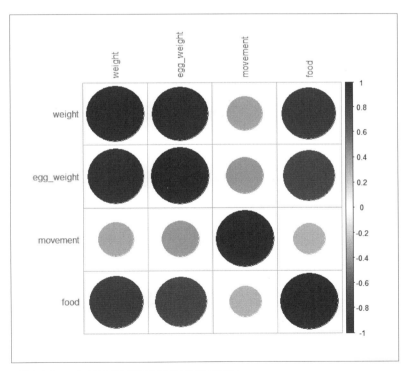

그림 5-3 │ corrplot 패키지를 활용한 상관분석 결과 표현 1

corrplot 패키지는 그림 5-3과 같이 원의 색상과 크기를 통해 상관계수의 방향과 크기를 표현합니다. 여기에 다양한 옵션을 사용하면 기본 산점도보다 훨씬 상관관계를 잘 표현할 수 있습니다. 추가적인 옵션들을 사용해 보겠습니다.

```
코딩
실습    # 원을 타원으로 표시하고, 하단에만 표시하고, 상관계수 표시
       > corrplot(w_cor, method = "ellipse",
       +           type = "lower",
       +           addCoef.col = "white")
```

- method : 형태 표시로 circle, square, ellipse, number, pie 등으로 표시 가능
- type : 구역 표시로 full, lower, upper로 표시 가능
- addCoef.col : 상관계수 색상 표시
- title : 제목 표시

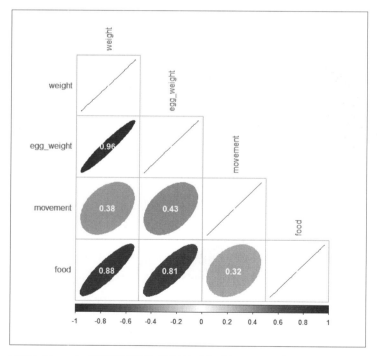

그림 5-4 | corrplot 패키지를 활용한 상관분석 결과 표현 2

처음보다 훨씬 보기 좋은 상관분석 결과입니다. corrplot 패키지에는 다양한 옵션들이 존재합니다. 도움말(?패키지명) 검색을 통해 다양한 방법으로 상관분석 결과를 표현해 보기를 바랍니다.

잠깐만요

상관분석 패키지

corrplot 패키지 외에도 상관분석 시 유용하게 사용될 수 있는 패키지를 소개하겠습니다. corrgram과 corrr 패키지입니다. corrgram 패키지는 corrgram() 함수를 이용해 상관분석 결과를 시각화할 수 있고, corrr 패키지는 rplot(), network_plot() 함수를 이용해 상관분석 결과를 시각화할 수 있습니다.

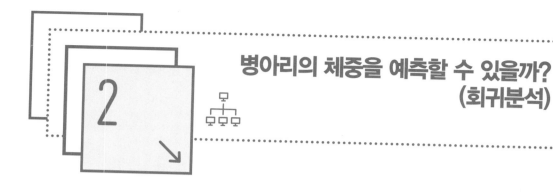

병아리의 체중을 예측할 수 있을까? (회귀분석)

분 | 석 | 스 | 토 | 리

상관분석을 통해 병아리 몸무게에 영향을 미치는 인자들을 찾을 수 있었고, 그중에서도 병아리가 태어난 달걀인 종란의 무게가 가장 큰 양의 상관관계를 갖고 있음을 확인할 수 있었습니다. 그렇다면 종란 무게로 병아리의 몸무게를 예측하는 것이 가능할지 한 번 알아보겠습니다.

1 회귀분석이란?

회귀분석(Regression Analysis)은 연속형 변수들에 대해 두 변수 간의 관계를 수식으로 나타내는 분석 방법입니다. 쉽게 말해서 x라는 독립변수와 y라는 종속변수가 존재할 때 이 두 변수 간의 관계를 y = ax + b 와 같은 형태의 수식으로 나타낼 수 있는 방법입니다.

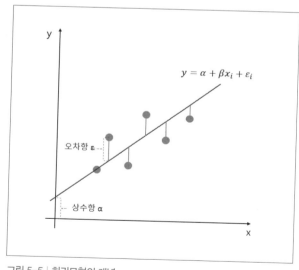

그림 5-5 | 회귀모형의 개념

예를 들어, 위와 같이 가로축이 x이고, 세로축이 y일 때 이 둘의 사이 값을 산점도로 나타낼 수 있습니다. 이 데이터들 간의 관계를 가장 적합한 하나의 직선으로 표현하는 방법이 회귀분석이며, 이를 위해 직선과 개별 값들 간의 오차를 최소화하는 직선을 찾는 것을 목표로 합니다. 종속변수가 1개, 독립변수가 2개 이상이면 다중 회귀분석(Multiple Regression Analysis)이라고 하고, 종속변수와 독립변수 간의 관계가 log, 거듭제곱과 같은 비선형 관계일 경우에는 비선형 회귀분석(Non-linear Regression Analysis)이라고 합니다.

잠깐만요

회귀분석의 5가지 가정
회귀분석은 5가지 가정을 전제로 합니다. 다소 어려운 내용이므로 참고만 하고, 깊게 공부할 경우 찾아서 학습하면 좋을 것 같습니다.

① 선형성 : 독립변수(x)와 종속변수(y)의 관계가 선형관계가 있음
② 독립성 : 잔차(residual)와 독립변수의 값이 관련없어야 함
③ 등분산성 : 독립변수의 모든 값에 대한 오차들의 분산이 일정해야 함
④ 비상관성 : 관측치들의 잔차들끼리 상관이 없어야 함
⑤ 정상성 : 잔차항이 정규분포를 이뤄야 함

② 단순 선형 회귀분석

단순 선형 회귀분석은 종속변수(y)와 독립변수(x)가 각각 하나씩 존재하며 서로 선형적인 관계를 가질 때 사용하는 방법으로 회귀모델(모형 또는 식)은 y = ax + b 형태의 수식으로 나타냅니다.
상관분석에서 병아리 몸무게에 종란의 무게가 가장 큰 상관관계를 갖고 있었기 때문에 병아리 몸무게(y)를 종란의 무게(x)로 어떻게 수식화할 수 있는지 알아보겠습니다. 상관분석에서 활용했던 ch5-1.csv 파일을 그대로 사용하며 첫 번째 열을 제외하고 만든 w_n 데이터 셋을 이용하겠습니다.

R에서 회귀분석은 Linear Model의 약자인 **lm()** 함수를 사용합니다. 함수 사용법은 lm(y ~ x_1 + x_2 + x_3 ···, data = 데이터 셋 이름)입니다. 병아리 몸무게(weight)를 y로 두고, 종란 무게(egg_weight)를 x로 설정한 단순 선형 회귀분석을 실행하고, 결과로 나온 회귀모델은 w_lm이라는 변수에 집어넣겠습니다. 회귀모델의 결과는 summary() 함수를 통해 확인할 수 있습니다.

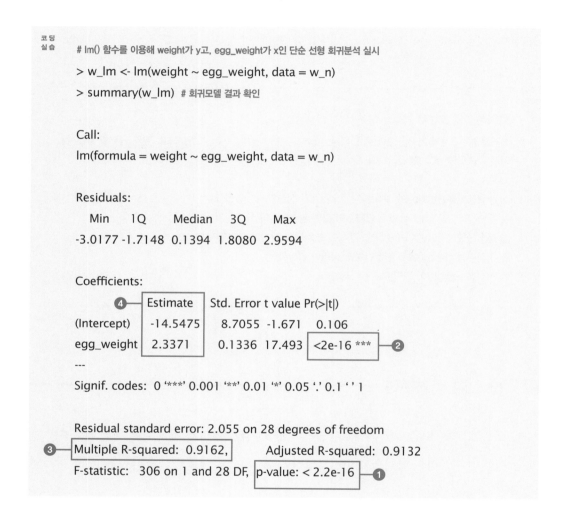

```
# lm() 함수를 이용해 weight가 y고, egg_weight가 x인 단순 선형 회귀분석 실시
> w_lm <- lm(weight ~ egg_weight, data = w_n)
> summary(w_lm)   # 회귀모델 결과 확인


Call:
lm(formula = weight ~ egg_weight, data = w_n)

Residuals:
    Min     1Q    Median    3Q      Max
-3.0177 -1.7148  0.1394  1.8080  2.9594

Coefficients:
              Estimate   Std. Error t value Pr(>|t|)
(Intercept)   -14.5475    8.7055  -1.671    0.106
egg_weight      2.3371    0.1336  17.493   <2e-16 ***
---
Signif. codes:  0 '***' 0.001 '**' 0.01 '*' 0.05 '.' 0.1 ' ' 1

Residual standard error: 2.055 on 28 degrees of freedom
Multiple R-squared:  0.9162,     Adjusted R-squared:  0.9132
F-statistic:   306 on 1 and 28 DF,  p-value: < 2.2e-16
```

회귀분석을 실행하면 위와 같이 외계어(?) 같은 글들이 가득 출력되기 때문에 결과를 해석할 수 있어야 합니다.

❶ 회귀모델이 통계적으로 유의한지 확인해야 합니다. F 통계량의 p-value(p값)가 0.05보다 작

으면 유의수준 5%(신뢰수준 95%)하에서 추정된 회귀모델이 통계적으로 유의한 것으로 판단합니다.

위 사례의 경우 2.2e-16(2.2 x 10⁻¹⁶)으로 0.05보다 매우 작은 0에 가까운 값으로 회귀모델이 통계적으로 유의하다고 판단합니다.

❷ 개별 독립변수가 통계적으로 유의한지 확인해야 합니다. 개별 독립변수의 p값이 0.05보다 작으면 유의수준 5% 하에서 통계적으로 유의한 것으로 판단합니다.

위 사례의 경우 종란 무게(egg_weight)가 2e-16(2 x 10⁻¹⁶)으로 0.05보다 매우 작은 0에 가까운 값이 나왔기 때문에 종란 무게는 통계적으로 유의하다고 판단합니다.

특히 독립변수의 p값은 오른쪽 옆에 ***가 표시되는데 그에 대한 의미는 아래와 같이 표시되어 있습니다. 별표(*)는 최대 3개까지 표시될 수 있는데 별표가 많을수록 p값이 작다는 뜻입니다. 즉, 통계적으로 유의한 값이라는 뜻입니다. 그리고 상수(Intercept)의 p값은 의미가 없습니다.

Signif. codes: 0 '***' 0.001 '**' 0.01 '*' 0.05 '.' 0.1 ' ' 1

잠깐만요

회귀분석에서 p값의 의미

Chapter 4-3에서 설명한 가설검정을 기반으로 회귀모델과 개별 독립변수가 통계적으로 유의한지를 판단하는 것입니다. 귀무가설은 '회귀모델이나 개별 독립변수가 종속변수의 변화에 영향을 미치지 않는다'고, 대립가설은 '회귀모델이나 개별 독립변수가 종속변수의 변화에 영향을 미친다'입니다. 여기서 유의수준은 정하기 나름이나 일반적으로 0.05를 기준으로 사용하기 때문에 p값(유의확률)이 0.05보다 작으면 귀무가설 대신 대립가설을 채택하는 것입니다.

❸ 결정계수(R-squared)가 높은지 확인해야 합니다. R^2는 1에 가까울수록 회귀모델의 성능(설명력)이 뛰어나다고 판단합니다. 상황에 따라 다르지만 일반적으로 R^2가 0.7보다 크면 꽤 우수한 회귀모델이라고 판단할 수 있습니다. 물론 독립변수와 종속변수의 절대적인 수치 크기로 인해 R^2가 0.7보다 낮더라도 효용 있는 회귀모델일 수 있습니다. 이는 데이터 분석가

와 실무자들의 합의하에 정할 수 있는 부분입니다.

위 사례의 경우 0.9162로 1에 가까운 매우 높은 값으로 회귀모델의 성능이 뛰어나다고 판단합니다.

❹ 회귀모델은 Estimate값으로 구할 수 있습니다. 상수(Intercept)는 y절편을 뜻하며 각 독립변수에 해당되는 Estimate값은 해당 독립변수의 계수를 나타냅니다.

위 사례의 경우 "weight = 2.3371*egg_weight − 14.5475"로 회귀모델을 수식화하여 표현할 수 있습니다.

위와 같이 회귀분석 결과를 해석한 뒤에는 산점도를 그리고, 그 위에 회귀직선을 표시해 모델이 데이터를 잘 설명하고 있는지 확인하는 것이 좋습니다. plot() 함수로 가로축(x)이 종란무게(egg_weight)고, 세로축(y)이 병아리 몸무게(weight)인 산점도를 그립니다. 그리고 그 위에 lines() 함수와 text() 함수를 이용해 각각 회귀직선과 회귀모델을 텍스트로 표시합니다.

```
# 산점도에 회귀직선을 표시해 모델이 데이터를 잘 대표하는지 확인
> plot(w_n$egg_weight, w_n$weight)  # 산점도 그리기
> lines(w_n$egg_weight, w_lm$fitted.values, col = "blue")  # 회귀직선 추가
> text(x = 66, y = 132, label = 'Y = 2.3371X - 14.5475')  # 회귀직선 텍스트로 표시
```

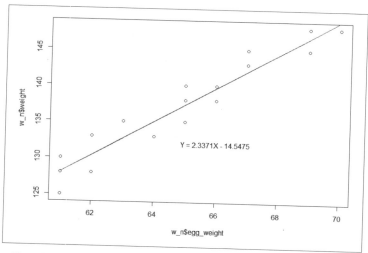

그림 5-6 | 산점도와 회귀직선

위 코드에서 아마도 lines() 함수를 사용할 때 y값에 대한 의문이 있을 것이라 생각됩니다. w_lm 변수는 회귀분석 모델을 집어넣은 곳인데 여기에는 기본적으로 모델을 만들 때 사용한 독립변수를 이용해 종속변수를 맞춰본 값(fitted.values)이 들어 있습니다. 객체의 이름을 확인할 수 있는 names() 함수를 이용해 보면 확인할 수 있습니다.

```
코딩
실습    > names(w_lm)   # w_lm 변수에 어떤 항목(객체)들이 있는지 확인
       [1] "coefficients"  "residuals"   "effects"     "rank"
       [5] "fitted.values" "assign"      "qr"          "df.residual"
       [9] "xlevels"       "call"        "terms"       "model"
```

fitted.values 외에도 coefficients(계수), residuals(잔차), model 등 다양한 항목들이 존재합니다. 여기서 잔차(residuals)는 실제 종속변수(weight)와 회귀모델을 이용해 맞춰본 값(fitted.values) 사이의 편차(실제 값-계산된 값)를 뜻합니다. 이 잔차를 이용해 히스토그램을 그려보는 것도 모델의 성능을 판단할 때 중요한 지표로 사용됩니다. 앞서 배웠던 hist() 함수를 이용해 잔차의 히스토그램을 그려보겠습니다.

```
코딩
실습    > hist(w_lm$residuals, col = "skyblue", xlab = "residuals",
       +       main = "병아리 무게 잔차 히스토그램")
```

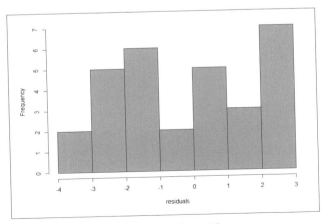

그림 5-7 | 단순 선형 회귀분석 결과 잔차 히스토그램

잔차가 0 근처에 주로 분포해 세로가 긴 종 모양의 히스토그램이 나왔으면 좋았겠지만 잔차가 다양하게 분포한 형태로 나왔습니다. 조금 아쉽습니다. 어떻게 하면 잔차를 더 줄일 수 있을까요? 독립변수를 더 늘려서 회귀분석을 해보겠습니다.

③ 다중 회귀분석

다중 회귀분석(Multiple Regression Analysis)은 독립변수가 2개 이상일 경우에 사용하며 수식으로 표현하면 $y = ax_1 + bx_2 + c$ 형태로 나타낼 수 있습니다. 상관계수가 가장 높았던 독립변수인 종란 무게(egg_weight) 외에 나머지 하루 평균 이동거리(movement), 하루 평균 사료 섭취량(food)까지 활용해서 회귀분석을 해보겠습니다. 기존의 w_n 데이터 셋을 그대로 활용하며, lm() 함수에서는 변수가 추가될 경우 "+" 기호를 이용합니다.

```
코딩
실습
# 다중 회귀분석 실시
> w_mlm <- lm(weight ~ egg_weight + movement + food, data = w_n)
> summary(w_mlm)  # 회귀모델 결과 확인

Call:
lm(formula = weight ~ egg_weight + movement + food, data = w_n)

Residuals:
   Min     1Q    Median   3Q      Max
-3.2037 -1.3079  0.1826  1.2572  2.3647

Coefficients:
              Estimate   Std. Error  t value  Pr(>|t|)
(Intercept)   2.974830   8.587203    0.346    0.731811
egg_weight    1.776350   0.194845    9.117    1.4e-09 ***
movement     -0.008674   0.016631   -0.522    0.606417
food          1.584729   0.404757    3.915    0.000583 ***
```

Signif. codes: 0 '***' 0.001 '**' 0.01 '*' 0.05 '.' 0.1 ' ' 1

Residual standard error: 1.681 on 26 degrees of freedom
Multiple R-squared: 0.9479,   Adjusted R-squared: 0.9419
F-statistic: 157.7 on 3 and 26 DF,   p-value: < 2.2e-16

잠깐만요

독립변수를 모두 입력하지 않는 방법
다중 회귀분석 수행 시 독립변수가 너무 많을 경우에는 위에서처럼 "+" 기호를 이용해 변수를 모두
입력하는 것이 힘들 수 있습니다. 이럴 때는 독립변수 부분에 "." 기호를 사용하면 됩니다. 다음 예시
를 참고하기 바랍니다.

예시) lm(weight ~ ., data = w_n)

앞선 단순 선형 회귀분석 결과를 해석하는 것과 동일하나 다중 회귀분석에서는 개별 독립변
수의 p값을 더 유심히 봐야 하고, Adjusted R-squared로 모델이 계산을 통해 얼마나 종속변수
를 잘 설명하는지 봐야 합니다.

종란 무게(egg_weight) 외에 추가한 2개의 독립변수 중 하루 평균 이동거리(movement)는 p값이
0.606417로 0.05보다 매우 커 95% 신뢰수준에서 통계적으로 유의하지 않습니다. 따라서 이
독립변수는 회귀분석에서 제외하는 것이 좋습니다.

종란 무게만으로 실시한 단순 선형 회귀분석에서는 Multiple R-squared가 0.9162로 이미 높
은 수준이었지만 변수를 2개 더 추가한 다중 회귀분석 결과에서는 Adjusted R-squared가
0.9419로 더 높아졌습니다.

이런 경우에는 하루 평균 이동거리(movement)를 제외하고, 다중 회귀분석을 실시해서 다시 평
가하는 것이 바람직합니다.

```
# p값이 높은 movement 변수를 제외한 대상으로 다시 다중 회귀분석 실시
> w_mlm2 <- lm(weight ~ egg_weight + food, data = w_n)
> summary(w_mlm2)

Call:
lm(formula = weight ~ egg_weight + food, data = w_n)

Residuals:
    Min    1Q    Median   3Q      Max
-3.0231 -1.2124  0.2445  1.3607  2.2352

Coefficients:
             Estimate  Std. Error  t value  Pr(>|t|)
(Intercept)    3.6638    8.3698     0.438   0.665052
egg_weight     1.7453    0.1830     9.536   3.89e-10 ***
food           1.5955    0.3987     4.001   0.000441 ***
---
Signif. codes:  0 '***' 0.001 '**' 0.01 '*' 0.05 '.' 0.1 ' ' 1

Residual standard error: 1.658 on 27 degrees of freedom
Multiple R-squared:  0.9474,        Adjusted R-squared:  0.9435
F-statistic:   243 on 2 and 27 DF,  p-value: < 2.2e-16
```

다시 다중 회귀분석을 실시한 결과를 살펴보면 Adjusted R-squared가 0.9435로 하루 평균 이동거리(movement) 변수가 포함되었을 때 0.9419보다 오히려 올라갔습니다. 게다가 독립변수가 하나 줄어 회귀모델은 더 간단해졌습니다.

잠깐만요

다중 회귀분석에서 변수를 선택하는 방법

다양한 독립변수들 중에서 적합한 변수를 선택하는 데는 대표적으로 2가지 방법이 있습니다. 위에서처럼 모든 변수를 포함한 상태에서 시작해 영향이 적은 변수를 제거해 나가는 후진소거법과 그 반대의 경우인 전진선택법입니다.

- 전진선택법(Forward Selection) : y절편만 있는 상수모형부터 시작해 독립변수를 추가해 나감
- 후진소거법(Backward Selection) : 독립변수를 모두 포함한 상태에서 가장 적은 영향을 주는 변수를 하나씩 제거해 나감

다음의 예시처럼 step() 함수를 이용하면 지정한 방법에 의해 자동으로 변수를 선택할 수 있습니다.
예시) step_mlm <- step(w_mlm, direction = "backward")

4 다중공선성

다중 회귀분석의 경우 단순 선형 회귀분석과 달리 독립변수가 많기 때문에 예상치 못한 독립변수들 간의 강한 상관관계로 인해 제대로 된 회귀분석이 실행되지 못할 수도 있습니다. 이런 현상을 다중공선성(multicollinearity) 문제라고 합니다. 다중공선성 문제는 분산팽창요인(VIF, Variance Inflation Factor)을 계산해 구할 수 있는데 일반적으로 10 이상이면 다중공선성 문제가 있다고 판단하며 30을 초과하면 심각한 다중공선성 문제가 있다고 판단합니다.

R에서 분산팽창요인은 car 패키지를 설치하면 쉽게 구할 수 있습니다. car 패키지를 설치하고 w_mlm2의 분산팽창요인을 구해 보겠습니다.

코딩
실습

```
# 분산팽창요인을 계산할 수 있는 car 패키지 설치 후 라이브러리 불러오기
> install.packages("car")
> library(car)


# 분산팽창지수(VIF)가 10 이상이면 문제가 있다고 보고, 30보다 크면 심각
> vif(w_mlm2)
egg_weight      food
 2.882685    2.882685
```

분산팽창요인 계산 결과, 종란 무게(egg_weight)와 하루 평균 사료 섭취량(food) 2가지 독립변수 모두 2.88 수준으로 10보다 매우 작기 때문에 다중공선성 문제는 없는 것으로 판단됩니다.

이제 앞선 단순 선형 회귀분석에서처럼 산점도를 그려서 회귀모델이 얼마나 적합한지 봐야 하지만 일반적으로 다중 회귀분석의 경우 독립변수가 많기 때문에 최소 3차원 이상의 축을 가진 그래프를 그려야 합니다. 이럴 경우 시각적으로 알아보기가 어려울뿐더러 그리기도 어렵습니다. 따라서 잔차(residuals)의 히스토그램 정도만 확인합니다.

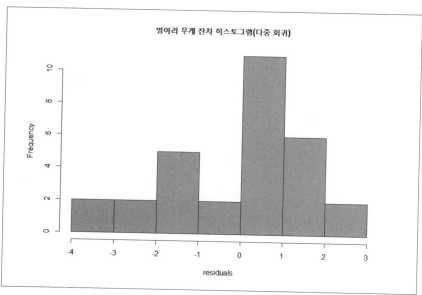

그림 5-8 | 다중 회귀분석 결과 잔차 히스토그램

종란 무게(egg_weight) 하나만 사용한 단순 선형 회귀분석 결과 대비 잔차의 분포가 중심이 긴 종 모양 형태에 가까워졌음을 확인할 수 있습니다.

최종적으로 병아리의 몸무게(weight)를 종란 무게(egg_weight)와 하루 평균 사료 섭취량(food)을 독립변수로 둔 수식으로 표현하면 다음과 같습니다.

weight = 1.7453*egg_weight + 1.5955*food + 3.6638

분 | 석 | 스 | 토 | 리

> 김 대표는 다중 회귀분석을 이용해 종란 무게와 하루 평균 사료 섭취량 데이터로 병아리의 몸무게를 매우 높은 정확도로 예측할 수 있는 회귀모델을 개발할 수 있었습니다. 하지만 이 수식은 단지 부화한 지 1주일된 병아리의 몸무게를 예측하는 데 외에는 사용할 수 없었습니다.
>
> 김 대표는 문득 단지 1주일된 병아리의 몸무게가 아닌 병아리가 닭이 될 때까지 성장기간에 따른 몸무게 변화가 궁금해졌습니다. 그래서 병아리 한 마리를 지정해 부화한 첫날부터 70일까지의 몸무게를 기록했습니다. 성장기간에 따른 병아리의 몸무게는 과연 어떻게 변화했을까요?

5 비선형 회귀분석

비선형 회귀분석(Non-linear Regression Analysis)은 독립변수(x)와 종속변수(y)가 선형관계가 아닌 비선형 관계일 때 사용하는 분석 방법입니다. 독립변수와 종속변수가 직선이 아닌 곡선 형태의 관계를 가질 수도 있기 때문에 이런 때에는 독립변수에 로그(log)나 거듭제곱 등을 취해 보면서 적합한 비선형 모델을 찾아내야 합니다.

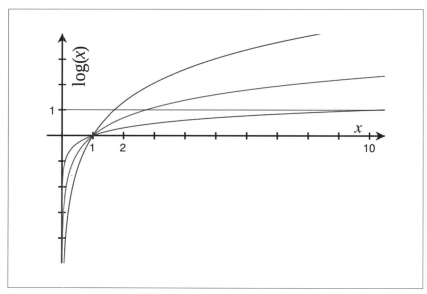

그림 5-9 | 다양한 로그 그래프(출처 : wikipedia)

성장기간에 따른 병아리의 몸무게 변화를 데이터를 보면서 상세하게 설명하겠습니다. ch5-2.csv 파일을 불러와서 데이터를 먼저 확인해 보겠습니다.

```
# 성장기간에 따른 병아리의 몸무게 변화 데이터 셋(ch5-2.csv) 불러오기
> w2 <- read.csv("ch5-2.csv", header = TRUE)
> head(w2)
  day weight
1  1    43
2  2    55
3  3    69
4  4    86
5  5   104
6  6   124
> str(w2)
'data.frame':      70 obs. of  2 variables:
 $ day   : int  1 2 3 4 5 6 7 8 9 10 ...
 $ weight: int  43 55 69 86 104 124 147 172 200 229 ...
```

성장기간(day)과 몸무게(weight) 2개의 변수와 70개의 행을 가진 데이터 셋입니다. 데이터의 형태를 확인하기 위해 plot() 함수를 통해 산점도(Scatter Plot)를 그려보겠습니다.

```
> plot(w2)    # w2 데이터 셋 형태 산점도로 확인
```

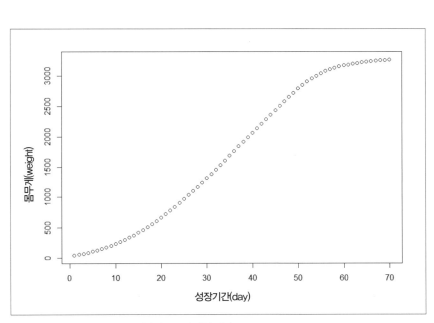

그림 5-10 | 성장기간에 따른 병아리의 몸무게 변화 산점도

성장기간(day)에 따른 병아리의 몸무게(weight) 변화는 직선이라고 보기에는 적합하지 않은 것 같습니다. 그래도 우선 선형 회귀분석을 실행해 보겠습니다.

성장기간에 따른 병아리의 몸무게 변화 선형 회귀분석 실시

```
> w2_lm <- lm(weight ~ day, data = w2)
> summary(w2_lm)

Call:
lm(formula = weight ~ day, data = w2)

Residuals:
   Min      1Q    Median    3Q      Max
-416.65  -138.42  -12.21  151.32  282.05

Coefficients:
             Estimate   Std. Error  t value  Pr(>|t|)
(Intercept) -295.867    41.102      -7.198   6.22e-10 ***
day           56.822     1.006      56.470   < 2e-16 ***
---
Signif. codes:  0 '***' 0.001 '**' 0.01 '*' 0.05 '.' 0.1 ' ' 1

Residual standard error: 170.1 on 68 degrees of freedom
Multiple R-squared: 0.9791,        Adjusted R-squared: 0.9788
F-statistic: 3189 on 1 and 68 DF,  p-value: < 2.2e-16
```

선형 회귀분석을 실시한 결과, 생각보다 높은 0.9791의 R-squared를 나타냈습니다. 회귀모델 및 개별 독립변수의 p값도 0.05보다 낮아 95% 신뢰수준에서 모두 유의함을 확인했습니다. 그러면 회귀분석 결과로 계산한 값(fitted.values)을 이용해 이미 그린 산점도에 적합한 회귀직선을 추가해 보겠습니다.

`> lines(w2$day, w2_lm$fitted.values, col = "blue")` # 산점도 위에 회귀직선 표시

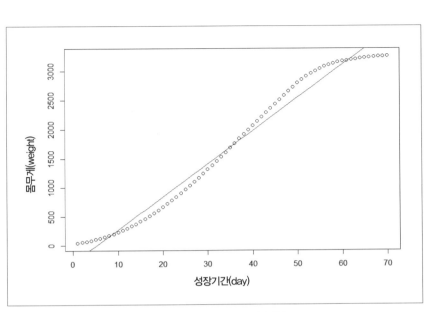

그림 5-11 | 성장기간에 따른 병아리의 몸무게 변화 산점도 및 회귀직선

산점도 위에 회귀직선을 표시한 결과, 개별 데이터와의 편차가 존재하는 구간들로 인해 회귀
모델의 성능이 다소 아쉽습니다. 그런데 이렇게 산점도와 직선을 같이 표시하고 보니 3차 함
수의 그래프와 유사함을 발견할 수 있습니다. 그렇다면 이번에는 독립변수인 성장기간(day)
을 세제곱시켜 종속변수인 몸무게(weight)를 잘 표현할 수 있는지 확인해 보겠습니다.
R에서 개별 독립변수의 값에 로그(log)나 제곱을 취하기 위해서는 I( ) 함수를 이용해야 합니다.
I() 함수를 이용해 비선형 회귀분석을 해보겠습니다.

코딩
실습
```
# 성장기간에 따른 병아리의 몸무게 변화 비선형 회귀분석 실시
> w2_lm2 <- lm(weight ~ I(day^3) + I(day^2) + day, data = w2)
> summary(w2_lm2)


Call:
lm(formula = weight ~ I(day^3) + I(day^2) + day, data = w2)
```

```
Residuals:
   Min      1Q    Median    3Q     Max
-61.315 -22.821  -1.336   22.511  48.772


Coefficients:
              Estimate   Std. Error   t value  Pr(>|t|)
(Intercept)  1.170e+02   1.348e+01    8.683    1.59e-12 ***
I(day^3)    -2.529e-02   4.929e-04   -51.312   < 2e-16  ***
I(day^2)     2.624e+00   5.321e-02    49.314   < 2e-16  ***
day         -1.530e+01   1.632e+00    -9.373   9.51e-14 ***
---
Signif. codes:  0 '***' 0.001 '**' 0.01 '*' 0.05 '.' 0.1 ' ' 1


Residual standard error: 26.69 on 66 degrees of freedom
Multiple R-squared:  0.9995,        Adjusted R-squared:  0.9995
F-statistic: 4.407e+04 on 3 and 66 DF,  p-value: < 2.2e-16
```

선형 회귀분석 결과도 충분히 높았지만 비선형 회귀분석을 실시한 결과, R-squared가 0.9995를 나타냈습니다. 거의 1에 가까운 매우 높은 결과입니다. 산점도를 다시 그린 후 회귀분석 결과로 계산한 값(fitted.values)을 이용해 산점도 위에 적합한 회귀곡선을 선으로 추가해 보겠습니다.

코딩
실습

```
> plot(w2)  # 이미 산점도 위에 그려져 있는 회귀직선에 다시 산점도 그리기
> lines(w2$day, w2_lm2$fitted.values, col = "blue")  # 산점도 위에 회귀곡선 표시
```

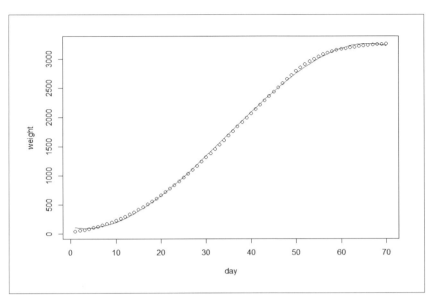

그림 5-12 | 성장기간에 따른 병아리의 몸무게 변화 산점도 및 회귀곡선

산점도와 회귀곡선이 거의 일치함을 확인할 수 있습니다. 회귀식의 계수와 y절편은 회귀분석 결과(w2_lm2)에서 coefficients를 통해서도 확인할 수 있습니다.

```
코딩
실습    > w2_lm2$coefficients  # w2_lm2 회귀분석 결과에서 계수 확인
          (Intercept)      I(day^3)      I(day^2)        day
         117.01408122   -0.02529014   2.62414840  -15.29781677
```

회귀모델을 수식으로 나타내면 다음과 같습니다(소수 넷째 자리에서 반올림해 셋째 자리까지 표시).

$Weight = -0.025*day^3 + 2.624*day^2 - 15.298*day + 117.014$

이렇게 회귀분석은 데이터의 형태를 보고 그에 적합한 회귀모델을 만들어 나가는 작업의 반복을 통해 성능이 뛰어난 모델을 만들 수 있습니다.

핵 심
요 약

1 상관계수 판정 기준

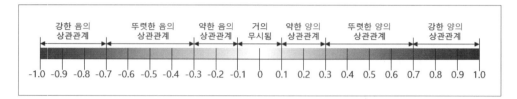

2 상관분석 방법

구분	필요 패키지	R 함수	주요 옵션
상관분석	–	cor()	method = "spearman" or "kendall" or "pearson"
상관시각화	corrplot	corrplot()	method = "ellipse", type = "lower", addCoef.col = "white"

3 회귀분석 방법

구분	사용 예시
단순 선형 회귀분석	lm(Sepal.Length ~ Petal.Length, data = iris)
다중 회귀분석	lm(Sepal.Length ~ . , data = iris[,1:4]) # 5번째 열은 factor로 제외
비선형 회귀분석	lm(Sepal.Length ~ I(Petal.Length^2) + Petal.Length, data = iris)

4 회귀분석 결과 해석(summary( ) 실행 시)

- 회귀모델 F 통계량의 p-value 확인, 0.05보다 작으면 95% 신뢰수준에서 통계적으로 유의함
- 개별 독립변수의 p-value 확인, 0.05보다 작으면 95% 신뢰수준에서 통계적으로 유의함, * 기호의 개수로 확인 가능(***가 가장 유의함을 뜻함)

- 결정계수(R-squared)가 높은지 확인, 1에 가까울수록 회귀모델의 성능이 뛰어남을 뜻함. 다중 회귀모델의 경우 Adjusted R-squared값 확인
- 회귀모델의 y절편(상수)과 각 독립변수의 계수는 Estimate값으로 확인 가능. 회귀분석 결과를 저장한 변수의 coefficients로 확인할 수도 있음(예: test$coefficients)

5 다중 회귀분석의 변수 선택 방법

방법	내용
전진선택법	y절편만 있는 상수모형부터 시작해 독립변수를 추가해 나감
후진소거법	독립변수를 모두 포함한 상태에서 시작해 가장 적은 영향을 주는 변수를 하나씩 제거해 나감

6 다중 회귀분석의 다중공선성 문제

독립변수들 간의 강한 상관관계로 인해 발생하는 다중공선성(multicollinearity) 문제는 분산팽창요인(VIF, Variance Inflation Factor)을 계산해 구할 수 있으며 일반적으로 10 이상이면 다중공선성 문제가 있다고 판단함

1   iris 데이터 셋에서 Species가 "virginica"인 수치형 데이터만(1~4열) 필터링한 test라는 데이터 셋을 만들어 보세요.

2   test의 Sepal.Length(꽃받침 길이)와 나머지 변수들이 어떤 상관관계가 있는지 상관분석을 해보세요. 그중 가장 상관계수가 높은 변수는 무엇인가요?

3   test의 Sepal.Length(꽃받침 길이)를 종속변수(y)로 하고, Petal.Length(꽃잎 길이)를 독립변수(x)로 하는 단순 선형 회귀분석을 실행한 뒤 나온 R-squared값은 얼마인가요?

4   test의 Sepal.Width(꽃받침 너비)를 종속변수(y)로 하고, 나머지 변수들을 독립변수로 하는 다중 회귀분석을 실행해 보세요. 모든 독립변수들이 95% 신뢰수준에서 통계적으로 유의한가요?

5   4번에서 실시한 회귀분석 결과에 사용된 3개의 독립변수들이 다중공선성 문제가 있는지 확인해 보세요.

(힌트) car 패키지의 vif() 함수를 이용하면 분산팽창계수를 구할 수 있습니다.

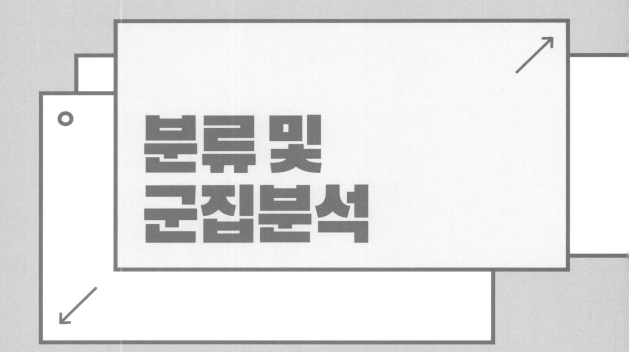

분류 및
군집분석

회귀분석은 독립변수(x)와 종속변수(y)가 모두 연속형 변수일 때 사용할 수 있는 분석 방법입니다. 하지만 종속변수가 연속형(continuous)이 아니라 범주형(categorical)일 경우는 어떻게 해야 할까요? 학습을 기반으로 한 분류(classification) 방법과 학습을 하지 않고 그룹을 지을 수 있는 군집(clustering) 방법에 대해서 알아보도록 하겠습니다.

6

C H A P T E R

분 | 석 | 스 | 토 | 리

병아리가 무럭무럭 자라고 있을 무렵, 김 대표는 병아리 감별사에게 암수 구별을 요청했습니다. 하지만 병아리 감별사의 시급이 너무 높아 전체 병아리의 암수 구별을 맡길 순 없었고, 제한된 예산 내에서 어렵사리 60마리만 암수를 구분할 수 있었습니다. 나머지 병아리들의 암수는 곁눈질로 배운 김 대표가 직접 구별해 보려고 하는데 과연 김 대표는 그 어렵다는 병아리의 암수를 구분해 낼 수 있을까요?

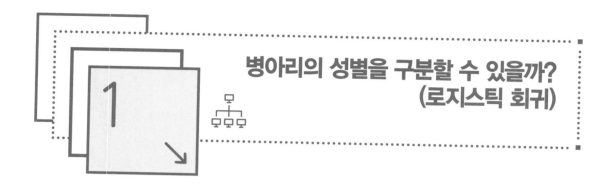

병아리의 성별을 구분할 수 있을까? (로지스틱 회귀)

1 로지스틱 회귀란?

로지스틱 회귀(Logistic Regression)는 이름에 회귀가 들어가서 앞서 배운 선형 회귀와 비슷한 유형으로 인식할 수 있으나 전혀 다른 방법론입니다. 로지스틱 회귀는 독립변수(x)의 선형 결합을 이용해 사건의 발생 가능성(확률)을 예측하는 데 사용되는 기법입니다. 종속변수(y)가 수치형인 아닌 이산형(0 또는 1)일 경우 사용하며 종속변수가 2개 이상의 범주를 갖는 경우에도 활용할 수 있습니다.

로지스틱 회귀의 결과는 사건이 일어날 확률(Y = 1)로 나타내기 때문에 다음과 같은 수식과 그래프로 모델이 표현될 수 있습니다.

$$P(Y = 1 | x) = \frac{1}{1 + e^{-(\alpha + \beta_1 x_1 + \beta_2 x_2 + \cdots + \beta_n x_n)}}$$

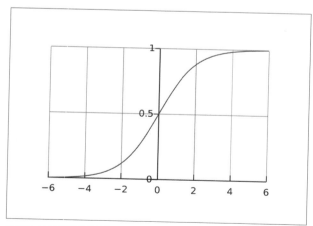

그림 6-1 | 로지스틱 함수(시그모이드 함수) 그래프(출처 : wikipedia)

일반적인 선형 회귀분석과의 공통점이라면 위와 같이 수식으로 모델을 표현할 수 있다는 것입니다. 차후 소개할 다양한 분류(classification) 기법을 통해 생성된 모델들은 대부분 수식으로 표현하기가 어렵습니다. 모델이 수식으로 표현 가능하면 사람들에게 설명하기가 쉽고, 시스템화가 매우 용이합니다.

❷ 데이터 불러와서 확인하기 ─────────

병아리의 날개 길이(wing_length), 꽁지깃 길이(tail_length) 그리고 성별(gender) 데이터가 포함된 ch6-1.csv 파일을 불러와서 g라는 데이터 셋에 넣은 뒤 확인해 보겠습니다.

```
코딩
실습   > g <- read.csv("ch6-1.csv", header = TRUE)
       > head(g)
         wing_length tail_length gender
       1      44          9           m
       2      42          9           m
       3      43          8           m
       4      40         10           m
       5      44          8           m
       6      43          8           m
       > str(g)
       'data.frame':       60 obs. of  3 variables:
        $ wing_length: int  44 42 43 40 44 43 42 43 41 43 ...
        $ tail_length: int  9 9 8 10 8 8 8 8 10 8 ...
        $ gender: Factor w/ 2 levels "f","m": 2 2 2 2 2 2 2 2 2 2 ...
```

총 3개의 열(변수)과 60개의 행으로 구성되어 있습니다. 첫 번째 열과 2번째 열은 숫자, 3번째 열은 성별을 나타내는 문자로 구성된 데이터 프레임입니다.

❸ 로지스틱 회귀분석 ─────────────

로지스틱 회귀분석은 glm( ) 함수를 사용합니다. 함수 사용법은 glm(y ~ x_1 + x_2 + x_3 ⋯, data = 데이터 셋 이름, family = binomial)입니다. 병아리 성별(gender)을 y로 두고, 날개 길이(wing_length)와 꽁지 깃 길이(tail_length)를 각각 독립변수 x_1, x_2로 설정해 로지스틱 회귀분석을 실행하며 결과로 나온 회귀모델은 **g_glm**이라는 변수에 집어넣겠습니다. 로지스틱 회귀모델의 결과는 일반 회귀분석과 동일하게 summary( ) 함수를 통해 확인할 수 있습니다.

코딩
실습

```
# 로지스틱 회귀분석 실행, family = binomial 옵션이 종속변수가 이항(2개)임을 뜻함
> g_glm <- glm(gender ~ wing_length + tail_length,
+               data = g, family = binomial)
> summary(g_glm)

Call:
glm(formula = gender ~ wing_length + tail_length, family = binomial,
    data = g)

Deviance Residuals:
    Min       1Q     Median       3Q       Max
-1.64364  -0.13454  0.00002  0.09015  2.63544

Coefficients:
              Estimate  Std. Error  z value  Pr(>|z|)
(Intercept)    70.1955    23.4091     2.999   0.00271 **
wing_length    -1.0531     0.5045    -2.087   0.03685 *
tail_length    -2.3859     0.9692    -2.462   0.01382 *
---
Signif. codes:  0 '***' 0.001 '**' 0.01 '*' 0.05 '.' 0.1 ' ' 1

(Dispersion parameter for binomial family taken to be 1)
```

    Null deviance: 83.178 on 59 degrees of freedom
    Residual deviance: 16.466 on 57 degrees of freedom
    AIC: 22.466

    Number of Fisher Scoring iterations: 7

로지스틱 회귀분석 결과를 해석할 때 개별 독립변수의 p값 판정을 통해 통계적으로 유의한 변수인지 확인하는 방법은 일반 선형 회귀분석과 동일합니다. 날개 길이(wing_length)와 꽁지 깃 길이(tail_length) 두 변수 모두 p값이 각각 0.03685, 0.01382로 0.05보다 작기 때문에 유의수 준 5% 하에서 통계적으로 유의합니다.

Coefficients의 Estimate값으로 모델을 수식으로 표현하면 다음과 같습니다(x_1 = 날개 길이, x_2 = 꽁 지깃 길이).

$$P(Y=1 \mid x) = \frac{1}{1 + e^{-(70.1955 - 1.0531\,x_1 - 2.3859\,x_2)}}$$

이제 모델의 성능을 확인해야 하는데 위의 결과에는 일반 회귀분석에서 성능을 나타내는 지 표인 결정계수(R-squared)와 같은 값이 보이지 않습니다. 종속변수가 연속형 숫자가 아니기 때 문입니다. 그렇다면 로지스틱 회귀와 같은 분류(classification) 알고리즘의 성능은 어떻게 평가 할까요?

④ 분류 알고리즘의 성능 평가 방법

분류 알고리즘의 경우 일반적으로 정오분류표(Confusion Matrix)와 ROC 커브(Receiver Operation Characteristic Curve)의 밑부분 넓이인 AUC(Area Under the ROC Curve)를 이용해 성능을 평가합니다.

① 정오분류표

정오분류표(Confusion Matrix)는 실제 값과 예측값이 서로 얼마나 잘 맞아 떨어졌는지를 표로 나타낸 것입니다. 수치형 데이터와 달리 범주형 데이터의 경우 실제 값과 예측값이 같은지 다른지를 진릿값(True or False)으로 표현할 수 있기 때문에 이런 방법을 사용합니다.

		실제 값		
		Positive(1)	Negative(0)	
예측값	Positive (1)	True Positive(TP) = 10	False Positive(FP) = 90	Precision(정밀도) = TP/(TP+FP) = 10/(10+90) = 10%
	Negative (0)	False Negative(FN) = 5	True Negative(TN) = 895	Negative Predictive Value = TN/(FN+TN) = 895/(5+895) = 99.4%
		Sensitivity(민감도) = Recall(재현율) = TP/(TP+FN) = 10/(10+5) = 67%	Specificity(특이도) = TN/(FP+TN) = 895/(90+895) = 90.9%	Accuracy(정확도) = (TP+TN)/(TOTAL) (10+895)/1000 = 90.5% Error Rate(오류율) = (FP+FN)/(TOTAL) (90+5)/1000 = 9.5%

그림 6-2 | 정오분류표 예시

간단한 것 같지만 정오분류표를 막상 그리려고 하면 생각보다 복잡합니다. 다행히 다양한 패키지가 존재해 R에서는 쉽게 그릴 수 있습니다.

정오분류표에서는 예측값과 실제 값이 일치하는 개수의 합을 전체 개수로 나눈 값인 정확도 (Accuracy)가 중요한 지표입니다. 하지만 민감도(Sensitivity)와 특이도(Specificity)라는 지표 또한 매우 중요한 지표입니다. 민감도는 재현율(Recall)이라는 용어로 사용되기도 합니다. 이런 지표의 이해를 위해 질병 진단을 예로 들어 설명하겠습니다.

민감도는 질병 진단의 관점에서 질병이 있는 사람을 얼마나 잘 찾아내는지를 나타내는 지표입니다. 즉, 질병이 있는 사람에게 질병이 있다고 진단하는 비율을 뜻합니다. 특이도는 질병이 없는 사람에게 질병이 없다고 진단하는 비율을 뜻합니다.

이해를 돕기 위해 다시 설명해 보겠습니다. 췌장암의 경우 매우 심각한 질병으로 초기에 발견하지 못하면 대부분의 환자들이 목숨을 잃습니다. 본인이 의사고, 환자의 영상 결과를 분석해 췌장암을 진단해야 한다고 가정해 보겠습니다. 췌장암이라고 확실히 판독되는 경우도 있겠지만 다소 애매한 경우들이 있을 것입니다. 이런 경우에는 아마도 환자에게 췌장암으로 의심이 된다고 진단한 후 추가 검사를 진행하는 편이 환자의 목숨을 살리는 데 유리할 것입니다. 즉, 조금이라도 췌장암으로 의심이 된다면 췌장암이라고 진단해 실제보다 더 많이 진단하는 것입니다. 이렇게 되면 결과적으로 민감도는 올라가고, 정확도는 떨어지게 됩니다. 왜냐하면 췌장암에 걸리지 않은 사람에게도 췌장암이라고 진단하는 경우가 많아지기 때문입니다.

다음 그림을 통해 민감도, 특이도, 정확도에 대한 내용을 다시 한 번 정리해 봤습니다.

당신이라면 둘 중 어떤 의사에게 진단받고 싶습니까?

의사 A

진단 (예측)		실제		
		췌장암	정상	
	췌장암	10	10	
	정상	0	980	
		100.0%	99.0%	99.0%
		민감도	특이도	정확도

의사 B

진단 (예측)		실제		
		췌장암	정상	
	췌장암	8	2	
	정상	2	988	
		80.0%	99.8%	99.6%
		민감도	특이도	정확도

그림 6-3 | 민감도, 특이도, 정확도 비교 예시

의사 A는 의사 B보다 췌장암 진단 정확도가 0.6% 낮습니다. 하지만 민감도는 100%로 췌장암에 걸린 모든 환자들을 정확히 진단해냈습니다. 물론 10명 정도는 정상이었지만 췌장암이라고 오진단하기도 했습니다.

의사 B는 정상인들을 정상이라고 판단한 특이도가 의사 A보다 0.8% 더 높습니다. 하지만 췌장암에 걸린 환자 10명 중 2명을 정상이라고 오진단했습니다.

위와 같은 경우라면 정확도가 낮더라도 본인의 목숨을 위해서 의사 A에게 진단을 받아야 할 것입니다. 이렇게 잘못 진단(예측)해서 손실이 막대한 경우에는 정확도보다 민감도를 더 중요한 지표로 사용합니다.

잠깐만요 •••

비대칭 데이터에서 정확도의 효용

위의 췌장암 사례와 같이 어떤 사건이 발생할 확률이 매우 낮아 데이터가 비대칭 상태(Imbalanced)일 경우에는 정확도라는 지표가 아주 쓸모없을 수도 있습니다. 예를 들어, 1,000명 중 1명이 범인이고, 999명이 일반인이라면 1,000명 전체를 일반인이라고 판정하게 되면 정확도는 99.9%가 됩니다. 엄청 나지만 이 정확도가 쓸모 있을까요?

② ROC 커브

ROC 커브(Receiver Operation Characteristic Curve)는 정오분류표를 통해 도출해낼 수 있는 민감도를 y축으로, (1-특이도)를 x축으로 하는 커브입니다. 이 커브의 밑부분 면적을 AUC(Area Under the ROC Curve)라고 합니다. 이 AUC가 100%에 가까울수록 분류 모델의 성능이 뛰어나다고 볼 수 있습니다.

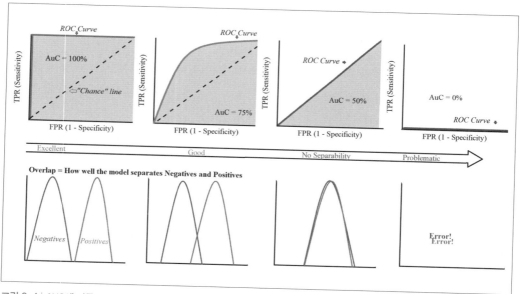

그림 6-4 | AUC에 따른 ROC 커브 변화(출처 : datasciencecentral.com)

208

5 로지스틱 회귀모델의 성능 평가

앞서 설명한 분류 알고리즘의 성능 평가 방법을 이미 분석했던 병아리 암수 구분 로지스틱 회
귀모델에 적용해 보겠습니다. 먼저 names() 함수를 통해 g_glm이라는 변수의 로지스틱 회귀
모델에 어떤 객체들이 포함되어 있는지 확인해 보겠습니다.

```
# 로지스틱 회귀분석 모델에 포함된 객체(Object) 확인
> names(g_glm)
 [1] "coefficients"    "residuals"     "fitted.values"
 [4] "effects"         "R"             "rank"
 [7] "qr"              "family"        "linear.predictors"
[10] "deviance"        "aic"           "null.deviance"
[13] "iter"            "weights"       "prior.weights"
[16] "df.residual"     "df.null"       "y"
[19] "converged"       "boundary"      "model"
[22] "call"            "formula"       "terms"
[25] "data"            "offset"        "control"
[28] "method"          "contrasts"     "xlevels"
```

위 객체들은 일반 회귀분석에서와 동일한 객체들도 있지만 대부분은 처음 보는 객체들입니
다. 성능 평가를 위해서는 기존의 독립변수(x) 데이터로 현재 모델이 계산해 본 결과인 fitted.
values를 이용하겠습니다. g_glm$fitted.values를 실행하면 계산된 값을 확인할 수 있습니다.

```
# 기존 독립변수 데이터를 이용해 모델로 계산해 본 결과
> g_glm$fitted.values
          1            2            3            4            5
0.9155791141 0.9889042384 0.9970494602 0.9853766235 0.9915881469
          6            7            8            9           10
0.9970494602 0.9989687568 0.9970494602 0.9591936927 0.9970494602
```

	11	12	13	14	15
	0.9996400209	0.9591936927	0.9970494602	0.9986364874	0.9986364874
	16	17	18	19	20
	0.9989687568	0.7409599723	0.9970494602	0.9155791141	0.4994544574
	21	22	23	24	25
	0.9986364874	0.9155791141	0.9986364874	0.8913020259	0.9688377014
	26	27	28	29	30
	0.9853766235	0.9998743960	0.9889042384	0.9970494602	0.0310308031
	31	32	33	34	35
	0.2582032247	0.0013575828	0.0083755277	0.1082758663	0.4994544574
	36	37	38	39	40
	0.0010267569	0.1082758663	0.0110479753	0.0310308031	0.0010267569
	41	42	43	44	45
	0.0003584120	0.0406358239	0.0110479753	0.0840841597	0.0003584120
	46	47	48	49	50
	0.0083755277	0.0013575828	0.0010267569	0.0029377285	0.0038818856
	51	52	53	54	55
	0.0083755277	0.0010267569	0.2083400891	0.0236401606	0.0001250571
	56	57	58	59	60
	0.7409599723	0.0110479753	0.0840841597	0.0310308031	0.0010267569

이 결과를 보면 일반 회귀분석과 달리 종속변수(y)가 확률값으로 나온 것을 확인할 수 있습니다. 첫 번째 값은 0.916 정도로 1에 매우 가까운 값입니다. 이 말은 첫 번째 병아리가 수컷(m, male)일 확률이 약 91.6%라는 뜻입니다. 이 정도 확률이라면 첫 번째 병아리는 수컷이라고 판정해도 될 듯합니다.

그렇다면 수컷으로 판정할 수 있는 최소 확률값은 얼마일까요? 수컷, 암컷(f, female) 2가지 결과밖에 없기 때문에 50% 확률을 기준으로 암수 구분의 기준값을 설정하면 됩니다.

이제 이 50% 기준을 이용해 계산된 확률값(fitted.values)을 기존의 "gender" 종속변수의 값인 m, f로 나눠보도록 하겠습니다. 먼저 g_glm$fitted.values 값을 g 데이터 셋에 "pred"라는 열을 하나 만들어서 넣도록 하겠습니다.

코딩
실습 > g$pred <- g_glm$fitted.values   # g 데이터 셋에 pred라는 열을 만들어 계산된 값을 넣음

> head(g)   # 데이터 확인

	wing_length	tail_length	gender	pred
1	44	9	m	0.9155791
2	42	9	m	0.9889042
3	43	8	m	0.9970495
4	40	10	m	0.9853766
5	44	8	m	0.9915881
6	43	8	m	0.9970495

head() 함수를 이용해 데이터가 잘 입력되었음을 확인했습니다. 이제 ifelse() 함수를 이용해 조건문을 작성하고, 그 결과를 g 데이터 셋에 "gender_pred"라는 열을 만들어 집어넣도록 하겠습니다. ifelse() 함수는 참과 거짓 2가지 결과밖에 존재하지 않을 때 사용할 수 있는 함수로 엑셀의 if 함수와 사용법이 동일합니다.

코딩
실습 # pred가 0.5보다 크면 m, 아니면 f로 판정하고 그 결과를 gender_pred라는 열에 넣음

> g$gender_pred <- ifelse(g1$pred > 0.5, 'm', 'f') ←   ifelse(조건, 조건이 참일 때 결과, 조건이 거짓일 때 결과)

> head(g)   # 데이터 확인

	wing_length	tail_length	gender	pred	gender_pred
1	44	9	m	0.9155791	m
2	42	9	m	0.9889042	m
3	43	8	m	0.9970495	m
4	40	10	m	0.9853766	m
5	44	8	m	0.9915881	m
6	43	8	m	0.9970495	m

head() 함수를 통해 데이터를 확인해 본 결과, "gender_pred"열에 조건에 따른 판정값이 똑바로 입력되었음을 알 수 있습니다.

이제 이 데이터를 활용해서 정오분류표(Confusion Matrix)를 그려보도록 하겠습니다. table()이

라는 함수를 이용하면 쉽게 그릴 수 있습니다.

```
코딩
실습   > table(g$gender_pred, g$gender)        ← table(예측값, 실제 값)


        f   m
    f  29   2
    m   1  28
```

정오분류표를 보니 한눈에 봐도 정확도(Accuracy)가 높아 보입니다. 하지만 정확한 값은 계산을 해봐야 합니다. 게다가 민감도(Sensitivity)와 특이도(Specificity) 또한 계산을 해야 합니다. 이런 번거로움 때문에 caret 패키지의 confusionMatrix() 함수가 생겨났습니다. 먼저 caret 패키지를 설치하고, 라이브러리를 불러오겠습니다.

```
코딩
실습   > install.packages("caret")   # 정오분류표를 그리기 위한 패키지 설치
       > library(caret)
       필요한 패키지를 로딩중입니다: lattice
       필요한 패키지를 로딩중입니다: ggplot2
```

그리고 table() 함수를 사용했을 때처럼 confusionMatrix(예측값, 실제 값)을 입력하면 됩니다. 하지만 먼저 g$gender_pred열의 데이터를 factor 형태로 변경해 줘야 합니다. 그 이유는 기존의 g$gender열의 데이터가 factor 형태기 때문에 서로 데이터 형태가 맞지 않아 confusionMatrix() 함수가 제대로 작동하지 않기 때문입니다.

```
코딩
실습   # caret 패키지 활용을 위해 g$gender_pred열 데이터 유형 변경
       > g$gender_pred <- as.factor(g$gender_pred)
       > confusionMatrix(g$gender_pred, g$gender)   ← confusionMatrix(예측값, 실제 값)
```

```
Confusion Matrix and Statistics

          Reference
Prediction   f   m
         f  29   2
         m   1  28


             Accuracy : 0.95
               95% CI : (0.8608, 0.9896)
   No Information Rate : 0.5
   P-Value [Acc > NIR] : 3.127e-14

                Kappa : 0.9

 Mcnemar's Test P-Value : 1

          Sensitivity : 0.9667
          Specificity : 0.9333
        Pos Pred Value : 0.9355
        Neg Pred Value : 0.9655
           Prevalence : 0.5000
        Detection Rate : 0.4833
  Detection Prevalence : 0.5167
     Balanced Accuracy : 0.9500

       'Positive' Class : f
```

table() 함수로 실행한 결과와 동일하지만 정확도, 민감도, 특이도 등의 지표를 추가로 계산하지 않아도 돼 편리합니다.

병아리의 날개 길이(wing_length), 꽁지깃 길이(tail_length) 데이터를 이용해 만든 로지스틱 회귀 모델의 성능은 매우 우수합니다. 정확도가 95%, 민감도가 96.67%, 특이도가 93.33%로 병아리의 암수 구분을 훌륭하게 해냈습니다.

이제 추가로 ROC 커브를 그려 AUC값을 확인해 보겠습니다. ROC 커브를 직접 그릴 수도 있지만 Epi라는 편리한 패키지를 활용해 그려보도록 하겠습니다. 먼저 Epi 패키지를 설치하고, 라이브러리를 불러오겠습니다.

```
> install.packages("Epi")  # ROC 커브를 그리기 위한 패키지 설치
> library(Epi)
```

그리고 다음과 같이 ROC( ) 함수를 이용해 ROC(확률값, 실제 값)을 입력해 주면 됩니다. 여기서 주의할 점은 예측값(범주)이 아닌 확률값을 입력한다는 것입니다.

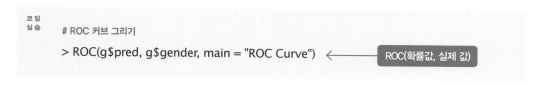

```
# ROC 커브 그리기
> ROC(g$pred, g$gender, main = "ROC Curve")   ← ROC(확률값, 실제 값)
```

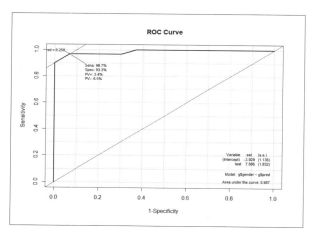

그림 6-5 |
로지스틱 모델 활용 병아리 암수 구분 ROC 커브

ROC 커브의 아래 면적인 AUC값이 0.987로 1에 가까운 매우 높은 값이 나왔습니다. 병아리 암수 구분 로지스틱 회귀모델의 성능은 매우 뛰어나다고 평가할 수 있습니다.

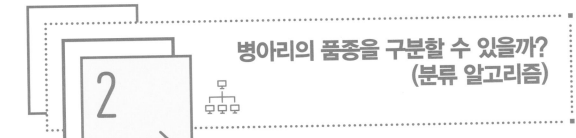

## CHAPTER 6

병아리의 품종을 구분할 수 있을까?
(분류 알고리즘)

무럭무럭 잘 자라고 있는 병아리들을 관찰하던 어느 날, 김 대표는 뭔가 특이한 점을 발견했습니다. 병아리가 성장함에 따라 생김새가 변하겠지만 병아리들마다 날개 길이, 꽁지깃 길이, 볏의 높이가 유난히 차이가 나 보였습니다. 불안한 마음에 사진을 찍어 종란 판매업체 담당자에게 이 병아리들이 같은 품종이 맞는지 문의했습니다. 그리고 담당자에게서 온 답변은 김 대표를 매우 혼란스럽게 만들었습니다. 종란 판매 직원의 실수로 주문을 넣었던 A 품종의 종란뿐만 아니라 B와 C라는 2가지 품종의 종란이 섞여서 납품되었다는 것입니다. 졸지에 3가지 품종의 병아리를 키우게 된 김 대표는 판매처에 클레임(claim)을 제기했고, 종란 판매처의 품종 엔지니어가 김 대표의 양계농장에 급파되었습니다. 엔지니어는 하루에 걸쳐 총 300마리의 병아리 품종을 정확히 구분해 기록했습니다. 김 대표는 다음에도 혹시나 이런 일이 발생할지 모른다는 불안감에 이 300마리의 병아리 데이터를 활용해 품종을 구분할 수 있는 분류 모델을 개발해 보려고 합니다. 과연 그는 암수를 구분했던 것처럼 품종도 잘 구분해낼 수 있을까요?

▣ 다양한 분류 알고리즘

로지스틱 회귀(Logistic Regression) 외에도 굉장히 다양한 분류 알고리즘이 존재합니다. 이런 알고리즘의 구현 방식을 이해하는 것은 매우 중요합니다. 하지만 이 책은 초·중급자가 데이터 분석이라는 분야에 쉽게 접근하는 것을 목적으로 두고 있기 때문에 알고리즘 각각에 대한 다양한 수식을 통한 증명은 생략했습니다. 이런 내용은 위키피디아나 구글링 또는 다른 전문서

적을 통해 충분히 접할 수 있습니다. 따라서 이 책에서는 다양한 분류 알고리즘을 간단히 소개만 하고, 직접 실습을 하는 데 초점을 맞추겠습니다. 알고리즘의 동작원리는 잘 모르더라도 직접 따라해 보면 역으로 해당 알고리즘이 어떻게 구현되는지 궁금증이 생겨 따로 찾아보게 될 것입니다.

② 나이브 베이즈 분류

나이브 베이즈 분류(Naïve Bayes Classification)는 베이즈 정리를 적용한 확률 분류 기법입니다. 베이즈 정리는 쉽게 말해 조건부 확률을 구하는 공식으로 생각하면 됩니다. 조건부 확률은 사건 B가 일어났다는 조건하에 사건 A가 일어날 확률을 P(A|B)라고 표현하는데 사후확률(posterior)이라고도 합니다. 식으로 나타내면 다음과 같습니다.

$$P(A \mid B) = \frac{P(A \cap B)}{P(B)} = \frac{P(B|A)P(A)}{P(B)} = posterior = \frac{likelihood \times prior}{evidence}$$

여기서 P(A), P(B)는 각각 사건 A, B가 일어날 확률이고, P(B|A)는 사건 A가 일어난다는 조건하에 사건 B가 일어날 확률을 나타내며 우도(likelihood)라고 부릅니다. 베이즈 정리는 사건 B가 발생(P(B)=1)함으로써 사건 A가 발생할 확률이 어떻게 변하는지를 표현한 식으로 B라는 사건을 관찰해 A라는 사건에 어떤 영향을 미치는지 찾아내는 방법이라고 이해하면 될 것 같습니다.

이제 데이터를 통해 나이브 베이즈 분류 알고리즘을 직접 실행해 보겠습니다. 해당 알고리즘을 사용하기 위해서는 e1071이라는 패키지를 설치해야 합니다. 패키지를 설치하고, 라이브러리를 불러오겠습니다.

코딩
실습
```
> install.packages("e1071")   # Naïve Bayes 수행을 위한 패키지 설치
> library(e1071)
```

데이터를 불러오겠습니다. 본격적인 지도학습(Supervised Learning) 사례기 때문에 최소 2가지 데이터 셋이 필요합니다. 병아리 300마리의 품종 데이터는 훈련과 테스트 용도의 2가지 데이터 셋으로 80:20 비율로 분할해 놓았습니다.

잠깐만요

훈련-검증-테스트 데이터 셋 분할

일반적으로 지도학습 모델을 만들 때는 훈련(Training), 검증(Validation), 테스트(Testing) 3가지로 데이터를 분할해 사용합니다. 훈련 데이터 셋은 말 그대로 모델을 훈련하는 데 사용하며, 검증 데이터 셋은 모델을 평가하는 데 사용됩니다. 테스트 데이터 셋은 최종적으로 모델을 테스트하는 데 사용됩니다. 실제 업무에 적용하다 보면 데이터량이 부족하거나 시간상의 이유로 검증 데이터 셋은 활용하지 않고, 훈련-테스트 2가지 집합으로만 분할해서 사용하는 경우도 많습니다. 훈련-검증-테스트 3가지로 데이터 셋을 분할할 경우에는 주로 80:10:10 또는 70:15:15 비율로, 훈련-테스트 2가지로 데이터 셋을 분할할 경우에는 80:20 또는 70:30 비율로 분할하는 경우가 많습니다.

훈련용 데이터 셋(ch6-2_train.csv)과 테스트용 데이터 셋(ch6-2_test.csv) 2개를 모두 불러와서 형태를 확인해 보겠습니다.

```
코딩
실습
> c_train <- read.csv("ch6-2_train.csv", header = TRUE) # 훈련용 데이터 셋 불러오기
> c_test <- read.csv("ch6-2_test.csv", header = TRUE) # 테스트용 데이터 셋 불러오기
> str(c_train)
'data.frame':     240 obs. of  4 variables:
 $ wing_length: int  238 236 256 240 246 233 235 241 232 234 ...
 $ tail_length: int  63 67 65 63 65 65 66 66 64 64 ...
 $ comb_height: int  34 30 34 35 30 30 30 35 31 30 ...
 $ breeds : Factor w/ 3 levels "a","b","c": 1 1 1 1 1 1 1 1 1 1 ...
> str(c_test)
'data.frame':     60 obs. of  4 variables:
 $ wing_length: int  258 260 251 248 254 230 248 250 235 241 ...
 $ tail_length: int  67 64 63 63 62 64 65 65 62 67 ...
 $ comb_height: int  32 34 31 30 32 33 35 33 35 30 ...
 $ breeds : Factor w/ 3 levels "a","b","c": 1 1 1 1 1 1 1 1 1 1 ...
```

훈련용(c_train)과 테스트용(c_test) 데이터 셋은 모두 총 4개의 열로 구성되어 있습니다. 날개 길이(wing_length), 꼬리깃 길이(tail_length), 볏 높이(comb_height) 3개의 열은 연속형 수치(int) 데이터고, 품종(breeds)열은 범주형 문자(factor) 데이터로 "a", "b", "c" 3개의 값이 들어 있습니다. 훈련용은 총 240개의 행으로, 테스트용은 총 60개의 행으로 이뤄진 데이터 프레임 형태의 데이터 셋입니다.

이제 훈련용 데이터 셋(c_train)과 나이브 베이즈 알고리즘을 이용해 병아리의 날개 길이, 꼬리깃 길이, 볏 높이 데이터로 품종을 맞춰볼 수 있게 학습 모델을 만들어 보겠습니다.

코딩
실습

```
# 병아리 품종을 종속변수로, 나머지 변수를 독립변수로 한 학습 실시
> c_nb <- naiveBayes(breeds ~., data = c_train)
```

굉장히 복잡할 것 같지만 이미 e1071이라는 패키지에 해당 모델이 다 구현되었기 때문에 naiveBayes() 함수만 이용하면 나이브 베이즈 알고리즘을 간단히 수행할 수 있습니다.

이렇게 학습한 모델에 테스트용 데이터 셋(c_test)을 이용해 예측을 실시해 보고, 정오분류표를 그려서 성능 평가를 실시해 보겠습니다. 모델을 이용한 예측은 predict() 함수를 이용합니다.

코딩
실습

```
# 나이브 베이즈 모델에 테스트용 데이터 셋을 이용해 품종 분류 실시
> c_test$pred <- predict(c_nb, newdata = c_test, type = "class")
> head(c_test)
  wing_length tail_length comb_height breeds pred
1     258         67          32        a     a
2     260         64          34        a     a
3     251         63          31        a     a
4     248         63          30        a     a
5     254         62          32        a     a
6     230         64          33        a     a
```

predict(모델, 데이터 셋, 타입)

head() 함수를 이용해 예측한 결과를 집어넣은 열인 "pred"를 확인해 본 결과, 기존값인 "breeds"열과 6행까지 일치함을 확인할 수 있습니다. 한 줄밖에 안 되는 나이브 베이즈 알고리즘으로 대단한 일을 해냈습니다. 정오분류표를 그려서 전체를 확인해 보겠습니다.

```
> library(caret)  # 정오분류표 실행을 위한 caret 라이브러리 로드
> confusionMatrix(c_test$pred, c_test$breeds)  # 정오분류표 그리기
Confusion Matrix and Statistics

          Reference
Prediction  a  b  c
         a 20  1  0
         b  0 17  1
         c  0  2 19

Overall Statistics

               Accuracy : 0.9333
                 95% CI : (0.838, 0.9815)
    No Information Rate : 0.3333
    P-Value [Acc > NIR] : < 2.2e-16

                  Kappa : 0.9

 Mcnemar's Test P-Value : NA

Statistics by Class:

                     Class: a  Class: b  Class: c
Sensitivity            1.0000    0.8500    0.9500
Specificity            0.9750    0.9750    0.9500
Pos Pred Value         0.9524    0.9444    0.9048
Neg Pred Value         1.0000    0.9286    0.9744
```

Prevalence	0.3333	0.3333	0.3333
Detection Rate	0.3333	0.2833	0.3167
Detection Prevalence	0.3500	0.3000	0.3500
Balanced Accuracy	0.9875	0.9125	0.9500

예측 정확도(Accuracy)가 0.9333으로 60개의 데이터 중 56개를 맞췄습니다. 대단한 결과입니다. 품종에 따른 민감도와 특이도도 최소 0.85 이상으로 높은 편입니다. 이렇게 나이브 베이즈 알고리즘은 어렵지 않은 조건부 확률을 기반으로 노력 대비 좋은 성능을 보여줬습니다.

❸ k-최근접 이웃

k-최근접 이웃(k-NN, k-Nearest Neighbor)은 가장 간단한 머신러닝 알고리즘으로 새로운 데이터에 대해 이와 가장 거리가 가까운 k개의 과거 데이터의 결과를 이용해 다수결로 분류하는 방법입니다. 다음 그림을 보면 이해가 쉬울 것입니다.

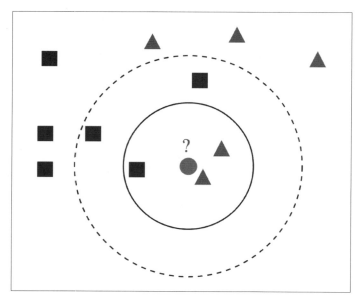

그림 6-6 | k값 변화에 따른 새로운 데이터(원)의 분류 변화(출처 : wikipedia)

원(●)은 새로운 데이터인데, 과거 데이터를 이용해 네모(■) 또는 세모(▲)로 분류하고자 합니다. 실선으로 된 원은 k가 3개인 경우입니다. 이때에는 실선 원 안에 네모(■) 1개, 세모(▲) 2개가 있습니다. 이 경우 원(●)은 다수결에 의해 개수가 더 많은 세모(▲)로 분류됩니다.

점선으로 된 원은 k가 5개인 경우입니다. 이때에는 점선 안에 네모(■) 3개, 세모(▲) 2개가 있습니다. 이 경우 원(●)은 다수결에 의해 개수가 더 많은 네모(■)로 분류됩니다.

이렇게 k값의 선택에 따라 새로운 데이터에 대한 분류 결과가 달라지며, 종속변수의 형태(범주형 또는 연속형)에 따라 분류(classification)와 회귀(regression) 모두에 사용할 수 있습니다. 그리고 새 데이터에 더 가까운 이웃일수록 더 먼 이웃보다 평균에 더 많이 기여하도록 이웃의 기여에 가중치(weight)를 줄 수 있습니다. 예를 들어, 이웃까지의 거리가 d라면 해당 이웃들에게는 거리의 반비례인 1/d만큼의 가중치를 부여할 수 있습니다. 이런 거리 d를 계산하는 데는 다양한 방법이 존재하며 대표적인 3가지 방법에 대해 다음 표로 정리했으니 참고하기를 바랍니다.

거리 종류	계산식	예시
Euclidean (유클리디안)	$\sqrt{\sum_{i=1}^{k}(x_i - y_i)^2}$	
Minkowski (민코프스키)	$\left(\sum_{i=1}^{k}(\lvert x_i - y_i \rvert)^p\right)^{1/p}$	
Manhattan (맨해튼)	$\sum_{i=1}^{k}\lvert x_i - y_i \rvert$	

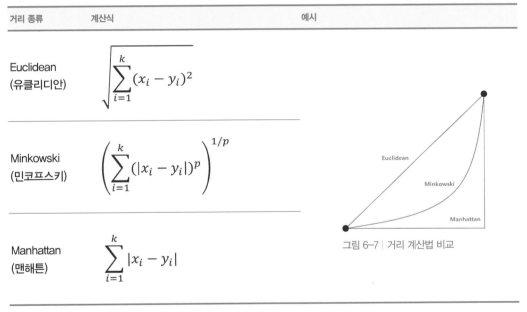

그림 6-7 │ 거리 계산법 비교

표 6-1 │ 다양한 거리 계산 방법

앞서 활용했던 병아리 품종 분류 데이터를 이용해 k-NN 알고리즘을 수행해 보겠습니다.
k-NN 알고리즘을 사용하기 위해서는 DMwR2 패키지 설치가 필요합니다.(단, 3장에서 이미 설치
했다면 설치할 필요없습니다.) 패키지를 설치하고, 라이브러리를 불러오겠습니다.

코딩
실습
```
> install.packages("DMwR2")  # k-NN 수행을 위한 패키지 설치
> library(DMwR2)
```

훈련 및 테스트용 데이터 셋을 불러오겠습니다.

코딩
실습
```
> c_train <- read.csv("ch6-2_train.csv", header = TRUE)  # 훈련용 데이터 셋 불러오기
> c_test <- read.csv("ch6-2_test.csv", header = TRUE)  # 테스트용 데이터 셋 불러오기
```

kNN() 함수를 이용해 테스트 데이터 셋(c_test)의 품종을 분류해 보도록 하겠습니다.
함수 사용법은 kNN($y \sim x_1 + x_2 + \cdots$, 훈련용 데이터 셋, 테스트용 데이터 셋, k=개수)입니다.

코딩
실습
```
# 병아리 품종을 종속변수로 두고 나머지 변수 전체를 독립변수로 설정, k = 3으로 해봄
> c_knn3 <- kNN(breeds ~., c_train, c_test, k = 3)
> c_test$pred3 <- c_knn3  # 예측값을 c_test 데이터 셋에 pred3열을 만들어서 입력
> head(c_test)  # 데이터 확인
  wing_length tail_length comb_height breeds pred3
1     258         67          32         a     a
2     260         64          34         a     a
3     251         63          31         a     a
4     248         63          30         a     a
5     254         62          32         a     a
6     230         64          33         a     a
```

나이브 베이즈와 k-NN 알고리즘의 차이를 발견했나요? 나이브 베이즈를 수행할 때는 훈련용 데이터를 학습하고, predict() 함수를 이용해 테스트용 데이터로 예측값을 생성했는데 k-NN 알고리즘을 수행할 때는 훈련과 테스트가 한번에 이뤄졌습니다. k-NN이 거리 기반의 단순한 알고리즘이기 때문입니다. 이런 학습 형태를 게으른 학습(Lazy Learning)이라고 합니다.

k=3일 때 예측값이 pred3의 값과 기존 테스트용 데이터 셋의 품종 실제 값의 차이를 정오 분류표를 그려서 확인해 보겠습니다. 이전에 설치한 caret 라이브러리를 먼저 불러온 뒤 confusionMatrix() 함수로 그려보겠습니다.

```
코딩
실습
> library(caret)
> confusionMatrix(c_test$pred3, c_test$breeds)
Confusion Matrix and Statistics

          Reference
Prediction  a   b   c
         a 19   1   0
         b  1  18   1
         c  0   1  19


Overall Statistics

              Accuracy : 0.9333
                95% CI : (0.838, 0.9815)
    No Information Rate : 0.3333
    P-Value [Acc > NIR] : < 2.2e-16

                 Kappa : 0.9

 Mcnemar's Test P-Value : NA
```

Statistics by Class:

	Class: a	Class: b	Class: c
Sensitivity	0.9500	0.9000	0.9500
Specificity	0.9750	0.9500	0.9750
Pos Pred Value	0.9500	0.9000	0.9500
Neg Pred Value	0.9750	0.9500	0.9750
Prevalence	0.3333	0.3333	0.3333
Detection Rate	0.3167	0.3000	0.3167
Detection Prevalence	0.3333	0.3333	0.3333
Balanced Accuracy	0.9625	0.9250	0.9625

예측 정확도(Accuracy)가 0.9333으로 60개의 데이터 중 56개를 맞췄습니다. 앞서 수행했던 나이브 베이즈 알고리즘과 동일합니다. 높은 정확도입니다. 품종에 따른 민감도와 특이도는 최소 0.90 이상으로 오히려 나이브 베이즈 알고리즘보다 뛰어납니다.

k=5로 변경해서 결과가 바뀌는지 한 번 해보도록 하겠습니다.

코딩
실습

```
# 병아리 품종을 종속변수로 두고 나머지 변수 전체를 독립변수로 설정, k = 5로 해봄
# c_test 데이터 셋에 pred3열을 만들었기 때문에 1~4열까지만 선택해서 테스트 실시
> c_knn5 <- kNN(breeds ~., c_train, c_test[,1:4], k = 5)
> c_test$pred5 <- c_knn5
> confusionMatrix(c_test$pred5, c_test$breeds)
Confusion Matrix and Statistics

          Reference
Prediction  a  b  c
         a 20  1  0
         b  0 17  1
         c  0  2 19
```

Overall Statistics

Accuracy : 0.9333
95% CI : (0.838, 0.9815)
No Information Rate : 0.3333
P-Value [Acc > NIR] : < 2.2e-16

Kappa : 0.9

Mcnemar's Test P-Value : NA

Statistics by Class:

	Class: a	Class: b	Class: c
Sensitivity	1.0000	0.8500	0.9500
Specificity	0.9750	0.9750	0.9500
Pos Pred Value	0.9524	0.9444	0.9048
Neg Pred Value	1.0000	0.9286	0.9744
Prevalence	0.3333	0.3333	0.3333
Detection Rate	0.3333	0.2833	0.3167
Detection Prevalence	0.3500	0.3000	0.3500
Balanced Accuracy	0.9875	0.9125	0.9500

예측 정확도(Accuracy)는 0.9333으로 k=3일 경우와 동일하지만 b 품종의 민감도가 0.85로 떨어졌습니다. 해당 데이터 셋의 경우는 k=3인 경우가 성능이 조금 더 낮다고 평가할 수 있습니다.

잠깐만요

k-NN 알고리즘의 특성상 예측 결과가 이 책과 다소 다르게 나올 수 있습니다. 이는 어떤 값이 초깃값으로 선택되느냐에 따라 결정됩니다. 뒤에 설명한 다양한 알고리즘도 위와 같은 사유로 책과 본인의 실습 결과가 다를 수 있습니다.

4 의사결정나무 ─────────────

의사결정나무(Decision Tree)는 주어진 독립변수에 의사결정규칙을 적용해 나가면서 종속변수를 예측해 나가는 알고리즘입니다. 종속변수가 범주형이나 연속형인 경우 모두 사용할 수 있고, 분석 결과가 조건 형태로 출력되기 때문에 모델을 이해하기가 쉽습니다.

다음은 타이타닉호에서 생존 여부(종속변수)를 성별, 나이, 함께 탑승한 형제 또는 배우자수(sibsp)와 같은 다양한 독립변수에 의사결정규칙을 적용해 트리 형태로 나타낸 의사결정나무 모델입니다.

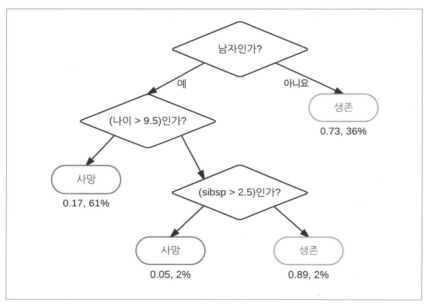

그림 6-8 | 타이타닉호 생존 여부 결정트리(출처 : wikipedia)

위 그림에서 마름모 형태로 표현되는 노드를 의사결정 노드(Decision Node)라고 하고, 타원 형태로 표현되는 노드를 잎사귀 노드(Leaf Node)라고 합니다. 의사결정 노드 중 최초로 분류가 시작되는 최상단의 노드를 뿌리 노드(Root Node)라고 합니다.

의사결정나무는 종속변수가 범주형인 경우 분류나무(Classification Tree), 연속형인 경우 회귀나무(Regression Tree)로 구분되며, 의사결정규칙(가지를 분할할 때)을 만들 때 기준이 될 독립변수 항목과 값을 선택하는 방법으로 분류나무는 χ^2 통계량의 p값, 지니 지수(Gini Index), 엔트로피 지수(Entropy Index) 등을 사용하고, 회귀나무는 F 통계량의 p값, 분산의 감소량 등을 사용합니다. 의사결정나무 알고리즘에는 CART, CHAID, ID3, C4.5, C5.0, MARS 등의 다양한 방법론이 존재합니다. 이 중에서 CART(Classification And Regression Tree) 알고리즘을 이용해 실습을 해보도록 하겠습니다.

기존에 사용한 병아리 품종 분류 데이터를 계속해서 이용해 의사결정나무 알고리즘을 수행해 보겠습니다. CART 알고리즘을 수행하기 위해서는 rpart 패키지 설치가 필요합니다. 패키지를 설치하고, 라이브러리를 불러오겠습니다.

코딩
실습

```
> install.packages("rpart")  # CART 수행을 위한 패키지 설치
> library(rpart)
```

훈련 및 테스트용 데이터 셋을 불러오겠습니다.

코딩
실습

```
> c_train <- read.csv("ch6-2_train.csv", header = TRUE)  # 훈련용 데이터 셋 불러오기
> c_test <- read.csv("ch6-2_test.csv", header = TRUE)  # 테스트용 데이터 셋 불러오기
```

rpart() 함수를 이용해 품종을 종속변수로 두고, 나머지 변수를 독립변수로 학습을 실시해 보겠습니다.

rpart() 함수 사용법은 naiveBayes() 함수 사용법과 유사한데 지도학습 알고리즘의 경우 대부분 유사합니다.

```
코딩
실습    # 병아리 품종을 종속변수로, 나머지 변수를 독립변수로 한 학습 실시
       > c_rpart <- rpart(breeds ~., data = c_train)
       > c_rpart  # CART 모델 결과 확인
       n= 240

       node), split, n, loss, yval, (yprob)
          * denotes terminal node


        1) root 240 160 a (0.33333333 0.33333333 0.33333333)
         2) tail_length< 67.5 113  33 a (0.70796460 0.29203540 0.00000000)
          4) wing_length>=231.5 82   4 a (0.95121951 0.04878049 0.00000000) *
          5) wing_length< 231.5 31   2 b (0.06451613 0.93548387 0.00000000) *
         3) tail_length>=67.5 127  47 c (0.00000000 0.37007874 0.62992126)
          6) wing_length< 226.5 34   3 b (0.00000000 0.91176471 0.08823529) *
          7) wing_length>=226.5 93  16 c (0.00000000 0.17204301 0.82795699)
           14) comb_height>=36.5 15   6 b (0.00000000 0.60000000 0.40000000) *
           15) comb_height< 36.5 78   7 c (0.00000000 0.08974359 0.91025641) *
```

의사결정나무 모델 결과를 불러오니 독립변수 항목과 값에 따라 의사결정 노드들이 만들어진 것을 확인할 수 있습니다. 하지만 텍스트로만 되어 있어 보기가 좀 어렵습니다. rpart.plot이라는 패키지를 설치하면 의사결정나무 모델 결과를 트리 형태로 시각화할 수 있습니다. 해당 패키지를 설치하고, 불러온 뒤 prp() 함수를 통해 트리 모양의 그래프를 그려보겠습니다.

```
코딩
실습    # 의사결정트리 보기 편한 그래프를 그리기 위한 패키지 설치
       > install.packages("rpart.plot")
       > library(rpart.plot)
       # 의사결정트리 그래프 그리기 type과 extra는 도움말(?rpr)을 통해 검색 참조
       > prp(c_rpart, type = 4, extra = 2, main = "Decision Tree")
```

226

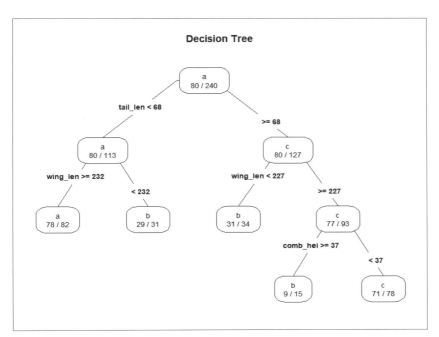

그림 6-9 | 병아리 품종 분류 의사결정트리 그래프

종속변수인 병아리 품종이 3가지고, 독립변수가 3개라 다소 복잡한 형태의 트리가 나왔습니다. 잎사귀 노드의 결과를 표로 정리하면 다음과 같습니다.

병아리 품종	꽁지깃 길이 (tail_length)	날개 길이 (wing_length)	볏 높이 (comb_height)	정상 분류 개수	정오분류표
a	68 미만	232 이상		78	
	68 미만	232 미만		29	a b c
b	68 이상	227 이상		31	a 78 4 0 b 2 69 9
	68 이상	227 미만	37 이상	9	c 0 7 71
c	68 이상	227 이상	37 미만	71	

표 6-2 | 병아리 품종 분류 의사결정트리 결과

이렇게 만들어진 의사결정 모델을 predict() 함수를 이용해 테스트용 데이터 셋에 적용시켜 모델의 성능을 평가해 보도록 하겠습니다.

CART 모델에 테스트용 데이터 셋을 이용해 품종 분류 실시

```
> c_test$pred <- predict(c_rpart, newdata = c_test, type = "class")
> library(caret)
> confusionMatrix(c_test$pred, c_test$breeds)
Confusion Matrix and Statistics

          Reference
Prediction  a  b  c
         a 19  2  0
         b  1 16  4
         c  0  2 16


Overall Statistics

               Accuracy : 0.85
                 95% CI : (0.7343, 0.929)
    No Information Rate : 0.3333
    P-Value [Acc > NIR] : < 2.2e-16

                  Kappa : 0.775

 Mcnemar's Test P-Value : NA

Statistics by Class:

                     Class: a Class: b Class: c
Sensitivity            0.9500   0.8000   0.8000
Specificity            0.9500   0.8750   0.9500
Pos Pred Value         0.9048   0.7619   0.8889
Neg Pred Value         0.9744   0.8974   0.9048
Prevalence             0.3333   0.3333   0.3333
Detection Rate         0.3167   0.2667   0.2667
Detection Prevalence   0.3500   0.3500   0.3000
Balanced Accuracy      0.9500   0.8375   0.8750
```

예측 정확도가 0.85로 낮은 편은 아니지만 앞서 실시했던 나이브 베이즈, k-NN 알고리즘에 비해 낮게 나왔습니다. 민감도와 특이도 모두 다 낮습니다.

5 배깅

배깅(Bagging)은 앙상블(Ensemble) 모형 중 하나입니다. 앙상블은 프랑스어로 "통일" 또는 "조화"를 의미하는 용어입니다. 이런 의미처럼 앙상블 모형은 여러 개의 예측 모델을 만든 후 조합해 하나의 최적화된 최종 예측 모델을 만듭니다. 앙상블 모형은 분류와 회귀 모두에 사용할 수 있는 알고리즘입니다.

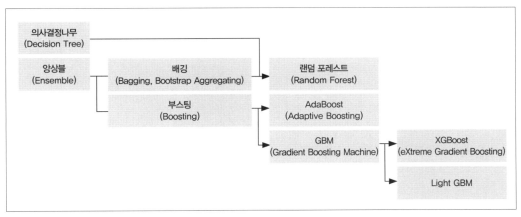

그림 6-10 | 앙상블 모형의 종류와 발달 과정

앙상블 모형에는 배깅과 부스팅(Boosting)이 있습니다. 배깅은 Bootstrap Aggregating의 줄임말로 학습 데이터 셋으로부터 동일한 크기의 표본을 단순 랜덤 복원 추출해 여러 개 만들고, 각 표본에 대한 예측 모델을 생성한 후 결합해 최종 예측 모델을 만드는 알고리즘입니다. 여기서 학습 데이터 셋에서 단순 랜덤 복원 추출해 동일한 크기의 표본을 여러 개 만드는 샘플링 방법을 부트스트랩(Bootstrap)이라고 합니다.

기존의 데이터를 계속 이용해 배깅 알고리즘을 수행해 보겠습니다. adabag이라는 패키지를 설치하고, 라이브러리를 불러오겠습니다. 해당 패키지의 경우 뒤에 설명할 부스팅(Boosting) 알고리즘까지 수행이 가능합니다.

```
코딩
실습   > install.packages("adabag")  # 배깅 및 부스팅 수행을 위한 패키지 설치
       > library(adabag)
```

훈련 및 테스트용 데이터 셋을 불러오겠습니다.

```
코딩
실습   > c_train <- read.csv("ch6-2_train.csv", header = TRUE)  # 훈련용 데이터 셋 불러오기
       > c_test <- read.csv("ch6-2_test.csv", header = TRUE)  # 테스트용 데이터 셋 불러오기
```

bagging() 함수를 이용해 품종을 종속변수로 두고, 나머지 변수를 독립변수로 학습을 실시해 보겠습니다.

```
코딩
실습   # 병아리 품종을 종속변수로, 나머지 변수를 독립변수로 한 학습 실시
       > c_bag <- bagging(breeds ~., data = c_train, type = "class")
       > names(c_bag)  # 모델 객체 확인
       [1] "formula"   "trees"    "votes"    "prob"     "class"
       [6] "samples"   "importance" "terms"    "call"
       > c_bag$importance  # 모델 객체 중 importance 확인
       comb_height tail_length wing_length
          7.395347   48.985968   43.618685
```

컴퓨터 사양에 따라 다르겠지만 이제까지 실습했던 알고리즘보다 학습속도가 오래 걸렸을 것입니다. names() 함수를 통해 모델의 객체를 살펴보면 trees, prob, class, importance 등 다양한 항목들을 확인할 수 있습니다.

이 중에서 importance 객체는 독립변수의 상대적 중요도를 수치화시켜 나타내줍니다. 꽁지깃 길이(tail_length) 〉 날개 길이(wing_legnth) 〉 볏 높이(comb_height) 순으로 중요도가 높은 것을 확인할 수 있습니다.

trees 객체에는 의사결정나무 알고리즘에서와 같은 트리 형태로 병아리의 품종을 다른 독립 변수의 항목과 값으로 분류한 기준이 들어 있습니다. bagging() 함수의 경우 기본적으로 100번을 반복하도록 설정되어 있기 때문에 학습시간이 오래 걸렸고, trees에는 100개의 결정트리가 들어 있습니다. 이 중 마지막 100번째 tree를 그래프로 그려서 확인해 보겠습니다.

코딩
실습
```
# c_bag 모델의 trees 객체의 100번째 트리 그래프로 그리고, 텍스트 추가하기
> plot(c_bag$trees[[100]] , main = "Bagging", margin=0.1)
> text(c_bag$trees[[100]])
```

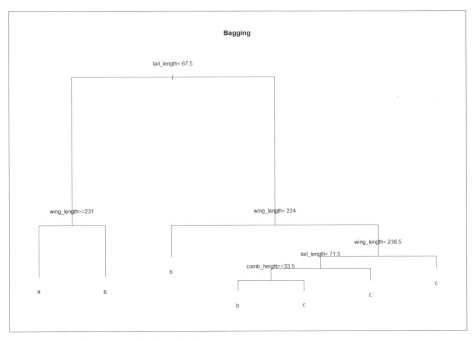

그림 6-11 | 병아리 품종 배깅 분류 결과 트리 그래프

처음에는 꽁지깃 길이를 기준으로 분할한 뒤 그 다음에는 날개 길이를 기준으로 분할하고, 제일 마지막에는 상대적으로 중요도(importance)가 낮았던 볏 높이를 기준으로 분할했습니다. 이제 테스트용 데이터 셋을 이용해 모델의 성능을 평가해 보도록 하겠습니다.

```
# 배깅 모델에 테스트용 데이터 셋을 이용해 품종 분류 실시
> pred <- predict(c_bag, newdata = c_test, type = "class")
> str(pred)   # 예측값(class) 외에도 다양한 결과가 입력된 리스트 형태임
List of 6
 $ formula  :Class 'formula'  language breeds ~ .
  .. ..- attr(*, ".Environment")=<environment: R_GlobalEnv>
 $ votes    : num [1:60, 1:3] 100 100 100 100 100 27 100 100 99 100 ...
 $ prob     : num [1:60, 1:3] 1 1 1 1 1 0.27 1 1 0.99 1 ...
 $ class    : chr [1:60] "a" "a" "a" "a" ...
 $ confusion: 'table' int [1:3, 1:3] 19 1 0 2 16 2 0 2 18
  ..- attr(*, "dimnames")=List of 2
  .. ..$ Predicted Class: chr [1:3] "a" "b" "c"
  .. ..$ Observed Class : chr [1:3] "a" "b" "c"
 $ error    : num 0.117
# 모델의 예측값(class)만 c_test에 pred열을 만들어 입력(단, 형태는 factor로 변경)
> c_test$pred <- as.factor(pred$class)
> library(caret)   # confusionMatrix() 함수 실행을 위한 라이브러리 불러오기
> confusionMatrix(c_test$pred, c_test$breeds)
Confusion Matrix and Statistics

          Reference
Prediction  a  b  c
         a 19  2  0
         b  1 16  2
         c  0  2 18


Overall Statistics

               Accuracy : 0.8833
                 95% CI : (0.7743, 0.9518)
    No Information Rate : 0.3333
    P-Value [Acc > NIR] : < 2.2e-16
```

Kappa : 0.825

Mcnemar's Test P-Value : NA

Statistics by Class:

	Class: a	Class: b	Class: c
Sensitivity	0.9500	0.8000	0.9000
Specificity	0.9500	0.9250	0.9500
Pos Pred Value	0.9048	0.8421	0.9000
Neg Pred Value	0.9744	0.9024	0.9500
Prevalence	0.3333	0.3333	0.3333
Detection Rate	0.3167	0.2667	0.3000
Detection Prevalence	0.3500	0.3167	0.3333
Balanced Accuracy	0.9500	0.8625	0.9250

예측 정확도가 0.8833으로 낮은 편은 아니지만 앞서 실시했던 나이브 베이즈, k-NN 알고리즘에 비해 낮고, 0.85의 의사결정트리보다는 조금 높은 결과가 나왔습니다.

6 부스팅

부스팅(Boosting)은 앙상블 모형 중 하나로 배깅이 부트스트랩 시 각 표본에 동일한 확률을 부여하는 것과 달리 잘못 분류된 표본에 더 큰 가중치를 적용해 새로운 분류 규칙을 만들고, 이런 과정을 반복해 최종 모형을 만드는 알고리즘입니다. 부스팅은 최근까지도 AdaBoost(Adaptive Boosting), GBM과 같은 알고리즘이 나오면서 배깅보다 성능이 뛰어난 경우가 많습니다. 특히 XGBoost의 경우 캐글(Kaggle)에서 상위 랭커들이 사용해 높은 인기를 얻은 알고리즘입니다.

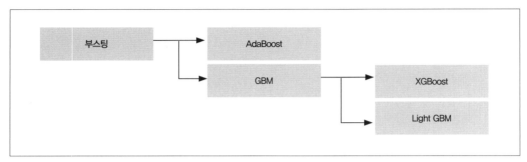

그림 6-12 | 부스팅 알고리즘의 종류와 발달 과정

이미 설치한 adabag 패키지를 이용하면 에이다부스트(Adaboost) 알고리즘 수행이 가능하기 때문에 라이브러리만 불러오겠습니다. 이제 훈련 및 테스트용 데이터 셋을 불러와 병아리 품종을 분류해 보도록 하겠습니다.

```
코딩
실습
> library(adabag)
> c_train <- read.csv("ch6-2_train.csv", header = TRUE) # 훈련용 데이터 셋 불러오기
> c_test <- read.csv("ch6-2_test.csv", header = TRUE) # 테스트용 데이터 셋 불러오기
```

boosting() 함수를 이용해 품종을 종속변수로 두고, 나머지 변수를 독립변수로 학습을 실시해 보겠습니다.

```
코딩
실습
# 병아리 품종을 종속변수로, 나머지 변수를 독립변수로 한 학습 실시
> c_boost <- boosting(breeds ~., data = c_train, type = "class")
> c_boost$importance
comb_height tail_length wing_length
   20.21224   43.09423   36.69354
```

배깅 알고리즘을 수행했을 경우와 동일하게 모델에는 다양한 객체가 존재하고, 기본적으로 100번 반복을 실시합니다. 모델의 객체 중 importance를 통해 독립변수의 상대적 중요도를

확인해 본 결과, 꽁지깃 길이(tail_length) 〉 날개 길이(wing_legnth) 〉 볏 높이(comb_height) 순으로
중요도가 높은 것을 알 수 있습니다. 배깅 대비 볏 높이의 중요도 값이 더 올라갔습니다.
100번째 tree 결과를 그래프로 그려서 확인해 보겠습니다.

코딩
실습
```
# c_boost 모델의 trees 객체의 100번째 트리 그래프로 그리고, 텍스트 추가하기
> plot(c_boost$trees[[100]] , main = "Boosting-Adaboost", margin = 0.1)
> text(c_boost$trees[[100]])
```

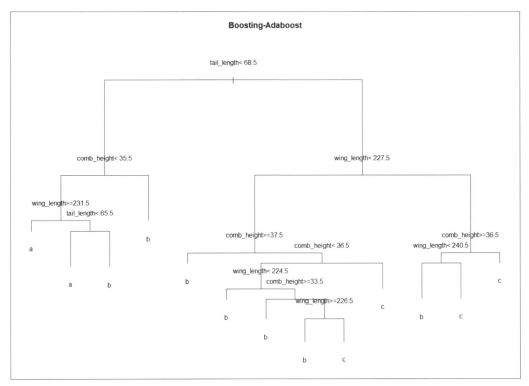

그림 6-13 | 병아리 품종 부스팅 분류 결과 트리 그래프

배깅의 트리 그래프보다 훨씬 복잡한 그래프가 나왔습니다. 최초로 꽁지깃 길이를 분할하고,
굉장히 세분화된 기준으로 품종 분류가 이뤄졌습니다.
이제 테스트용 데이터 셋을 이용해 모델의 성능을 평가해 보도록 하겠습니다.

부스팅 모델에 테스트용 데이터 셋을 이용해 품종 분류 실시

```
> pred <- predict(c_boost, newdata = c_test, type = "class")
> c_test$pred <- as.factor(pred$class)
> library(caret)
> confusionMatrix(c_test$pred, c_test$breeds)
Confusion Matrix and Statistics

          Reference
Prediction  a   b   c
         a 20   1   0
         b  0  18   1
         c  0   1  19


Overall Statistics

              Accuracy : 0.95
                95% CI : (0.8608, 0.9896)
   No Information Rate : 0.3333
   P-Value [Acc > NIR] : < 2.2e-16

                 Kappa : 0.925


 Mcnemar's Test P-Value : NA

Statistics by Class:

                    Class: a Class: b Class: c
Sensitivity          1.0000   0.9000   0.9500
Specificity          0.9750   0.9750   0.9750
Pos Pred Value       0.9524   0.9474   0.9500
Neg Pred Value       1.0000   0.9512   0.9750
Prevalence           0.3333   0.3333   0.3333
Detection Rate       0.3333   0.3000   0.3167
```

Detection Prevalence	0.3500	0.3167	0.3333
Balanced Accuracy	0.9875	0.9375	0.9625

예측 정확도가 0.95로 앞서 수행했던 모든 알고리즘보다 좋은 결과를 나타냈습니다. 민감도나 특이도도 성능이 매우 좋아졌습니다.

7 랜덤 포레스트

랜덤 포레스트(Random Forest)는 배깅(Bagging)을 적용한 의사결정나무(Decision Tree)의 앙상블 알고리즘입니다. 랜덤 포레스트는 나무(tree)가 아니라 나무가 모인 숲(forest)의 수준으로 하나의 트리 모델이 아닌 다수의 부트스트랩 표본으로 트리 모델을 만든 후 그 결과를 취합해 분류(classification)의 경우에는 다수결로, 회귀(regression)의 경우에는 평균을 출력합니다. 이는 배깅과 동일한 방법이나 트리 모델의 분할 기준(노드)을 정하는 방법에서 차이가 있습니다.

배깅은 노드(node)마다 모든 독립변수 내에서 최적의 분할을 찾는 방법을 사용하지만, 랜덤 포레스트는 독립변수들을 무작위(random)로 추출하고, 추출된 독립변수 내에서 최적의 분할을 만들어 나가는 방법을 사용합니다.

일반적으로 하나의 트리 모델에서 발생할 수 있는 과적합(overfitting) 문제가 랜덤 포레스트에서는 줄어들고, 예측 성능 또한 높게 나옵니다.

기존의 병아리 품종 데이터를 계속해서 이용해 랜덤 포레스트 알고리즘을 수행해 보겠습니다. randomForest라는 패키지를 설치하고, 라이브러리를 불러오겠습니다.

코딩
실습
```
> install.packages("randomForest")  # 랜덤포레스트 수행을 위한 패키지 설치
> library(randomForest)
```

훈련 및 테스트용 데이터 셋을 불러오겠습니다.

```
> c_train <- read.csv("ch6-2_train.csv", header = TRUE)  # 훈련용 데이터 셋 불러오기
> c_test <- read.csv("ch6-2_test.csv", header = TRUE)  # 테스트용 데이터 셋 불러오기
```

randomForest() 함수를 이용해 품종을 종속변수로 두고, 나머지 변수를 독립변수로 학습을
실시해 보겠습니다.

```
# 병아리 품종을 종속변수로, 나머지 변수를 독립변수로 한 학습 실시
> c_rf <- randomForest(breeds ~., data = c_train, type = "class")
> names(c_rf)
 [1] "call"           "type"           "predicted"
 [4] "err.rate"       "confusion"      "votes"
 [7] "oob.times"      "classes"        "importance"
[10] "importanceSD"   "localImportance" "proximity"
[13] "ntree"          "mtry"           "forest"
[16] "y"              "test"           "inbag"
[19] "terms"
> c_rf$importance  # 모델 객체 중 importance 확인
          MeanDecreaseGini
wing_length      51.78853
tail_length      68.30444
comb_height      30.41335
> varImpPlot(c_rf)  # importance를 그래프로 그리기
```

names() 함수를 통해 모델의 객체를 살펴보면 predicted, votes, importance 등 다양한 항목
들을 확인할 수 있습니다.
랜덤 포레스트 알고리즘에서는 어떤 독립변수를 중요하게 평가했는지 importance 객체로 확

인해 보면 꽁지깃 길이(tail_length) > 날개 길이(wing_legnth) > 볏 높이(comb_height) 순으로 중요도를 높게 평가한 것을 알 수 있습니다.

varImpPlot() 함수를 이용하면 importance 객체를 그래프로 그릴 수 있습니다.

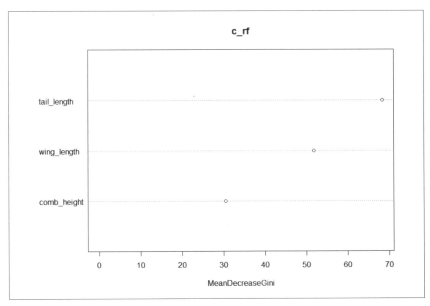

그림 6-14 | 병아리 품종에 영향을 미치는 독립변수 중요도(importance) 그래프

이제 테스트용 데이터 셋을 이용해 모델의 성능을 평가해 보도록 하겠습니다.

코딩
실습

```
# 랜덤포레스트 모델에 테스트용 데이터 셋을 이용해 품종 분류 실시
> c_test$pred <- predict(c_rf, newdata = c_test, type = "class")
> library(caret)
> confusionMatrix(c_test$pred, c_test$breeds)
Confusion Matrix and Statistics

        Reference
Prediction  a  b  c
        a 20  1  0
```

```
b 0 17  1
c 0  2 19
```

Overall Statistics

```
              Accuracy : 0.9333
                95% CI : (0.838, 0.9815)
   No Information Rate : 0.3333
   P-Value [Acc > NIR] : < 2.2e-16

                 Kappa : 0.9

 Mcnemar's Test P-Value : NA
```

Statistics by Class:

	Class: a	Class: b	Class: c
Sensitivity	1.0000	0.8500	0.9500
Specificity	0.9750	0.9750	0.9500
Pos Pred Value	0.9524	0.9444	0.9048
Neg Pred Value	1.0000	0.9286	0.9744
Prevalence	0.3333	0.3333	0.3333
Detection Rate	0.3333	0.2833	0.3167
Detection Prevalence	0.3500	0.3000	0.3500
Balanced Accuracy	0.9875	0.9125	0.9500

예측 정확도가 0.9333으로 앞서 실시했던 나이브 베이즈, k-NN 알고리즘과 동일한 수준으로 나왔습니다. 에이다부스트(Adaboost)보다는 낮은 정확도지만 충분히 높은 수준입니다.

서포트 벡터 머신(SVM, Support Vector Machine)은 고차원의 공간에서 최적의 분리 초평면 (hyperplane)을 찾아 이를 이용해 분류(classification)와 회귀(regression)를 수행하는 알고리즘입니다. 초평면이 무엇인지 다음 그림에서 설명하겠습니다.

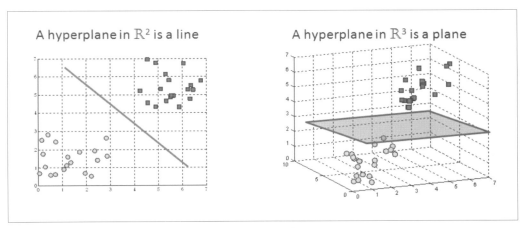

그림 6-15 │ 2차원과 3차원에서의 초평면(hyperplane)(출처 : deepai.org)

우리가 일반적으로 쉽게 공간을 이해할 수 있는 차원은 3차원 정도까지입니다. x와 y축으로 표현되는 2차원 공간에 서로 다른 두 집단(네모, 동그라미)의 데이터가 그림 6-15의 좌측과 같이 분포되어 있을 때 이를 구분하기 위해서는 선(line)을 하나 그리면 됩니다. 하지만 우측과 같이 x, y, z축으로 표현되는 3차원 공간에 데이터가 분포되어 있다면 이를 구분하기 위해서는 선 이 아니라 면(plane)이 필요합니다. 초평면이란 n차원의 공간에서 그보다 하나의 차원이 낮은 (n-1) 평면을 말합니다.

SVM은 서포트 벡터(Support Vector), 결정 경계(Decision Boundary), 마진(Margin) 등으로 구성되며 다음 그림에서 좀 더 자세히 설명하겠습니다.

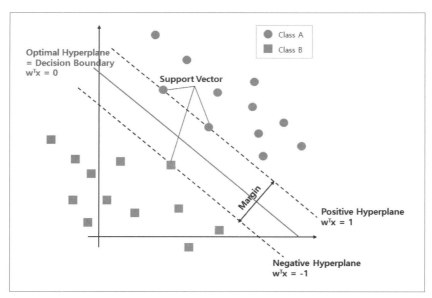

그림 6-16 | SVM의 구성 요소

서포트 벡터는 주어진 데이터 중에서 결정 경계와 가장 가까운 거리에 위치한 데이터들을 말합니다. 마진은 결정 경계에서 서포트 벡터까지의 거리를 말합니다. 결정 경계는 데이터의 분류 기준이 되는 경계를 뜻하며, SVM은 결국 최대 마진을 갖는 초평면인 결정 경계를 찾는 알고리즘입니다.

하지만 위에서 설명한 사례와 달리 데이터들이 선형(linear)만으로 구분하기가 어려운 사례들도 많습니다. 다음 그림을 한 번 보겠습니다.

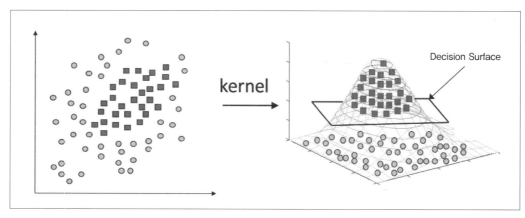

그림 6-17 | SVM의 커널 함수(출처 : medium.com)

그림 6-17의 좌측 데이터를 보면 도저히 두 종류의 데이터를 선형으로는 구분이 불가능해 보입니다. 이때에는 우측 그림과 같이 2차원의 데이터를 3차원으로 변환하면 결정 경계를 찾을 수 있습니다. 이런 방법을 커널 트릭(Kernel Trick)이라고 하며, 비선형 분류를 위해 데이터를 더 높은 차원으로 변환시키는 함수를 커널 함수(Kernel Function)라고 합니다. 커널 함수에는 선형(linear), 다항(polynomial), 가우시안(Gaussian), 가우시안 RBF(Gaussian Radial Basis Function), 라플라스 RBF(Laplace Radial Basis Function), 시그모이드(Sigmoid) 등 다양한 함수들이 존재하며 실제 어떤 커널 함수를 적용하더라도 모델의 정확도에는 큰 차이가 없습니다.

이제 기존의 병아리 품종 데이터를 이용해 SVM 알고리즘을 수행해 보겠습니다. 나이브 베이즈 실습에서 설치했던 e1071 패키지를 사용하기 때문에 라이브러리만 불러오겠습니다.

코딩
실습
```
> library(e1071)  # 나이브 베이즈에서 사용했던 e1071 패키지 불러오기
```

훈련 및 테스트용 데이터 셋을 불러오겠습니다.

코딩
실습
```
> c_train <- read.csv("ch6-2_train.csv", header = TRUE)  # 훈련용 데이터 셋 불러오기
> c_test <- read.csv("ch6-2_test.csv", header = TRUE)  # 테스트용 데이터 셋 불러오기
```

svm() 함수를 이용해 품종을 종속변수로 두고, 나머지 변수를 독립변수로 학습을 실시해 보겠습니다.

코딩
실습
```
# 병아리 품종을 종속변수로, 나머지 변수를 독립변수로 한 학습 실시
> c_svm <- svm(breeds ~., data = c_train)
```

plot() 함수를 이용해 c_svm 모델로 품종별 데이터가 어떻게 분할되었는지 한 번 그려보도록 하겠습니다. slice() 함수의 경우 그래프를 분할할 수 있는 함수로 여기서는 x축을 꽁지깃 길

이(tail_length), y축을 날개 길이(wing_length)로 뒀기 때문에 그 외의 독립변수인 볏 높이(comb_height)를 기준으로 두되 그 값은 볏 높이의 중앙값으로 설정하고 그려봤습니다.

```
# svm 분류 내역 그래프로 확인
> plot(c_svm, c_train, wing_length ~ tail_length,
      slice = list(comb_height = 34))
```

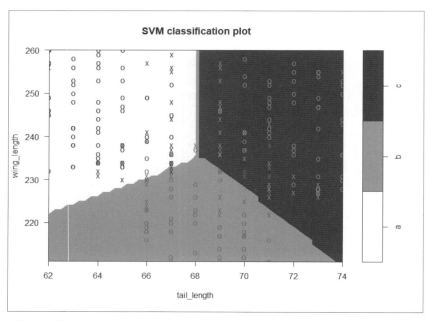

그림 6-18 | SVM 활용 병아리 품종 분류 그래프

그래프로 확인해 본 결과, 3가지 품종을 나름대로 잘 분류한 것 같습니다.
이제 테스트용 데이터 셋을 이용해 모델의 성능을 평가해 보도록 하겠습니다.

```
# SVM 모델에 테스트용 데이터 셋을 이용해 품종 분류 실시
> c_test$pred <- predict(c_svm, newdata = c_test, type = "class")
> library(caret)
```

```
> confusionMatrix(c_test$pred, c_test$breeds)
Confusion Matrix and Statistics

        Reference
Prediction  a  b  c
        a 20  1  0
        b  0 17  1
        c  0  2 19


Overall Statistics

        Accuracy : 0.9333
          95% CI : (0.838, 0.9815)
No Information Rate : 0.3333
P-Value [Acc > NIR] : < 2.2e-16


           Kappa : 0.9


Mcnemar's Test P-Value : NA


Statistics by Class:

                    Class: a Class: b Class: c
Sensitivity           1.0000   0.8500   0.9500
Specificity           0.9750   0.9750   0.9500
Pos Pred Value        0.9524   0.9444   0.9048
Neg Pred Value        1.0000   0.9286   0.9744
Prevalence            0.3333   0.3333   0.3333
Detection Rate        0.3333   0.2833   0.3167
Detection Prevalence  0.3500   0.3000   0.3500
Balanced Accuracy     0.9875   0.9125   0.9500
```

예측 정확도가 0.9333으로 앞서 실시했던 나이브 베이즈, k-NN, 랜덤 포레스트 알고리즘과 동일한 수준으로 나왔습니다.

⑨ XGBoost와 하이퍼 파라미터 튜닝

XGBoost(eXtreme Gradient Boosting)는 우수한 성능으로 인해 캐글(Kaggle) 대회에서 많은 사람들이 사용하는 인기 알고리즘입니다. XGBoost는 Gradient Boosting 알고리즘을 기반으로 사용합니다. Gradient Boosting 알고리즘은 Gradient Descent를 이용해 순차적으로 틀린 것에 가중치를 부여해 보다 나은 모델을 만드는 방식으로 부스팅하는 알고리즘입니다. Gradient Descent는 우리말로 '경사 하강법'이라고 합니다. 함수의 기울기(경사)를 구하고, 기울기의 절 댓값을 낮은 쪽으로 계속 이동시켜 함수가 최솟값(기울기 = 0)이 될 때까지 반복하는 것입니다.

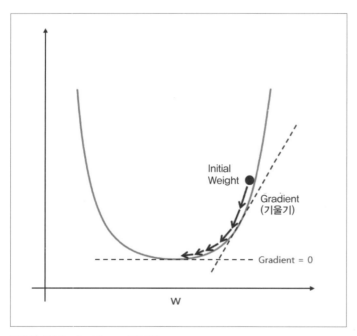

그림 6-19 | Gradient Descent의 개념

XGBoost의 경우 병렬 처리를 기반으로 하기 때문에 속도가 빠른 편이며 과적합 규제 기능이 있습니다. 분류(classification)와 회귀(regression) 모두에 적용할 수 있으며 특정 기준에 맞으면 지정한 학습 횟수에 도달하기 전에 학습을 종료시키는 Early Stopping(조기 종료) 기능도 있습니다. XGBoost 수행을 위해서는 xgboost 패키지 설치가 필요하며 해당 라이브러리를 불러오겠습니다.

코딩
실습
```
> install.packages("xgboost")  # XGBoost 수행을 위한 패키지 설치
> library(xgboost)
```

훈련 및 테스트용 데이터 셋을 불러오겠습니다.

코딩
실습
```
> c_train <- read.csv("ch6-2_train.csv", header = TRUE)  # 훈련용 데이터 셋 불러오기
> c_test <- read.csv("ch6-2_test.csv", header = TRUE)  # 테스트용 데이터 셋 불러오기
```

지금까지는 불러온 데이터를 기반으로 불편없이 훈련을 시키고 테스트를 수행할 수 있었지만 xgboost() 함수에서는 독립변수 데이터와 라벨(종속변수)이 분리되어야 적용이 가능합니다. 특히 독립변수 데이터의 경우 matrix 타입이어야 학습이 가능합니다. 따라서 훈련용 데이터 셋과 테스트용 데이터 셋을 각각 독립변수 데이터와 라벨로 한 번 더 분리하도록 하겠습니다.

코딩
실습
```
> c_x_train <- data.matrix(c_train[,1:3])  # 훈련용 데이터 셋 matrix 타입으로 만들기
> c_y_train <- c_train[,4]  # 훈련용 라벨 만들기, vector 타입
> c_x_test <- data.matrix(c_test[,1:3])  # 테스트용 데이터 셋 matrix 타입으로 만들기
> c_y_test <- c_test[,4]  # 테스트용 라벨 만들기, vector 타입
```

xgboost() 함수를 이용해 품종을 종속변수로 두고, 나머지 변수를 독립변수로 학습을 실시해 보겠습니다. 이제까지 실습했던 분류 알고리즘과 사용법이 다릅니다. 도움말(?xgboost)을 통해 확인해 보고 실습해 보기를 추천합니다.

xgboost() 함수에서 label 부분을 입력할 때 -1을 넣은 이유는 xgboost() 함수에서 label을 인식할 때 1부터가 아닌 0부터 인식하기 때문입니다. xgboost() 함수의 경우 R에서 뿐만 아니라 다양한 언어에서 활용이 가능하며 특히 Python 언어에서 널리 사용되는데 Python의 경우 label의 시작이 1이 아닌 0이기 때문에 이렇게 만든 것으로 생각됩니다. R에서 사용 시 주의가 필요합니다.

```
코딩
실습
# 병아리 품종을 종속변수로, 나머지 변수를 독립변수로 한 학습 실시
> c_xgb <- xgboost(data = c_x_train, label = as.numeric(c_y_train)-1,
+                  num_class = 3, nrounds = 20, eta = 0.1,
+                  objective = "multi:softprob")
[1]      train-merror:0.016667
[2]      train-merror:0.012500
[3]      train-merror:0.012500
...
[18]     train-merror:0.012500
[19]     train-merror:0.012500
[20]     train-merror:0.012500
```

xgboost() 함수에는 이제까지 다뤘던 알고리즘에 비해 다양한 하이퍼 파라미터(Hyper Parameter)가 존재합니다. 하이퍼 파라미터란 모델을 만들 때 사용자가 직접 설정해 주는 값을 말합니다. 위의 경우를 보면 data와 label을 지정하고, num_class(품종 개수)를 지정한 뒤 nrounds, eta, objective에 들어가는 값과 항목은 모델을 만드는 사용자가 직접 설정해 줘야 하는 하이퍼 파라미터입니다. nrounds는 최대 부스팅 반복 횟수, eta는 학습률(Learning Rate), objective는 학습목표를 뜻합니다. 위의 3가지 외에도 xgboost() 함수에는 lambda, alpha, max_depth 등 매우 다양한 하이퍼 파라미터들이 존재합니다.

이렇게 다양한 하이퍼 파라미터를 어떻게 설정하느냐에 따라 모델의 성능이 크게 좌우됩니다. 따라서 이를 튜닝하는 작업이 매우 중요합니다. 하이퍼 파라미터에는 아무 값이나 입력할 수 있는 것이 아니며 입력될 수 있는 값의 범위와 항목들이 정해져 있습니다. 이는 보통 해당 함수의 도움말을 검색해 보면 알 수 있습니다. 우선 현재 xgboost 모델인 **c_xgb**를 통해 성능 평가를 실시한 뒤 하이퍼 파라미터를 튜닝해 보면서 그 중요성을 체감해 보도록 하겠습니다.

코딩
실습

```
# 모델에 테스트용 데이터 셋을 넣어 예측한 후 예측값(확률)을 matrix 타입으로 변환
> c_y_test_pred <- predict(c_xgb, c_x_test, reshape = TRUE)
# 모델의 예측값(확률) 중 가장 큰 값에 대응되는 라벨로 매핑
> c_y_test_pred_label <- levels(c_y_test)[max.col(c_y_test_pred)]
# character 속성인 예측 결과 라벨을 factor 속성으로 변환
> c_y_test_pred_label <- as.factor(c_y_test_pred_label)
> library(caret)
> confusionMatrix(c_y_test_pred_label, c_y_test)
Confusion Matrix and Statistics

          Reference
Prediction  a   b   c
         a  20   1   0
         b   0  17   2
         c   0   2  18


Overall Statistics

             Accuracy : 0.9167
               95% CI : (0.8161, 0.9724)
  No Information Rate : 0.3333
  P-Value [Acc > NIR] : < 2.2e-16

                Kappa : 0.875
```

```
Mcnemar's Test P-Value : NA

Statistics by Class:

                      Class: a  Class: b  Class: c
Sensitivity           1.0000    0.8500    0.9000
Specificity           0.9750    0.9500    0.9500
Pos Pred Value        0.9524    0.8947    0.9000
Neg Pred Value        1.0000    0.9268    0.9500
Prevalence            0.3333    0.3333    0.3333
Detection Rate        0.3333    0.2833    0.3000
Detection Prevalence  0.3500    0.3167    0.3333
Balanced Accuracy     0.9875    0.9000    0.9250
```

예측 정확도 0.9167로 앞서 실시했던 다양한 알고리즘에 비해 크게 높지 않은 수준입니다. 명성에 비해 능력(?)이 부족한 느낌입니다. 그러면 하이퍼 파라미터를 조금씩 조정해 보면서 모델의 성능이 어떻게 바뀌는지 한 번 보겠습니다. 최대 부스팅 반복 횟수인 nrounds를 50회로 조정해 보겠습니다.

코딩
실습

```
# 하이퍼 파라미터 nrounds 20 → 50 조정
> c_xgb2 <- xgboost(data = c_x_train, label = as.numeric(c_y_train)-1,
+                    num_class = 3, nrounds = 50, eta = 0.1,
+                    objective = "multi:softprob")
[1]      train-merror:0.016667
[2]      train-merror:0.012500
[3]      train-merror:0.012500
[4]      train-merror:0.012500
[5]      train-merror:0.020833
[6]      train-merror:0.012500
[7]      train-merror:0.012500
```

...

[42]	train-merror:0.012500
[43]	train-merror:0.008333
[44]	train-merror:0.008333
[45]	train-merror:0.008333
[46]	train-merror:0.004167
[47]	train-merror:0.004167
[48]	train-merror:0.004167
[49]	train-merror:0.004167
[50]	train-merror:0.004167

최초 nrounds를 20회 실행했을 경우에는 train-merror(다중 클래스 분류 오류율, 잘못 분류된 케이스/전체 케이스)가 0.012500까지 떨어졌으나 50회까지 늘리니 0.004167로 더 줄어들었습니다. 테스트용 데이터 셋을 이용해 c_xgb2 모델의 성능을 평가해 보겠습니다.

코딩
실습
```
# 모델에 테스트용 데이터 셋을 넣어 예측한 후 예측값(확률)을 matrix 타입으로 변환
> c_y_test_pred2 <- predict(c_xgb2, c_x_test, reshape = TRUE)
# 모델의 예측값(확률) 중 가장 큰 값에 대응되는 라벨로 매핑
> c_y_test_pred_label2 <- levels(c_y_test)[max.col(c_y_test_pred2)]
# character 속성인 예측 결과 라벨을 factor 속성으로 변환
> c_y_test_pred_label2 <- as.factor(c_y_test_pred_label2)
> confusionMatrix(c_y_test_pred_label2, c_y_test)
Confusion Matrix and Statistics

          Reference
Prediction  a  b  c
         a 20  1  0
         b  0 18  2
         c  0  1 18
```

Overall Statistics

        Accuracy : 0.9333
          95% CI : (0.838, 0.9815)
    No Information Rate : 0.3333
    P-Value [Acc > NIR] : < 2.2e-16

           Kappa : 0.9

    Mcnemar's Test P-Value : NA

Statistics by Class:

	Class: a	Class: b	Class: c
Sensitivity	1.0000	0.9000	0.9000
Specificity	0.9750	0.9500	0.9750
Pos Pred Value	0.9524	0.9000	0.9474
Neg Pred Value	1.0000	0.9500	0.9512
Prevalence	0.3333	0.3333	0.3333
Detection Rate	0.3333	0.3000	0.3000
Detection Prevalence	0.3500	0.3333	0.3167
Balanced Accuracy	0.9875	0.9250	0.9375

최대 부스팅 횟수를 20회에서 50회로 늘렸을 뿐인데 예측 성능이 0.9333으로 올라갔습니다. 하지만 이제까지 가장 성능이 좋았던 에이다부스트(AdaBoost)의 0.95에는 모자랍니다. 하이퍼 파라미터 튜닝을 좀 더 해보겠습니다. 이번에는 학습률인 eta를 0.1에서 0.3으로 높여 보겠습니다.

```
# 하이퍼 파라미터 eta 0.1 → 0.3 조정
> c_xgb3 <- xgboost(data = c_x_train, label = as.numeric(c_y_train)-1,
+                    num_class = 3, nrounds = 50, eta = 0.3,
+                    objective = "multi:softprob")
[1]     train-merror:0.016667
[2]     train-merror:0.008333
[3]     train-merror:0.012500
…
[48]    train-merror:0.004167
[49]    train-merror:0.000000
[50]    train-merror:0.004167
```

train-merror가 49회차에 0까지 줄었다가 50회차에 0.004167로 다시 바뀌었습니다. 테스트용 데이터 셋을 이용해 c_xgb3 모델의 성능을 평가해 보겠습니다.

```
# 모델에 테스트용 데이터 셋을 넣어 예측한 후 예측값(확률)을 matrix 타입으로 변환
> c_y_test_pred3 <- predict(c_xgb3, c_x_test, reshape = TRUE)
# 모델의 예측값(확률) 중 가장 큰 값에 대응되는 라벨로 매핑
> c_y_test_pred_label3 <- levels(c_y_test)[max.col(c_y_test_pred3)]
# character 속성인 예측 결과 라벨을 factor 속성으로 변환(factor의 경우 level이 존재)
> c_y_test_pred_label3 <- as.factor(c_y_test_pred_label3)
> confusionMatrix(c_y_test_pred_label3, c_y_test)
Confusion Matrix and Statistics

          Reference
Prediction  a   b   c
         a 20   1   0
         b  0  18   1
         c  0   1  19
```

Overall Statistics

                    Accuracy : 0.95
               95% CI : (0.8608, 0.9896)
    No Information Rate : 0.3333
    P-Value [Acc > NIR] : < 2.2e-16

                    Kappa : 0.925

 Mcnemar's Test P-Value : NA

Statistics by Class:

	Class: a	Class: b	Class: c
Sensitivity	1.0000	0.9000	0.9500
Specificity	0.9750	0.9750	0.9750
Pos Pred Value	0.9524	0.9474	0.9500
Neg Pred Value	1.0000	0.9512	0.9750
Prevalence	0.3333	0.3333	0.3333
Detection Rate	0.3333	0.3000	0.3167
Detection Prevalence	0.3500	0.3167	0.3333
Balanced Accuracy	0.9875	0.9375	0.9625

학습률을 0.1에서 0.3으로 높였을 뿐인데 예측 성능이 0.95로 올라갔습니다. 이제까지 가장 성능이 좋았던 에이다부스트(AdaBoost)와 같습니다. 이렇게 xgboost의 경우 하이퍼 파라미터를 튜닝함으로써 성능이 크게 좌우될 수 있음을 확인했습니다. 사용자가 조절할 수 있는 하이퍼 파라미터가 매우 많으니 도움말을 통해 검색해 보고, 다양한 시도를 해보면서 모델의 성능 변화를 살펴보기를 바랍니다.

⑩ 분류 알고리즘 결과 정리

나이브 베이즈부터 XGBoost까지 다양한 분류 알고리즘을 이용해 병아리 품종을 분류해 봤습니다. XGBoost의 경우 간단한 하이퍼 파라미터까지 튜닝해서 성능을 향상시켰습니다. 다음 표로 정오분류표의 주요 항목인 정확도와 3가지 클래스에서 민감도, 특이도의 최솟값만 표시해 보았습니다.

알고리즘	나이브 베이즈	k-NN	의사결정나무	배깅	AdaBoost	랜덤 포레스트	SVM	XGBoost
정확도 (Accuracy)	0.933	0.933	0.850	0.867	0.950	0.933	0.933	0.950
최저 민감도 (Sensitivity)	0.850	0.900	0.800	0.750	0.900	0.850	0.850	0.900
최저 특이도 (Specificity)	0.950	0.950	0.875	0.925	0.975	0.950	0.950	0.975

표 6-3 │ 분류 알고리즘별 병아리 품종 분류 결과

결과적으로 병아리 품종 분류에서는 AdaBoost와 XGBoost 알고리즘이 가장 뛰어난 성능을 나타냈습니다. 일반적으로 AdaBoost와 XGBoost의 경우 성능이 타 알고리즘에 비해 뛰어난 편이며 랜덤 포레스트와 SVM, k-NN도 뛰어난 성능을 보일 경우가 많습니다. 다양한 알고리즘을 시도해 보고, 하이퍼 파라미터를 튜닝해 보면서 모델의 예측 성능을 향상시키기 위해 많은 노력을 기울여 보기를 바랍니다.

3

효과적인 사육을 위해
사육환경을 분리해 보자!
(군집 알고리즘)

김 대표는 다양한 분류 알고리즘과 하이퍼 파라미터를 튜닝해 보면서 3가지 병아리 품종을 95% 정확도로 구분할 수 있는 분류 모델을 개발했습니다. 이후 품종별 분리 사육을 실시했고, 어느덧 병아리가 태어난 지 7주가 지났습니다. 이젠 어엿한 닭의 모습을 갖춘 녀석들을 보면서 김 대표는 매우 흐뭇해했습니다. 하지만 같은 품종임에도 불구하고 모이를 많이 먹는 닭이 있는가 하면 적게 먹는 닭이 있었습니다. 당연히 몸무게 차이도 발생하게 되었고, 일부는 몸무게가 20%가량 차이가 나기도 했습니다. 상대적으로 큰 닭들이 작은 닭들의 모이를 뺏어 먹으면서 큰 닭들은 더 커졌고, 작은 닭들은 더 크지 못하는 상황이 되어버렸습니다. 김 대표는 특단의 조치를 생각하고, 100마리의 닭을 사육하고 있는 공간을 닭의 성장 수준을 고려해 3곳으로 분할하려고 합니다. 100마리의 닭을 어떻게 분할하는 것이 좋을까요?

1 군집 알고리즘

군집(clustering) 알고리즘은 이제까지 시행했던 분류(classification) 알고리즘과 기본적인 개념이 다릅니다. 군집분석은 여러 개의 독립변수들을 활용해 유사한 특징을 갖는 개체들을 몇 개의 군집으로 집단화시키는 방법입니다. 결국 독립변수들의 특징을 이용해 데이터를 구분하는 것이 목적이기 때문에 분류 알고리즘과 차이가 없는 것처럼 생각될 수 있지만 종속변수(라벨)가 없다는 점에서 분류 알고리즘과 구분됩니다.

분류 알고리즘은 독립변수와 종속변수 모두 주어진 상태에서 훈련-테스트를 기반해 실전에서 새로운 데이터로 종속변수를 예측하는 지도학습(Supervised Learning) 알고리즘이고, 군집 알고리즘은 독립변수만 주어진 상태에서 독립변수들의 유사성을 이용해 지정된 개수(k)의 군집(종속변수)을 만드는 비지도학습(Unsupervised Learning) 알고리즘입니다.

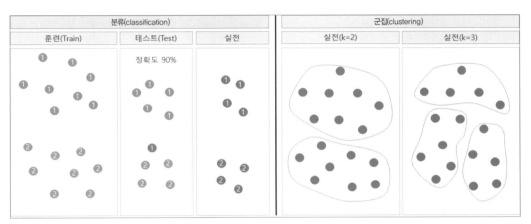

그림 6-20 | 분류와 군집의 개념 비교

군집 알고리즘은 계층적(hierarchical) 방법과 비계층적(non-hierarchical) 방법으로 나눌 수 있습니다. 계층적 군집은 가장 거리가 가까운 개체들을 결합해 나가는 과정을 반복해 원하는 개수의 군집을 형성해 나가는 방법입니다. 개체 간 거리를 계산하는 방법은 앞서 k-NN 알고리즘에서 설명했던 유클리디안(Euclidean) 거리, 맨해튼(Manhattan) 거리, 민코프스키(Minkowski) 거리가 있으며, 그 외에도 표준화(Standardized) 거리, 마할라노비스(Mahalanobis) 거리, 체비세프(Chebychev) 거리, 캔버라(Canberra) 거리 등의 계산법이 있습니다. 이런 거리 계산법은 기본적으로 독립변수가 연속형일 때 사용 가능합니다. 독립변수가 범주형일 경우에는 자카드(Jaccard) 계수(유사도)를 이용합니다. 그리고 군집 간을 연결하는 방법에는 단일연결법, 완전연결법, 평균연결법, 중심연결법, 메디안연결법, 와드연결법 등이 있습니다.

비계층적 군집은 개체 간의 거리가 아닌 주어진 판정기준을 최적화하는 기법을 사용해 지정한 군집을 형성합니다. 개체 간 거리 행렬을 계산하지 않고, 군집 과정에서 모든 데이터를 저장할 필요가 없기 때문에 계층적 군집 대비 데이터가 상대적으로 많을 경우에 사용합니다. 가장 대표적인 알고리즘은 k-평균 군집(k-Means Clustering)입니다.

② k-평균 군집 알고리즘 ───────────

k-평균 군집(k-Means Clustering) 알고리즘은 주어진 데이터를 k개의 군집으로 묶는 알고리즘입니다. 해당 알고리즘이 실행되는 과정을 다음 그림으로 설명하겠습니다.

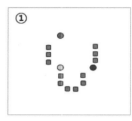 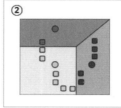 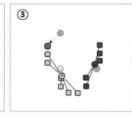 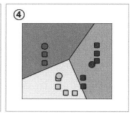

그림 6-21 | k-평균 군집 실행 과정(출처 : wikipedia)

① 초기 k 평균값은 데이터 개체 중에서 랜덤하게 선택됩니다.

② k를 중심으로 각 데이터의 개체들은 가장 가까이 있는 평균값을 기준으로 묶입니다.

③ k개 군집의 각 중심점을 기준으로 평균값이 재조정됩니다.

④ k개 군집의 각 중심점과 각 군집 내 개체들 간의 거리의 제곱합이 최소가 될 때까지 ②와 ③의 과정을 반복합니다.

품종 a인 닭의 몸무게와 하루 평균 사료 섭취량 데이터가 입력된 ch6-3.csv 파일을 불러와서 k-평균 군집 알고리즘을 실습해 보도록 하겠습니다.

```
코딩
실습   > cl <- read.csv("ch6-3.csv", header = TRUE)
       > str(cl)
       'data.frame':     100 obs. of  3 variables:
        $ breeds: Factor w/ 1 level "a": 1 1 1 1 1 1 1 1 1 1 ...
        $ weight: int  2765 2843 2678 2595 2734 2616 2605 2838 2900 2415 ...
        $ food  : int  217 235 207 204 226 197 216 219 237 178 ...
```

데이터 셋은 총 3개의 열과 100개의 행으로 구성되어 있습니다. 품종(breeds) 열은 범주형 문자

(factor) 데이터며 "a" 품종의 데이터만 입력되어 있습니다. 몸무게(weight), 하루 평균 사료 섭취량(food) 열은 모두 연속형 수치(int) 데이터입니다. summary() 함수를 통해 데이터 분포가 어떻게 되는지 확인해 보겠습니다.

```
코딩
실습    > summary(cl)
         breeds    weight          food
         a:100   Min.  :2403    Min.  :178
                 1st Qu.:2551   1st Qu.:197
                 Median :2694   Median :214
                 Mean  :2696    Mean  :213
                 3rd Qu.:2834   3rd Qu.:228
                 Max.  :2999    Max.  :249
```

몸무게가 가장 적은 개체는 2,403g, 가장 많이 나가는 개체는 2,999g으로 596g이나 차이가 나는 것을 확인할 수 있습니다. 그러면 산점도를 통해 하루 평균 사료 섭취량(food)에 따른 몸무게(weight) 데이터가 어떻게 분포되어 있는지 살펴보겠습니다.

```
코딩
실습    > plot(cl$food, cl$weight) # 산점도, x축 food, y축 weight
```

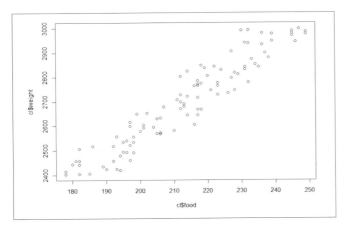

그림 6-22 │
하루 평균 사료 섭취량에 따른 닭의 몸무게
산점도

예상대로 하루 평균 사료 섭취량이 많은 개체의 몸무게가 많이 나간다는 것을 확인할 수 있었습니다. 이 데이터를 이용해 100마리의 닭을 효과적으로 사육하기 위해 3개의 군집으로 나눠보도록 하겠습니다. kmeans() 함수는 별도의 패키지 설치없이 사용 가능하며 kmeans(독립변수, k개수)로 사용할 수 있습니다. 다만, 독립변수는 연속형이어야 하기 때문에 cl 데이터 셋에서 품종(breeds) 열만 제외한 cl[,2:3]으로 입력했습니다. 그리고 cl_kmc 결과를 한 번 살펴보겠습니다.

```
> cl_kmc <- kmeans(cl[,2:3], 3)  # k-means 군집 실시, k=3
> cl_kmc  # 군집분석 결과 확인
K-means clustering with 3 clusters of sizes 37, 29, 34

Cluster means:
    weight     food
1 2503.973 193.7568
2 2913.414 234.2069
3 2718.765 215.7353

Clustering vector:
 [1] 3 2 3 1 3 3 1 2 2 1 1 2 1 3 1 3 1 2 1 2 2 3 2 3 2 3 1 3 2 1 2 1 1 3
[35] 2 2 1 3 2 1 2 2 1 1 1 1 3 3 2 2 1 1 3 3 3 3 3 2 3 1 1 3 2 2 1 2 2
[69] 2 1 1 3 3 1 2 3 1 2 3 1 1 2 1 1 1 1 3 3 3 3 3 1 2 3 3 3 1 1 1 2

Within cluster sum of squares by cluster:
[1] 160475.8 119763.8 115200.7
 (between_SS / total_SS =  87.5 %)

Available components:

[1] "cluster"     "centers"    "totss"      "withinss"
[5] "tot.withinss"  "betweenss"   "size"    "iter"
[9] "ifault"
```

k-평균 군집 결과, 3개의 군집으로 나뉘었고, 각각은 37, 29, 34개의 개체를 포함합니다(순서는 의미가 없습니다. 34, 29, 37로 나올 수도 있고, 29, 34, 37로 나올 수도 있습니다). 첫 번째 군집의 몸무게 평균은 2503.973, 2번째 군집은 2913.414, 3번째 군집은 2718.765입니다. cl_kmc의 객체에는 cluster, centers, size 등 9개가 있으며 여기서 cluster만 별도로 빼서 기존 데이터 셋인 cl에 "cluster"라는 열을 만들어서 입력한 뒤 데이터를 확인해 보겠습니다.

코딩
실습
```
> cl$cluster <- cl_kmc$cluster  # 군집 결과 기존 데이터 셋에 입력
> head(cl)  # 데이터 확인
  breeds weight food cluster
1      a   2765  217       3
2      a   2843  235       2
3      a   2678  207       3
4      a   2595  204       1
5      a   2734  226       3
6      a   2616  197       3
```

3개로 분류한 군집이 "cluster"열에 잘 들어간 것을 확인할 수 있습니다.

이제 이렇게 군집된 결과를 산점도로 그려서 확인해 보겠습니다. 3가지 군집을 구분해서 보기 위해 plot() 함수의 col 옵션에 3가지 색상을 지정하고, 그에 해당하는 그룹인 "cluster"열을 지정했습니다.

코딩
실습
```
# 산점도를 이용해 군집 결과 확인, cluster에 따라 3가지 색상 부여
> plot(cl$food, cl$weight, col = c("red", "blue", "green")[cl$cluster])
```

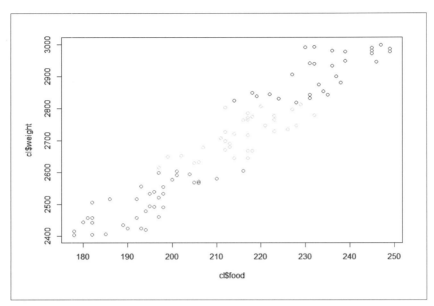

그림 6-23 | 군집 결과를 추가한 산점도

산점도로 봤을 때 3개의 그룹이 하루 평균 섭취 사료량(food)과 몸무게(weight)에 따라 잘 나눠진 것 같습니다. cluster 패키지를 설치하면 clusplot() 함수를 사용할 수 있는데 군집의 범위와 관계를 표시해 주기 때문에 위의 산점도보다 군집을 표시하는 데 더 적합합니다. cluster 패키지를 설치하고, 라이브러리를 불러온 뒤 그래프를 그려보겠습니다.

코딩
실습
```
> install.packages("cluster")  # clusplot 수행을 위한 패키지 설치
> library(cluster)
# clusplot() 함수를 이용해 더 보기 쉽게 군집 표현, col.p 옵션을 통해 군집에 따른 색상 지정
> clusplot(cl[,2:3], cl$cluster, col.p = cl$cluster)
```

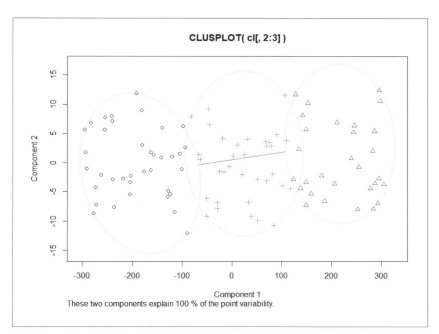

그림 6-24 | clusplot을 이용해 그려본 군집 결과

3개의 군집이 어떻게 분포하고, 군집되었는지 서로 다른 도형과 색깔 그리고 큰 타원의 범위
가 표시되어 확인하기가 좋습니다.

1 분류 알고리즘

종류	필요 패키지	R 함수	데이터 셋 타입		결과	
			독립변수 $(x_1, x_2, ..., x_n)$	종속변수 (y)	모델 형태	예측값
로지스틱 회귀	–	glm()	Data Frame		수식	확률
나이브 베이즈	e1071	naiveBayes()	Data Frame		–	범주
k−최근접 이웃	DMwR2	kNN()	Data Frame		–	범주
의사결정나무	rpart	rpart()	Data Frame		트리	범주
배깅	adabag	bagging()	Data Frame		–	범주
부스팅 (AdaBoost)	adabag	boosting()	Data Frame		–	범주
랜덤 포레스트	randomForest	randomForest()	Data Frame		–	범주
서포트 벡터 머신	e1071	svm()	Data Frame		–	범주
XGBoost	xgboost	xgboost()	Matrix	Vector	–	확률

2 분류 알고리즘의 성능 평가 방법

- 정오분류표(Confusion Matrix) : caret 패키지의 confusionMatrix() 함수를 사용하며 기본적인 정확도 외에도 민감도(재현율)와 특이도의 중요성을 이해하고 있어야 함
- ROC 커브의 AUC : Epi 패키지의 ROC() 함수를 사용하며 AUC가 1에 가까울수록 높은 성능을 가짐

3 분류와 군집의 차이

분류(classification)와 군집(clustering)은 데이터를 그룹화한다는 개념에서는 유사하지만 분류는 라벨링이 되어 있는 데이터를 활용한 지도학습 방법이고, 군집은 라벨링이 되어 있지 않은 데이터를 활용하는 비지도학습 방법이라는 차이가 있음

1   iris 데이터 셋에서 Species열만 별도로 빼서 iris_cl이라는 데이터 프레임을 만들어 보세요. 그리고 열 이름을 act로 바꿔보세요. (다양한 알고리즘을 비교하며 평가하기 위한 데이터 셋입니다.)

    (힌트) as.data.frame() 함수를 이용하면 데이터 프레임 형태로 변환할 수 있습니다.

2   iris 데이터 셋을 이용해 나이브 베이즈, AdaBoost, 랜덤 포레스트, 서포트 벡터 머신 총 4가지 분류 알고리즘으로 예측 모델을 생성해 보세요. (단, iris 데이터 셋을 훈련 및 테스트용 데이터 셋으로 분할하지 않고, 전체를 훈련용으로 사용하세요.)

    (힌트) e1071 패키지를 이용하면 나이브 베이즈, SVM 모델을 생성할 수 있습니다.

3   2번에서 만들어진 예측 모델을 활용해 predict() 함수로 예측값을 생성해 iris_cl 데이터 셋에 각각의 결과를 새로운 열(pred_nb, pred_adab, pred_rf, pred_svm)을 만들어 입력하세요. (단, predict() 함수의 newdata는 편의상 훈련용 데이터와 동일한 iris 데이터 셋을 그대로 사용하세요.)

4   3번에서 만들어진 iris_cl 데이터 셋을 이용해 caret 패키지를 불러와 confusionMatrix() 함수로 정오분류표를 만들고, 모델의 정확도를 비교해 보세요. 어떤 모델의 정확도가 가장 높은가요? 그리고 정확도는 얼마인가요?

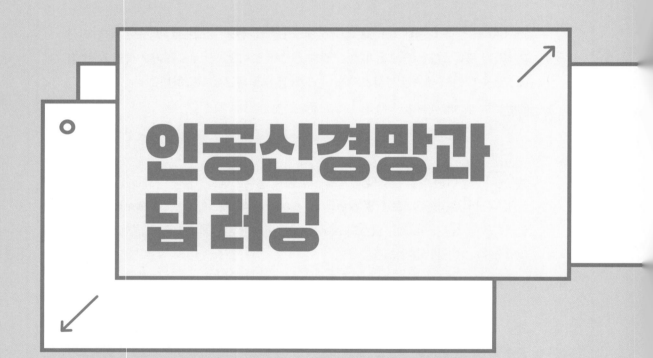

인공신경망과
딥 러닝

이제까지 학습했던 회귀(regression), 분류(classification) 문제 해결을 위한 알고리즘의 연장선으로 인공신경망(Artificial Neural Network)이 있습니다. 인공신경망은 생물학의 신경망에서 영감을 얻은 지도학습 알고리즘입니다. 이런 인공신경망에서 발달된 알고리즘이 바로 그 유명한 딥 러닝입니다. 보편적으로 뛰어난 성능을 보이는 신경망 알고리즘에 대해서 알아보도록 하겠습니다.

분 | 석 | 스 | 토 | 리

CHAPTER

어느덧 병아리가 부화하고, 성장한 지 70일이 지났습니다. 이제 어엿한 닭으로 성장했지만 타사 대비 닭의 발육 상태가 떨어진 것을 확인했습니다. 이에 김 대표는 그 원인을 분석하기 시작했습니다. 그리고 도출한 결론은 종란 무게와 닭으로 성장할 때까지의 누적 사료량 관리가 가장 중요한 변수라고 판단했습니다. 따라서 앞으로 체계적인 닭의 발육관리를 위해 종란 무게 및 누적 사료량에 따른 닭의 몸무게 예측 모델을 개발하기로 했습니다.

성장한 닭의 체중을 예측할 수 있을까? (회귀)

1 인공신경망이란?

우리 몸의 신경세포(Neuron)는 수상 돌기(Dendrite)를 통해 전기적 신호를 입력받아 신호의 강도가 일정 기준을 초과할 때(역치 이상의 자극을 받을 때) 신경세포가 활성화되어 축삭 돌기(Axon)를 통해 신호를 내보냅니다. 이런 중추신경계를 모방하여 만들어진 머신러닝 알고리즘이 인공신경망(Artificial Neural Network)입니다.

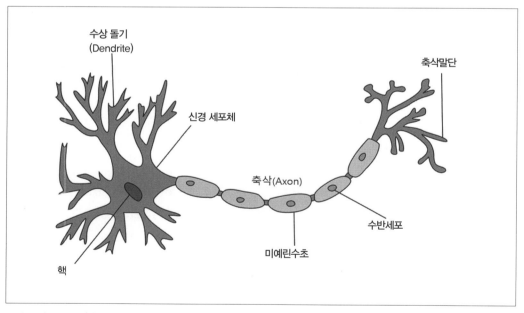

그림 7-1 | 신경세포(출처 : wikipedia)

인공신경망은 퍼셉트론(Perceptron)이라고 불리는 단층 신경망이 좀 더 발전된 구조로 우선 퍼셉트론의 구조에 대해서 간단히 설명하겠습니다.

퍼셉트론은 다양한 독립변수(x_n)를 입력받아 개별 가중치(weight)를 적용하고, 입력값(독립변수)과 가중치를 곱해 합한 값(z)을 계산해 이 값이 임계치(threshold, θ)를 넘어가면 1, 그렇지 않으면 0을 출력(y)하는 활성화 함수(Activation Function)를 갖는 형태를 말합니다.

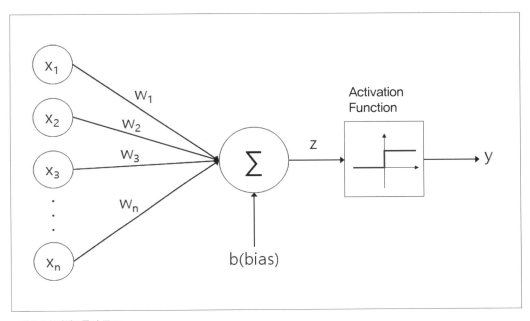

그림 7-2 | 퍼셉트론의 구조

이를 수식으로 나타내면 다음과 같습니다.

$$z = b + \sum_{i=0}^{n} w_i x_i$$

$$y = h(z) = \begin{cases} 1 \ if \ z > \theta, \\ 0 \ otherwise \end{cases}$$

이런 퍼셉트론을 이용하면 논리회로(AND, NAND, OR 등)를 구현할 수 있는데 이를 응용하면 선형 분류 문제를 해결할 수 있습니다.

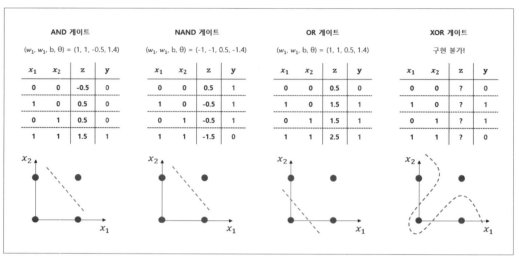

그림 7-3 | 단층 퍼셉트론을 이용한 논리회로 구현

한때 한 층의 퍼셉트론으로는 비선형 분류(XOR) 문제 해결이 불가함이 증명되면서 신경망 연구에 대한 관심이 사그라들었습니다. 하지만 이후 다층 퍼셉트론(MLP, Multi Layer Perceptron)을 이용하면 XOR 게이트 구현이 가능함이 증명되면서 다시 주목받게 되었고, 비선형 분류 문제에 이용할 수 있게 되었습니다.

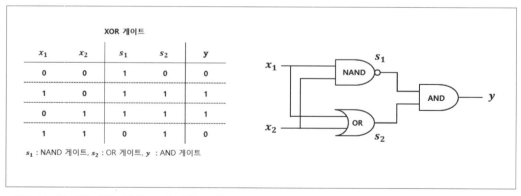

그림 7-4 | 다층 퍼셉트론을 이용한 XOR 논리회로 구현

그림 7-5는 다층 퍼셉트론으로 인공신경망의 대표적인 형태입니다.

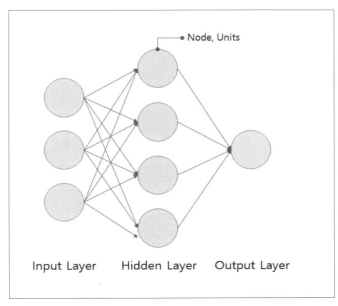

그림 7-5 | 인공신경망의 구조

입력층(Input Layer)과 출력층(Output Layer) 사이에 은닉층(Hidden Layer)을 두면서 비선형 분류 문제를 해결할 수는 있게 되었지만 은닉층이 늘어날수록 학습에 어려운 문제가 발생했습니다. 이 문제를 순방향(Feed Forward) 연산 후 예측값과 실제 값 사이의 오차를 다시 후방으로 보내 가중치를 보정하는 오차 역전파(Error Backpropagation) 알고리즘으로 해결할 수 있었습니다. 오차 역전파 알고리즘에서 최적의 가중치를 찾는 대표적인 방법으로는 XGBoost에서 설명한 경사 하강법(Gradient Descent)이 있습니다.

② 데이터 확인 및 분할하기

성장한 닭의 몸무게(weight), 종란 무게(egg_weight), 누적 사료량(acc_food) 데이터가 포함된 ch7-1.csv 파일을 불러와서 확인해 보겠습니다.

```
코딩
실습   > w <- read.csv("ch7-1.csv", header = TRUE)
       > head(w)
         egg_weight acc_food weight
       1       69     10602   4128
       2       76     10640   4104
       3       76     10898   4119
       4       71     10384   4127
       5       71     10709   4112
       6       72     10768   4124
       > str(w)
       'data.frame':     300 obs. of 3 variables:
        $ egg_weight: int  69 76 76 71 71 72 61 69 64 52 ...
        $ acc_food  : int  10602 10640 10898 10384 10709 10768 10077 10574 10256
       9722 ...
        $ weight    : int  4128 4104 4119 4127 4112 4124 4093 4114 4104 4055 ...
```

총 3개의 열(변수)과 300개의 행으로 구성되어 있습니다. 모든 열은 숫자로 구성된 데이터 프레임으로 8:2로 훈련용과 테스트용 데이터 셋을 나눠서 진행하도록 하겠습니다. 데이터 셋을 무작위로 분할하기 위해서 sample() 함수를 이용해 무작위로 w 데이터 셋의 행 길이(nrow) 80%를 사용하는 인덱스를 만들고, 이를 이용해 r_train, r_test 데이터 셋을 만들어 보도록 하겠습니다.

```
코딩
실습   # ind라는 인덱스를 무작위로 만들어 8:2로 훈련, 테스트 셋 분할
       > ind <- sample(1:nrow(w), nrow(w)*0.8, replace =F)
       > r_train <- w[ind,]   # 80%의 데이터를 훈련 셋으로 분할
       > r_test <- w[-ind,]   # 나머지 데이터를 테스트 셋으로 분할
       > head(r_train)
         egg_weight acc_food weight
       132       63     10208   4096
       128       71     10540   4134
```

284	79	10791	4092
256	80	10832	4096
39	63	10246	4115
112	64	10268	4110

head() 함수를 통해 train_r 데이터 셋을 확인해 본 결과, 무작위로 잘 나눠진 것 같습니다.

③ 상관계수 확인 및 간단한 신경망 구현 ───────────

상관분석을 통해 닭의 몸무게(weight)와 나머지 독립변수들의 상관계수를 파악해 유의한 인자인지 확인해 보겠습니다.

```
코딩
실습    > cor(r_train) # 상관분석을 통해 유의한 인자인지 확인

                    egg_weight  acc_food   weight
       egg_weight  1.0000000  0.9428174  0.7754549
       acc_food    0.9428174  1.0000000  0.7873956
       weight      0.7754549  0.7873956  1.0000000
```

닭의 몸무게와 나머지 변수들의 상관계수가 0.78, 0.79 수준으로 매우 높습니다(데이터 셋의 경우 무작위로 80%가 선택되기 때문에 상관계수 결과가 위와 다를 수 있음). 산점도를 그려서 어떤 관계를 갖는지 확인해 보겠습니다.

```
코딩
실습    > plot(r_train) # 훈련용 데이터 셋 산점도 그리기
```

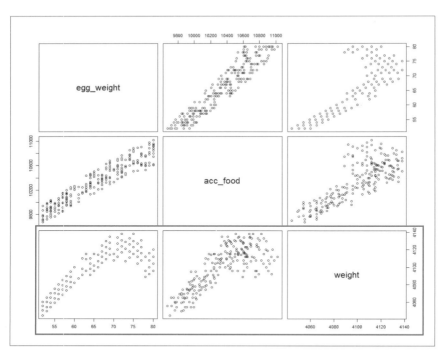

그림 7-6 | 훈련용 데이터 셋 산점도

산점도로 그려보니 종란 무게(egg_weight)와 누적 사료량(acc_food)은 닭의 몸무게(weight)와 선형으로 비례하다 특정 구간에서 더 이상 비례하지 않고 꺾이는 것을 확인할 수 있습니다. 아마도 종란 무게나 누적 사료량이 많더라도 최종 성장한 닭의 몸무게가 계속해서 느는 것이 아니기 때문인 것 같습니다.

이 두 가지 독립변수를 모두 활용해 은닉층이 하나인 간단한 신경망을 nnet() 함수를 이용해 구현하기 위해 패키지를 설치하고 불러오겠습니다.

코딩
실습
```
> install.packages("nnet")   # 간단한 신경망 구현을 위한 패키지 설치
> library(nnet)
```

nnet() 함수를 다음과 같이 작성하고 실행해 보겠습니다. 이 경우 설정할 수 있는 하이퍼 파라미터가 많지만 우선 따라해 보기를 바랍니다.

```
# nnet( ) 함수 활용 은닉층 하나의 간단한 신경망 구현
> r_nn <- nnet(weight~., data = r_train, size = 3 , decay = 5e-4,
+                  ,rang = 0.1, maxit = 500, linout = TRUE)
# weights:  13
initial  value 4033266201.169318
final  value 154405.865140
converged
> summary(r_nn)  # 모델 확인
a 2-3-1 network with 13 weights
options were - linear output units  decay=5e-04
 b->h1  i1->h1  i2->h1
 -0.07  -0.05   0.07
 b->h2  i1->h2  i2->h2
 -0.05  -0.07  -0.02
 b->h3  i1->h3  i2->h3
 -0.07  -0.07  -0.03
  b->o    h1->o   h2->o   h3->o
2049.64 2049.66  0.08  0.05
```

nnet() 함수에서 사용하는 다양한 하이퍼 파라미터에 대해 간략히 설명하면 size는 은닉층의
노드 수, decay는 가중치 감소, rang은 초기 임의 가중치, maxit는 반복 횟수, linout은 TRUE
면 회귀, FALSE면 분류 형태의 출력을 의미합니다. 이런 정보는 도움말(?nnet)을 이용해 찾아
볼 수 있습니다.

summary() 함수를 통해 모델을 확인해 보면 2-3-1 형태의 신경망 구조를 가지며, 그 아래에는
가중치에 대해 보여주고 있습니다. b는 bias(편향, 절편), i1, i2는 각각 입력층 노드 1, 2(독립변수 1,
2), h1, h2, h3은 각각 은닉층의 1, 2, 3번째 노드, o는 출력층을 나타냅니다.

이제 predict() 함수를 이용해 테스트용 데이터 셋(r_test)으로 예측값을 생성해 보겠습니다. 이
전에 r_test 데이터 셋은 이후에 다시 사용할 예정이므로 test라는 데이터 셋을 만들어서 복사
해 놓겠습니다.

```
코딩
실습    # r_test 데이터 셋을 이후에 쓸 예정으로 성능 평가를 위한 test 데이터 셋 만들기
       > test <- r_test
       > test$pred <- predict(r_nn, newdata = r_test)  # 신경망 모델을 이용해 예측값 생성
       > head(test)  # 데이터 확인
           egg_weight acc_food weight   pred
       11      71       10512    4120   4099.3
       21      77       10803    4131   4099.3
       22      72       10494    4131   4099.3
       28      63       10271    4096   4099.3
       49      68       10394    4109   4099.3
       58      55        9910    4075   4099.3
```

head() 함수를 이용해 예측값(test$pred)을 확인해 봤는데 6개의 값이 모두 같습니다(이 예측값은
모델을 만들 때마다 달라짐). 산점도를 그려서 한 번 확인해 보겠습니다.

```
코딩
실습    > plot(test)  # 산점도 확인
```

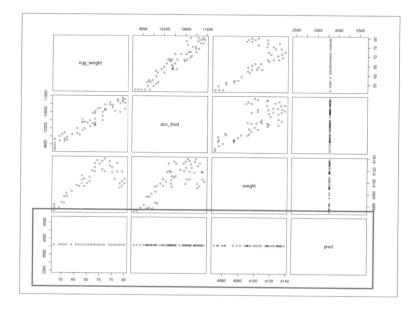

그림 7-7 |
예측값을 포함한 테스트용
데이터 셋 산점도

예측값이 독립변수에 관계없이 하나의 값을 나타냄을 확인할 수 있습니다. 이렇게 된 이유는 결국 학습을 통해 가중치(weight)와 절편(bias)이 제대로 만들어지지 않았기 때문입니다. 이런 경우에는 동일한 조건으로 모델을 계속 만들다 보면 운 좋게(?) 제대로 동작하는 신경망 모델이 만들어질 수도 있습니다. 하지만 이 방법보다는 가중치와 편향이 빠르고, 쉽게 최적값을 찾을 수 있도록 독립변수를 스케일링(Scaling)하는 편이 좋습니다. Chapter 3에서 설명한 스케일링 방법 중 최솟값을 0, 최댓값을 1로 변환하는 Normalization을 실시해서 신경망 모델을 다시 만들어 보겠습니다.

잠깐만요

스케일링 계산식

스케일링 방법에 따른 계산식은 다음과 같습니다.

Normalization	Standard Scaling	Robust Scaling
$x_{scale} = \dfrac{x - x_{min}}{x_{max} - x_{min}}$	$x_{scale} = \dfrac{x - \mu}{\sigma}$	$x_{scale} = \dfrac{x - median}{IQR}$

caret 패키지를 이용하면 preProcess() 함수를 사용할 수 있게 되는데 이 함수를 통해 스케일링을 할 수 있습니다. 라이브러리를 불러와서 스케일링을 해보도록 하겠습니다. 여기서 중요한 부분은 독립변수만 별도로 분리한 데이터 셋을 만들어 Normalization을 해야 하는 것입니다. 종속변수까지 Normalization하지 않도록 주의하기를 바랍니다.

코딩 실습

```
> library(caret)
# preProcess() 함수에서 method를 range로 지정하면 Normalization 가능
> nor <- preProcess(w[,1:2], method="range")
# predict() 함수를 이용해 r_train 데이터의 독립변수를 Normalization 실시
> r_x_train <- predict(nor, r_train[,1:2])
> summary(r_x_train)  # Normalization 결과 확인
      egg_weight      acc_food
```

```
Min.   :0.0000     Min.   :0.0000
1st Qu.:0.2143     1st Qu.:0.2922
Median :0.4821     Median :0.5073
Mean   :0.4893     Mean   :0.5047
3rd Qu.:0.7143     3rd Qu.:0.7089
Max.   :1.0000     Max.   :1.0000
# predict() 함수를 이용해 r_test 데이터의 독립변수를 Normalization 실시
> r_x_test <- predict(nor, r_test[,1:2])
> summary(r_x_test)  # Normalization 결과 확인
     egg_weight         acc_food
Min.   :0.0000     Min.   :0.03812
1st Qu.:0.2143     1st Qu.:0.26466
Median :0.5357     Median :0.53812
Mean   :0.5202     Mean   :0.51279
3rd Qu.:0.7589     3rd Qu.:0.67577
Max.   :1.0000     Max.   :0.95674
```

Normalization 결과를 summary() 함수를 통해 확인해 본 결과, 최솟값(Min)과 최댓값(Max)이 0, 1 또는 그에 가까운 값으로 잘 변환된 것을 확인할 수 있습니다.

이제 변환된 독립변수 데이터 셋과 기존의 종속변수를 cbind() 함수를 이용해 열을 기준으로 합쳐서 하나의 데이터 셋을 만들도록 하겠습니다. train, test 데이터 셋 모두 수행하겠습니다. 그리고 names() 함수를 통해 3번째 종속변수 열 이름을 기존과 같이 "weight"로 변환하겠습니다.

코딩
실습

```
# Normalization시킨 r_x_train 데이터 셋과 기존 종속변수를 열 병합 실시
> r_n_train <- cbind(r_x_train, r_train[,3])
> names(r_n_train)[3] <- "weight"  # 합쳐진 데이터 셋의 3번째 열 이름을 weight로 변경
# Normalization시킨 r_x_test 데이터 셋과 기존 종속변수를 열 병합 실시
> r_n_test <- cbind(r_x_test, r_test[,3])
> names(r_n_test)[3] <- "weight"  # 합쳐진 데이터 셋의 3번째 열 이름을 weight로 변경
```

head() 함수를 통해 합쳐진 r_n_train 데이터 셋을 확인해 보겠습니다.

```
> head(r_n_train)
      egg_weight  acc_food   weight
132   0.3928571   0.4017595   4096
128   0.6785714   0.6451613   4134
284   0.9642857   0.8291789   4092
256   1.0000000   0.8592375   4096
39    0.3928571   0.4296188   4115
112   0.4285714   0.4457478   4110
```

종속변수인 "weight"열을 제외하곤 데이터가 0~1 사이의 값으로 변환된 것을 확인할 수 있습니다.

이제 기존에 활용했던 nnet() 함수로 같은 하이퍼 파라미터를 두고 모델을 생성해 보도록 하겠습니다.

```
# nnet( ) 함수 활용 간단한 신경망 구현
> r_nn_s <- nnet(weight~., data = r_n_train, size = 3, decay = 5e-4,
+                ,rang = 0.1, maxit = 500, linout = TRUE)
# weights:  13
initial  value 4033179059.513801
iter  10 value 72127.854919
iter  20 value 66084.995446
iter  30 value 65285.377040
...( 중략 )...
iter 180 value 20713.268047
iter 190 value 20708.989385
iter 200 value 20703.821317
final  value 20703.093599
converged
```

```
> summary(r_nn_s)
a 2-3-1 network with 13 weights
options were - linear output units  decay=5e-04
 b->h1  i1->h1  i2->h1
  2.33    0.78    0.09
 b->h2  i1->h2  i2->h2
 12.08  -15.63    1.89
 b->h3  i1->h3  i2->h3
-11.47   -5.85   -5.36
  b->o   h1->o    h2->o  h3->o
2029.94 2150.02 59.87  -5.28
```

nnet() 함수 실행 결과, Normalization을 실시하기 전과 다르게 iter라는 문자가 보이고, summary() 함수를 통해 신경망의 가중치를 보더라도 그 전의 결과와 매우 다른 것을 확인할 수 있습니다. 이제 predict() 함수를 이용해 예측값을 생성해 보도록 하겠습니다.

코딩
실습
```
# 신경망 모델을 이용해 예측값 생성
> r_n_test$pred <- predict(r_nn_s, newdata = r_n_test)
> head(r_n_test)
   egg_weight acc_food   weight  pred
11  0.6785714 0.6246334  4120  4125.393
21  0.8928571 0.8379765  4131  4112.889
22  0.7142857 0.6114370  4131  4125.379
28  0.3928571 0.4479472  4096  4101.504
49  0.5714286 0.5381232  4109  4118.492
58  0.1071429 0.1832845  4075  4066.197
```

r_n_test 데이터 셋에 "pred"라는 열을 만들고, r_nn_s 모델을 통해 예측값을 생성한 뒤 head() 함수를 이용해 확인해 본 결과, Normalization을 실시하기 전과 다르게 하나의 값이 아닌 서

로 다른 값이 예측됨을 확인할 수 있습니다.

④ 회귀모델의 성능 평가

회귀모델의 성능을 평가하는 방법에는 앞서 선형 회귀분석에서 설명한 결정계수(R-squared, R^2)가 있으며 다른 성능 평가 지표로 오차(Error)가 있습니다. 오차를 계산하는 방법은 다양하며 오차 값이 작으면 작을수록 모델의 성능이 뛰어남을 나타냅니다. 1에 최대한 가까울수록 높은 성능을 내는 결정계수와는 반대 개념입니다.

지표명	계산식 (y_i : 실제 값, $\hat{y}_i$: 예측값, $\bar{y}$: 평균값)	내용
R^2	$$\frac{SSR}{SST} = \frac{\sum_{i=1}^{n}(\hat{y}_i - \bar{y})^2}{\sum_{i=1}^{n}(y_i - \bar{y})^2}$$	결정계수, 회귀제곱합(Sum of Squares Regression)을 총제곱합(Total Sum of Squared)으로 나눈 값
MSE	$$\frac{1}{n}\sum_{i=1}^{n}(y_i - \hat{y}_i)^2$$	Mean Squared Error(평균제곱오차), 이상치에 민감함
MAE	$$\frac{1}{n}\sum_{i=1}^{n}(|y_i - \hat{y}_i|)$$	Mean Absolute Error(평균절대오차), MSE 대비 이상치에 덜 민감함
RMSE	$$\sqrt{\frac{1}{n}\sum_{i=1}^{n}(y_i - \hat{y}_i)^2}$$	Root Mean Squared Error(MSE에 Root를 씌운 값), 크기에 의존적이라 값이 크면 오차도 커짐
MAPE	$$\frac{100}{n}\sum_{i=1}^{n}\left|\frac{y_i - \hat{y}_i}{y_i}\right|$$	Mean Absolute Percentage Error(평균절대백분율오차), 백분율로 표시해 크기에 의존적이지 않음

표 7-1 | 대표적인 회귀모델의 성능 평가 지표

분류 모델의 경우 성능 평가를 위해 정오분류표(Confusion Matrix)를 사용했고, 이때 caret 패키지를 이용해 쉽게 정오분류표를 그릴 수 있었습니다. 회귀모델의 성능 평가에도 caret 패키지를 이용하면 R^2, RMSE, MAE를 쉽게 구할 수 있습니다. 라이브러리를 불러온 뒤 각각의 성능 지표를 계산해 보겠습니다. 함수 사용법은 R2(예측값, 실제 값) 형태입니다.

```
코딩
실습    > library(caret)  # 회귀모델 성능 평가를 위해 caret 패키지 불러오기
        > R2(r_n_test$pred, r_n_test$weight)  # R2 계산
             [,1]
        [1,] 0.8472995
        > RMSE(r_n_test$pred, r_n_test$weight)  # RMSE 계산
        [1] 8.741978
        > MAE(r_n_test$pred, r_n_test$weight)  # MAE 계산
        [1] 7.399814
```

R^2가 0.85, RMSE가 8.74, MAE가 7.40으로 나왔습니다. R^2의 경우 1에 가까울수록 성능이 좋기 때문에 0.85 정도면 높은 수준이라는 것을 알 수 있지만 나머지 오차 지표인 RMSE나 MAE의 경우 해당 값만 보고는 성능을 평가하기가 어렵습니다. 이렇게 오차를 이용한 성능 지표의 경우는 다양한 분석 방법이나 하이퍼 파라미터를 적용해 서로 다른 예측 모델의 성능을 상대적으로 비교할 때 적합한 지표입니다.

은닉층이 하나인 기본적인 인공신경망으로도 종란 무게와 누적 사료량에 따른 닭의 몸무게 변화를 0.85의 높은 R^2로 설명 가능함을 확인할 수 있습니다. 최적해를 찾아가는 인공신경망의 특성상 학습하는 경우마다 결과가 근소하게 다를 수 있습니다. 따라서 당연히 책과 실습하는 결과가 다를 수 있습니다. 이제 2개 이상의 은닉층을 갖는 딥 러닝을 통해 예측 정확도를 더 높일 수 있는지 시도해 보겠습니다.

5 딥 러닝이란?

딥 러닝(Deep Learning)은 머신러닝의 한 분야로 다층구조 형태의 신경망을 뜻합니다. 여기서 딥(deep)은 모델의 깊이를 의미하기 때문에 인공신경망에서 은닉층이 여러 개인 것으로 이해하면 큰 무리가 없습니다.

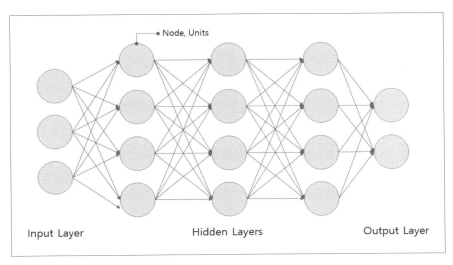

그림 7-8 | 딥 러닝의 구조

딥 러닝은 회귀, 분류 문제 모두에 사용될 수 있으며 특히 이미지 분류, 목소리 인식, 자연어 처리 분야에서 뛰어난 성능을 자랑하고 있습니다. 딥 러닝은 기존의 머신러닝 방법들에 비해 데이터의 양이 많으면 많을수록 성능이 향상되는 특징이 있기 때문에 빅데이터 시대에 더 주목받고 있습니다.

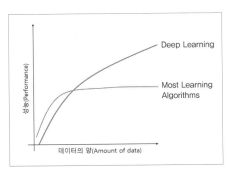

그림 7-9 | 데이터의 양에 따른 성능 변화

딥 러닝 알고리즘은 다양하지만 그중에서도 DNN(Deep Neural Network), CNN(Convolutional Neural Network), RNN(Recurrent Neural Network)이 가장 유명합니다. DNN은 주로 회귀, CNN은 분류, RNN은 필기 인식이나 음성 인식과 같이 앞뒤 순서가 있는 데이터의 분석에 활용됩니다. R에서 딥 러닝을 구현할 수 있는 대표적인 라이브러리는 Tensorflow, Keras, H2O가 있습니다. 모델링 난이도는 H2O가 가장 쉽고, 그 다음이 Keras, Tensorflow입니다. 모델링이 쉽다고 해서 성능이 엄청나게 떨어지는 것이 아닙니다. 모델링의 자유도 측면에서는 Tensorflow가 가장 뛰어나지만 그만큼 전문지식 없이는 다루기가 어렵습니다. 이 책에서 딥 러닝 실습은 H2O와 Keras 라이브러리를 이용해 보도록 하겠습니다.

잠깐만요

GPU 사용을 위한 설정

딥 러닝을 구현하기 위해서는 컴퓨터에 GTX 1060 이상급의 GPU를 가진 그래픽 카드가 있으면 빠른 속도의 연산이 가능합니다. 하지만 이 책에서 실습하는 수준에서는 CPU만으로도 충분합니다. 그리고 GPU 사용을 위해서는 별도로 프로그램(CUDA Toolkit)을 설치하고, 설정(cuDNN 다운로드 및 압축해제)해 줘야 하는 부분들이 있는데 이 책에서는 CPU만으로 구현을 할 것이기 때문에 이 부분은 생략하도록 하겠습니다. 궁금하다면 필자의 블로그(https://datawithnosense.tistory.com/22)에 방법을 포스팅했으니 따라해 보면 됩니다.

🔟 H2O 활용 딥 러닝 구현(회귀)

H2O 라이브러리는 자바(Java)를 기반으로 하는 Open Source 딥 러닝 라이브러리입니다. 뒤에서 실습을 통해 확인이 되겠지만 H2O의 경우 Keras보다도 짧은 코드로 뛰어난 성능의 딥 러닝 모델을 만드는 것이 가능합니다. 다만, DNN 이외의 구조(CNN, RNN 등)를 지니는 모델은 생성할 수 없다는 단점이 있습니다.

H2O 라이브러리 사용을 위해서는 자바 설치가 필수입니다. 따라서 PC에 자바가 설치되어 있지 않다면 자바를 먼저 설치해야 합니다. 자바는 https://java.com/ko/download/ 사이트에서 무료로 다운받아 설치할 수 있습니다.

그림 7-10 | 자바 설치 사이트

이제 앞서 실습했던 데이터를 그대로 이용해 종란 무게와 누적 사료량 데이터로 닭의 몸무게를 예측할 수 있는 딥 러닝 모델을 만들어 보도록 하겠습니다.

H2O 패키지를 설치하고, 라이브러리를 불러온 뒤 h2o.init() 함수를 통해 해당 라이브러리를 기동시키겠습니다.

코딩
실습
```
> install.packages("h2o")  # h2o 패키지 설치
> library(h2o)  # h2o 라이브러리 불러오기
> h2o.init()  # h2o 라이브러리 기동
 Connection successful!
```

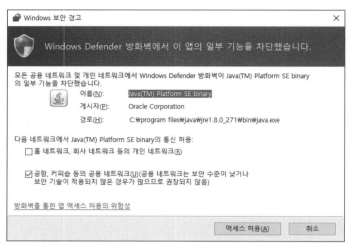

그림 7-11 | h2o.init() 실행 시 발생할 수 있는 Windows 보안 경고

h2o.init()을 실행시키면 Windows 환경에서 그림 7-11과 같이 보안 경고창이 나타날 수 있습니다. 이때는 "액세스 허용"을 선택해 줘야 정상적으로 실행이 됩니다. 정상적으로 기동되었으면 "Connection successful!"이라는 메시지가 나타납니다. 이제 앞서 w 데이터 셋에서 8:2로 랜덤하게 분할한 r_train, r_test 데이터 셋을 이용하겠습니다. H2O 라이브러리를 이용하기 위해서는 해당 데이터 셋을 H2OFrame이라는 전용 데이터 프레임으로 변환해야 합니다. as.h2o() 함수를 이용해 데이터 형태를 변환하고 확인해 보겠습니다.

```
코딩
실습    > hf_r_train <- as.h2o(r_train)  # H2O 전용 데이터 프레임 형태로 변환

        |===================================================| 100%
        > hf_r_test <- as.h2o(r_test)  # H2O 전용 데이터 프레임 형태로 변환

        |===================================================| 100%
        > head(hf_r_train)  # hf_r_train 데이터 확인
          egg_weight   acc_food   weight
        1      74        10708     4133
        2      52         9836     4060
        3      52         9774     4055
        4      69        10547     4135
```

```
5       66        10208      4114
6       74        10782      4133
```

> str(hf_r_train) # 데이터 형태 확인
Class 'H2OFrame' <environment: 0x000001c73238f330>
 - attr(*, "op")= chr "Parse"
 - attr(*, "id")= chr "r_train_sid_bd48_1"
 - attr(*, "eval")= logi FALSE
 - attr(*, "nrow")= int 240
 - attr(*, "ncol")= int 3
 - attr(*, "types")=List of 3
 ..$: chr "int"
 ..$: chr "int"
 ..$: chr "int"
 - attr(*, "data")='data.frame':   10 obs. of 3 variables:
 ..$ egg_weight: num 74 52 52 69 66 74 52 52 64 79
 ..$ acc_food : num 10708 9836 9774 10547 10208 ...
 ..$ weight : num 4133 4060 4055 4135 4114 ...

head() 함수를 통해 데이터를 확인해 봤을 때는 일반적인 데이터 프레임 형태와 결과가 동일하게 표시되었지만 str() 함수를 통해 확인했을 때는 H2OFrame이라는 Class로 변경되었음을 확인할 수 있습니다.

이제 hf_r_train 데이터 셋과 h2o.deeplearning() 함수를 이용해 은닉층이 2개인 심층 신경망(DNN)을 구축해 보도록 하겠습니다.

코딩
실습
```
# hf_r_train 데이터 셋 활용 노드가 3개씩인 2개의 은닉층을 가진 DNN 구축
> fit <- h2o.deeplearning(x = 1:2, y = 3, training_frame = hf_r_train,
+                         hidden = c(3, 3), epochs = 200,
+                         standardize = TRUE)
  |=============================================================| 100%
```

종란 무게(egg_weight)와 누적 사료량(acc_food) 데이터가 독립변수(x)기 때문에 1:2열을 지정했고, 닭의 몸무게(weight)가 종속변수(y)기 때문에 3을 지정했습니다. hidden = c(3, 3)은 3개의 노드를 갖는 은닉층을 2개 층으로 만든다는 옵션입니다. epochs는 학습 횟수를 의미합니다. 학습 횟수가 너무 많으면 과적합될 수 있고, 반대로 너무 적으면 예측 성능이 떨어질 수 있습니다. 우선 200번을 실시해 보겠습니다.

잠깐만요

과적합

과적합(overfitting)은 머신러닝에서 학습 데이터를 과하게 학습하는 것을 뜻합니다. 학습 데이터에서는 예측값과 실제 값의 잔차가 작지만 실제 데이터에 모델을 적용했을 때 잔차가 증가하는 경우를 과적합했다고 합니다. 이런 경우는 주로 딥 러닝에서 데이터량 대비 학습 횟수나 은닉층 수가 많을 때 발생합니다. 비선형 회귀분석을 실시하는 경우에는 독립변수의 차수를 높이면 R^2가 높아지는 경우가 많지만 실제 데이터에서도 그런 성능을 유지한다는 보장이 없습니다. 따라서 보통은 4차 이상으로 독립변수의 차수를 높이지 않습니다.

그림 7-12 | 과소적합(underfitting), 적합(balanced), 과적합(overfitting)

마지막으로 standardize는 Standard Scaling을 실시할 수 있는 옵션입니다. 앞서 nnet() 라이브러리를 사용했을 때도 데이터 Normalization을 실시했는데 H2O 라이브러리를 이용할 때는 Normalization 이전의 데이터 셋을 활용하고 있습니다. 바로 간단한 옵션만으로도 스케일링이 가능하기 때문입니다. summary() 함수를 이용해 모델을 확인해 보겠습니다.

```
> summary(fit)
Model Details:

==============


H2ORegressionModel: deeplearning
Model Key:  DeepLearning_model_R_1612014809219_4
Status of Neuron Layers: predicting weight, regression, gaussian distribution,
Quadratic loss, 25 weights/biases, 3.7 KB, 48,000 training samples, mini-batch size
1
```

layer	units	type	dropout	l1	l2	mean_rate	rate_rms
1	1	2	Input	0.00 %	NA	NA	NA	NA
2	2	3	Rectifier	0.00 %	0.000000	0.000000	0.002415	0.001062
3	3	3	Rectifier	0.00 %	0.000000	0.000000	0.001638	0.001007
4	4	1	Linear	NA	0.000000	0.000000	0.006012	0.007093

	momentum	mean_weight	weight_rms	mean_bias	bias_rms
1	NA	NA	NA	NA	NA
2	0.000000	0.116540	0.639743	0.431155	0.039649
3	0.000000	-0.377675	0.513225	1.049852	0.269172
4	0.000000	-0.109803	0.942545	0.214136	0.000000

```
H2ORegressionMetrics: deeplearning
** Reported on training data. **
** Metrics reported on full training frame **


MSE:  72.73964
RMSE:  8.528754
MAE:  7.063753
RMSLE:  0.002075922
Mean Residual Deviance :  72.73964
```

별도 옵션을 지정하지 않았는데도 저절로 H2ORegressionModel이 만들어졌습니다. 위에서
만들어진 신경망 형태를 그림으로 나타내면 다음과 같습니다.

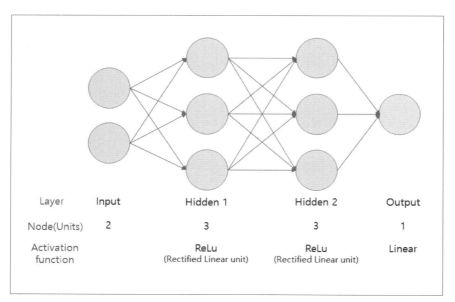

그림 7-13 | H2O로 구축한 DNN

은닉층의 경우 별도로 지정하지 않았는데도 활성화 함수(Activation Function)가 ReLu(Retified Linear Unit)로 지정되었음을 확인할 수 있습니다. ReLu 함수는 딥 러닝에서 활용되는 가장 대표적인 활성화 함수로 입력값이 0보다 작으면 0을 출력하고, 0보다 크면 입력값 그대로 출력하는 함수입니다. 수식과 그래프로 나타내면 다음과 같습니다.

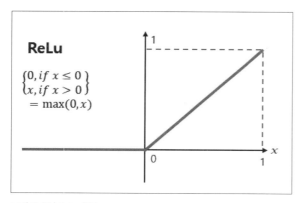

그림 7-14 | ReLu 함수

활성화 함수의 종류

ReLu 외에도 다양한 활성화 함수들이 있습니다. 로지스틱 회귀분석에서 설명한 로지스틱 함수의 경우 시그모이드(Sigmoid) 함수라고도 하며 자주 사용되는 활성화 함수 중의 하나입니다. 그 외에도 다양한 함수들이 존재하니 다음 그림을 참고하기를 바랍니다.

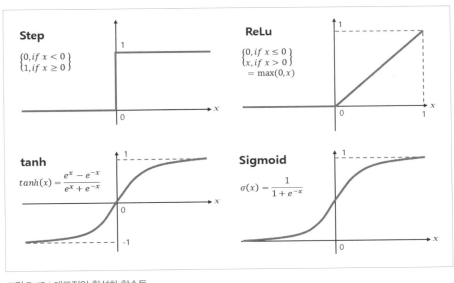

그림 7-15 | 대표적인 활성화 함수들

모델의 성능 지표로 MSE, RMSE, MAE, RMSLE(Root Mean Squared Log Error)까지 출력이 되었습니다. 이제 **hf_r_test** 데이터 셋을 이용해 만들어진 모델(fit)로 예측값을 생성해 모델의 성능을 평가해 보도록 하겠습니다. 모델로 만들어진 예측값의 경우도 H2OFrame 형태기 때문에 caret 라이브러리를 이용한 성능 평가를 위해서는 일반 데이터 프레임으로 변환이 필요합니다. 이후에는 지금까지 해왔던 방식과 동일하게 R2(), RMSE(), MAE() 함수를 이용해 평가하면 됩니다.

코딩
실습

```
# hf_r_test 데이터 셋과 fit 모델을 이용해 만든 예측값을 r_pred에 입력
> r_pred <- h2o.predict(fit, newdata = hf_r_test)
  |===============================================| 100%
> class(r_pred)
[1] "H2OFrame"
# r_pred를 데이터 프레임으로 변환
> df_r_pred <- as.data.frame(r_pred)
> class(df_r_pred)
[1] "data.frame"
> library(caret)  # 성능 평가를 위해 caret 라이브러리 불러오기
> R2(df_r_pred$predict, r_test$weight)   # R2
[1] 0.8907112
> RMSE(df_r_pred$predict, r_test$weight)  # RMSE
[1] 8.421079
> MAE(df_r_pred$predict, r_test$weight)  # MAE
[1] 7.072726
```

R^2가 0.89로 은닉층이 하나일 때보다 4%나 향상되었습니다. RMSE, MAE도 조금씩 낮아졌습니다. nnet() 함수를 이용한 인공신경망 구축 사례보다 데이터 스케일링 과정이 빠지면서 오히려 더 짧은 코드로 뛰어난 성능의 모델을 만들 수 있었습니다.

분 | 석 | 스 | 토 | 리

김 대표는 딥 러닝을 통해 종란 무게와 누적 사료량 데이터만으로 성장한 닭의 몸무게를 R^2 0.89로 예측할 수 있는 혁신적인 모델을 개발할 수 있었습니다. 앞으로 이 모델을 활용해 체계적인 종란관리와 사료 제공으로 다른 농장에 뒤지지 않는 뛰어난 발육상태를 가진 육계를 키울 수 있을 것으로 기대됩니다.

딥 러닝을 이용해 병아리의 품종을 다시 구분해 보자! (분류)

1 Keras 활용 딥 러닝 구현(분류)

회귀 사례가 아닌 Chapter 6에서 활용했던 품종 데이터를 이용해 분류 사례에 딥 러닝을 적용해 보도록 하겠습니다.

Keras는 딥 러닝 라이브러리 중에서 가장 인기 있는 라이브러리로 사용법이 쉽고, 성능이 우수합니다. 구글에서 만든 Tensorflow 라이브러리까지 통합되어 있습니다. 게다가 R뿐만 아니라 Python에서도 사용할 수 있습니다.

일반적으로 딥 러닝 모델을 구현하고 예측하는 과정은 다음과 같습니다. 다음 순서대로 진행해 보도록 하겠습니다.

그림 7-16 | 딥 러닝 모델 구축 과정

Keras 패키지를 설치하고, 라이브러리를 불러오겠습니다. Tensorflow 패키지도 함께 설치하겠습니다(One-Hot Encoding을 위해 Tensorflow가 설치되어 있어야 합니다).

```
코딩
실습   > install.packages("keras")  # keras 패키지 설치

       > install.packages("tensorflow")  # tensorflow 패키지 설치

       > library(keras)  # keras 라이브러리 불러오기

       > install_keras()  # keras 설치

       > library(tensorflow)  # tensorflow 라이브러리 불러오기

       > install_tensorflow()  # tensorflow 설치
```

Chpater 6에서 사용한 데이터 셋을 불러와서 데이터(x)와 라벨(y)로 분할하겠습니다.

```
코딩
실습   # 데이터 불러오기

       > c_train <- read.csv("ch6-2_train.csv", header = TRUE)

       > c_test <- read.csv("ch6-2_test.csv", header = TRUE)


       > c_x_train <- c_train[,1:3]  # 훈련용 데이터 셋 만들기

       > c_y_train <- c_train[,4]  # 훈련용 라벨 만들기, vector 타입

       > c_x_test <- c_test[,1:3]  # 테스트용 데이터 셋 만들기

       > c_y_test <- c_test[,4]  # 테스트용 라벨 만들기, vector 타입
```

독립변수 데이터 셋을 caret 패키지를 이용해 Normalization하겠습니다.

```
코딩
실습   # preProcess() 함수에서 method를 range로 지정하면 Normalization 가능

       > nor <- preProcess(c_x_train[,1:3], method="range")

       # predict() 함수를 이용해 c_x_train 데이터를 Normalization 실시

       > n_c_x_train <- predict(nor, c_x_train)

       > summary(n_c_x_train)  # Normalization 결과 확인

        wing_length     tail_length      comb_height
        Min.   :0.0000   Min.   :0.0000   Min.   :0.0000
        1st Qu.:0.3469   1st Qu.:0.3333   1st Qu.:0.3750
```

```
  Median :0.5102    Median :0.5000    Median :0.5000
  Mean   :0.5124    Mean   :0.5069    Mean   :0.5089
  3rd Qu.:0.7194    3rd Qu.:0.7500    3rd Qu.:0.7500
  Max.   :1.0000    Max.   :1.0000    Max.   :1.0000
# predict() 함수를 이용해 c_x_test 데이터를 Normalization 실시
> n_c_x_test <- predict(nor, c_x_test)
> summary(n_c_x_test)  # Normalization 결과 확인
  wing_length       tail_length        comb_height
  Min.   :0.0000    Min.   :0.0000    Min.   :0.0000
  1st Qu.:0.3622    1st Qu.:0.3125    1st Qu.:0.3750
  Median :0.5612    Median :0.5417    Median :0.5000
  Mean   :0.5507    Mean   :0.5319    Mean   :0.5083
  3rd Qu.:0.7959    3rd Qu.:0.7500    3rd Qu.:0.6250
  Max.   :1.0000    Max.   :1.0000    Max.   :1.0000
```

summary() 함수를 통해 확인해 본 결과, 최솟값 0, 최댓값 1로 Normalization이 되었습니다. 이제 Keras에서 지원하는 Matrix로 데이터 형태를 변환하고 a, b, c로 값이 들어 있는 라벨 데이터를 각각 0, 1, 2 수치형 데이터로 변환하겠습니다.

코딩 실습

```
# Matrix 형태로 변환
> n_c_x_train <- as.matrix(n_c_x_train)
> n_c_x_test <- as.matrix(n_c_x_test)
# 종속변수 a, b, c를 각각 0, 1, 2 숫자로 변환(첫 시작을 0으로 두기 위해 1을 뺐음)
> nu_c_y_train <- as.numeric(c_y_train) -1
> nu_c_y_test <- as.numeric(c_y_test) -1
> class(n_c_x_train)  # 데이터 형태 확인
[1] "matrix"
> class(nu_c_y_train)  # 데이터 형태 확인
[1] "numeric"
> head(nu_c_y_train)  # 문자가 숫자로 잘 변환되었는지 확인
[1] 0 0 0 0 0 0
```

class() 함수를 통해 데이터 형태를 확인해 본 결과, 데이터와 라벨이 각각 matrix와 numeric 으로 잘 변환되었고, 라벨 데이터의 경우 문자에서 숫자로 바뀐 것을 확인할 수 있습니다. 이 제 라벨 데이터 셋을 3개의 값을 가진 열이 하나인 형태에서 One-Hot Encoding을 통해 3개 의 열을 가진 형태로 변환하도록 하겠습니다. to_categorical() 함수를 이용하면 쉽게 One-Hot Encoding이 가능하며 이 함수를 사용하기 위해서는 Keras 라이브러리를 불러와야 합니다. 지금은 이미 위에서 불러온 상태므로 바로 사용할 수 있습니다.

코딩
실습

```
# (keras 라이브러리) 라벨 one-hot encoding
> o_c_y_train <- to_categorical(nu_c_y_train)
> o_c_y_test <- to_categorical(nu_c_y_test)
> head(o_c_y_train)   # 첫 행부터 6행까지 데이터 확인
      [,1] [,2] [,3]
[1,]    1    0    0
[2,]    1    0    0
[3,]    1    0    0
[4,]    1    0    0
[5,]    1    0    0
[6,]    1    0    0
> tail(o_c_y_train)   # 끝에서부터 6행까지 데이터 확인
        [,1] [,2] [,3]
[235,]    0    0    1
[236,]    0    0    1
[237,]    0    0    1
[238,]    0    0    1
[239,]    0    0    1
[240,]    0    0    1
```

head()와 tail() 함수를 이용해 One-Hot Encoding된 결과를 확인해 본 결과, 3개의 값(0, 1, 2)이 0과 1로 이뤄진 3개의 열로 잘 변환된 것을 알 수 있습니다. 여기까지가 데이터 준비 단계입 니다.

이제 본격적인 신경망 구축을 해보록 하겠습니다. Keras의 시작은 keras_model_sequential() 함수로 모델(model)을 만드는 것부터입니다. 그리고 이 모델에 들어갈 은닉층, 출력층을 각 각 정의해 줍니다. 모델에 층을 추가할 때 파이프 연산자(%>%)를 사용합니다. RStudio에서는 Ctrl + Shift + M 키를 누르면 입력이 가능합니다. 파이프 연산자는 복합한 코드를 직관적 으로 보기 위해 개발된 도구로 R에서 딥 러닝 모델 구축 시 자주 사용됩니다. 우선 다음과 같 이 입력해 보기를 바랍니다.

코 딩
실 습
```
# 모델(model) 생성
> model <- keras_model_sequential()
# 모델에 계층 추가
> model %>%
+   layer_dense(units = 16, activation = 'relu', input_shape = 3) %>%
+   layer_dense(units = 16, activation = 'relu') %>%
+   layer_dense(units = 3, activation = 'softmax')
```

- input_shape : 입력층의 크기로 n_c_x_train 데이터 셋의 독립변수가 3개므로 3 입력
- units : 층의 노드 개수로 일반적으로 은닉층의 경우 4의 배수를 주로 사용하고 출력층의 경우 분류 문제에서 는 최종 분류 결과의 개수만큼 설정하고, 회귀 문제에서는 1로 설정
- activation : 활성화 함수로 은닉층의 경우 주로 relu, tanh를 사용하고 출력층의 경우 이진 분류에서는 sigmoid, 다중 분류에서는 softmax, 회귀에서는 linear 또는 생략

layer_dense() 함수를 통해 은닉층과 출력층을 정의해 줍니다. 위 사례는 총 2개의 은닉층을 설정했고, 각각의 은닉층은 16개의 노드로 구성되어 있으며, 은닉층의 결과는 relu 함수를 통 해 출력으로 나옵니다. 최종적으로는 softmax 함수를 통해 3가지 분류 결과가 나오게 됩니다. summary() 함수를 이용해 모델의 형태를 확인해 보도록 하겠습니다.

코딩
실습

모델 살펴보기

> summary(model)

Model: "sequential"

Layer (type)	Output Shape	Param #
dense_2 (Dense)	(None, 16)	64
dense_1 (Dense)	(None, 16)	272
dense (Dense)	(None, 3)	51

Total params: 387

Trainable params: 387

Non-trainable params: 0

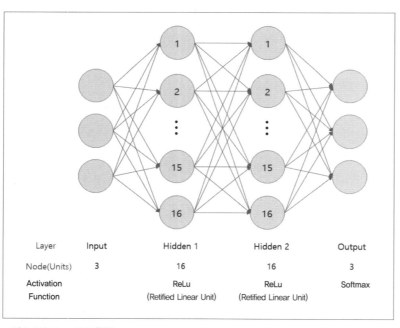

Layer	Input	Hidden 1	Hidden 2	Output
Node(Units)	3	16	16	3
Activation Function		ReLu (Retified Linear Unit)	ReLu (Retified Linear Unit)	Softmax

그림 7-17 | Keras로 구축한 DNN

여기서 Param #은 파라미터 개수로 첫 번째 은닉층인 dense_2의 경우는 3개의 입력값과 16개 노드의 모든 조합으로 가능한 가중치(weight) 48개(3*16)와 절편(bias) 16개가 합쳐져 총 64개의 파라미터가 존재합니다. 두 번째 은닉층인 dense_1의 경우는 첫 번째 은닉층의 결과 16개와 16개 노드의 모든 조합으로 가능한 가중치 256개와 절편 16개가 합쳐져 총 272개의 파라미터가 존재합니다. 이렇게 정의된 모델을 도식화하면 그림 7-17과 같습니다.

이렇게 만들어진 모델을 학습시키기에 앞서 어떻게 학습할 것인지를 설정해야 합니다. 이때에는 compile() 함수를 이용합니다.

코딩
실습

```
# 모델 학습 설정(compile)
> model %>% compile(
+   loss = 'categorical_crossentropy',
+   optimizer = 'adam',
+   metrics = 'accuracy'
+ )
```

- loss : 손실 함수로 신경망의 성능을 나타내는 지표인데 낮을수록 좋으며 이진 분류일 경우 binary_crossentropy, 다중 분류일 경우 categorical_crossentropy, 회귀일 경우 mse, mae를 주로 사용
- optimizer : 최적화기로 손실 함수의 값을 최소로 하는 가중치(weight) 최적값을 찾아가는 도구인데 Keras에서는 SGD, RMSprop, Adagrad, Adadelta, Adamax, Nadam, Adam을 사용할 수 있으며 일반적으로 Adam이 높은 성능을 나타내는 경우가 많음
- metrics : 평가 지표로 학습하는 동안 모델의 성능을 평가하는 지표인데 분류 문제에서는 accuracy, 회귀 문제에서는 mse, mae, rmse 등을 주로 사용

compile() 함수를 이용해 손실 함수, 최적화기, 평가 지표까지 설정해서 학습할 수 있는 준비를 모두 마쳤으므로 fit() 함수를 이용해 학습을 하도록 하겠습니다. 추후 학습 과정을 그래프로 표현하면 모델이 제대로 학습되었는지 확인하기 편하기 때문에 history라는 변수를 만들어서 저장하겠습니다. 다음과 같이 입력하고, 코드를 실행하면 학습이 시작됩니다.

```
> # 모델 학습 실시
> history <- model %>% fit(
+   n_c_x_train,
+   o_c_y_train,
+   epochs = 300,
+   batch_size = 16,
+   validation_split = 0.2
+ )
```

- epochs : 학습 횟수로 너무 부족하면 과소적합이 될 수 있고, 너무 많이 하면 학습 시간이 오래 걸리고 과적합이 될 수 있음
- batch_size : 배치 크기로 한번에 학습할 데이터의 크기를 말하며 240개의 학습용 데이터가 있을 때 batch_size가 16이면 16개씩 15로 분할해서 학습을 실시하며 이때 15번의 가중치 갱신이 일어남
- validation_split : 검증(validation)에 사용할 데이터의 비율을 설정하는 것으로 240개의 학습용 데이터가 있을 때 0.2로 지정하면 48개는 검증용으로 사용하고, 나머지 192개를 학습용으로 사용

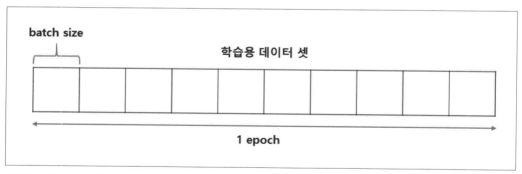

그림 7-18 | batch size와 epoch

학습 횟수(epochs)와 배치 크기(batch size), 검증용 데이터 분할 비율까지 설정해 학습이 정상적으로 실시되었다면 다음과 같은 결과가 출력됩니다.

```
12/12 [==============================] - 0s 15ms/step - loss: 0.1271 - accur
acy: 0.9531 - val_loss: 0.2922 - val_accuracy: 0.9167
Epoch 295/300
12/12 [==============================] - 0s 18ms/step - loss: 0.1251 - accur
acy: 0.9531 - val_loss: 0.2522 - val_accuracy: 0.9375
Epoch 296/300
12/12 [==============================] - 0s 18ms/step - loss: 0.1274 - accur
acy: 0.9531 - val_loss: 0.2549 - val_accuracy: 0.9375
Epoch 297/300
12/12 [==============================] - 0s 16ms/step - loss: 0.1253 - accur
acy: 0.9583 - val_loss: 0.2551 - val_accuracy: 0.9375
Epoch 298/300
12/12 [==============================] - 0s 15ms/step - loss: 0.1240 - accur
acy: 0.9531 - val_loss: 0.2705 - val_accuracy: 0.9375
Epoch 299/300
12/12 [==============================] - 0s 18ms/step - loss: 0.1289 - accur
acy: 0.9583 - val_loss: 0.3031 - val_accuracy: 0.9167
Epoch 300/300
12/12 [==============================] - 0s 17ms/step - loss: 0.1257 - accur
acy: 0.9583 - val_loss: 0.2581 - val_accuracy: 0.9375
> |
```

그림 7-19 | RStudio Console 창의 학습 과정

300번째 학습 결과, loss가 0.1257, accuracy가 0.9583이 나왔습니다. 앞에서도 언급했듯이 최적해를 찾아가는 인공신경망의 특성상 학습하는 경우마다 결과가 근소하게 다를 수 있습니다. 따라서 책과 실습하는 결과가 같은 것이 오히려 기적 같은 일일 수 있습니다. 다음은 위의 학습 과정을 자동으로 그래프로 나타낸 결과입니다. 학습이 진행됨에 따라 loss는 줄어들고, accuracy는 향상되는 것을 확인할 수 있습니다. 학습 횟수를 300번까지 할 필요없이 200번 정도만 수행했어도 그래프로 봤을 경우에는 유사한 결과가 나왔을 것으로 판단됩니다.

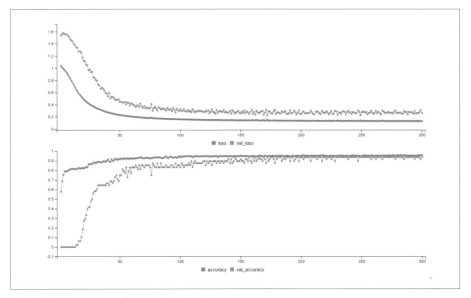

그림 7-20 | RStudio Viewer 창의 학습 과정 그래프

fit() 함수를 이용할 때 별도의 옵션을 지정하지 않으면 위와 같이 학습 과정이 그래프로 표시되고, verbose = 0 옵션을 추가할 경우에는 위의 그래프가 출력되지 않습니다. 자동으로 학습 과정 그래프가 그려지게 하지 않더라도 history 변수에 학습 과정이 기록되어 있기 때문에 간단하게 plot(history)를 입력하면 동일한 그래프를 그릴 수 있습니다.

```
# 학습 과정 그래프 표시
> plot(history)
```

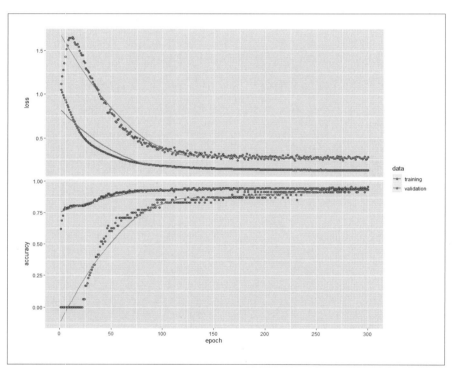

그림 7-21 | history를 이용해 그려본 학습 과정 그래프

마지막으로 테스트 데이터 셋과 predict() 함수를 이용해 분류 모델의 성능 평가를 실시해 보도록 하겠습니다.

```
# 테스트 데이터 셋을 이용한 분류 성능 평가
> pred_mat <- model %>% predict(n_c_x_test)
> head(pred_mat)  # 데이터 확인
         [,1]          [,2]          [,3]
[1,] 0.9972360 7.896665e-07 2.763188e-03
[2,] 0.9999993 4.312461e-08 6.964175e-07
[3,] 0.9999999 2.851620e-08 7.451468e-08
[4,] 0.9999999 5.463988e-08 1.174392e-07
[5,] 1.0000000 9.388826e-09 8.945801e-09
[6,] 0.9844263 1.555867e-02 1.518806e-05
# 확률값에 따라 a, b, c로 결과 매핑
> pred_mat_label <- levels(c_y_test)[max.col(pred_mat)]
> head(pred_mat_label)  # 데이터 확인
[1] "a" "a" "a" "a" "a" "a"
> pred <- as.factor(pred_mat_label)  # 예측값 factor로 타입 변경
> act <- as.factor(c_y_test)  # 실제 값 factor로 타입 변경
```

predict() 함수를 이용해 예측값을 생성하면 확률로 값이 나오기 때문에 이를 예측값(a, b, c)으로 변환하는 작업이 필요하며 caret 라이브러리를 이용해 정오분류표(Confusion Matrix)를 그리기 위해서 예측값과 실제 값 모두 동일한 factor 타입으로 변환했습니다. caret 라이브러리는 위에서 이미 Normalization을 하기 위해 불러왔기 때문에 바로 **confusionMatrix(예측값, 실제 값)** 함수를 이용해 정오분류표를 그려보겠습니다.

```
> confusionMatrix(pred, act)
Confusion Matrix and Statistics

          Reference
Prediction  a  b  c
         a 20  1  0
         b  0 17  1
         c  0  2 19
```

```
Overall Statistics

                    Accuracy : 0.9333
                      95% CI : (0.838, 0.9815)
         No Information Rate : 0.3333
         P-Value [Acc > NIR] : < 2.2e-16

                       Kappa : 0.9

     Mcnemar's Test P-Value : NA

Statistics by Class:
```

	Class: a	Class: b	Class: c
Sensitivity	1.0000	0.8500	0.9500
Specificity	0.9750	0.9750	0.9500
Pos Pred Value	0.9524	0.9444	0.9048
Neg Pred Value	1.0000	0.9286	0.9744
Prevalence	0.3333	0.3333	0.3333
Detection Rate	0.3333	0.2833	0.3167
Detection Prevalence	0.3500	0.3000	0.3500
Balanced Accuracy	0.9875	0.9125	0.9500

예측 정확도(Accuracy)가 0.9333을 나타냈습니다. 앞서 Chapter 6에서 기록했던 최고 정확도인 0.95를 넘지는 못했지만 충분히 높은 정확도입니다. 아마도 실습을 해본 누군가는 0.95의 정확도를 나타낼 수도 있을 것입니다. 앞서 설명한 것처럼 신경망 알고리즘의 특성상 매번 같은 가중치를 갖는 신경망이 만들어지지 않기 때문입니다.

딥 러닝은 데이터가 많으면 많을수록 예측 정확도가 향상되지만 기본적으로 은닉층 수, 노드 수(units), 활성화 함수(activation), 손실 함수(loss), 최적화기(optimizer), 학습 횟수(epochs), 배치 크기(batch size) 등 분석하는 사람이 직접 조정할 수 있는 하이퍼 파라미터(Hyper Parameter)에 따라서 좌우되는데 어떤 데이터 스케일링 방법을 사용하는지도 매우 중요합니다. 이런 하이퍼 파라미터 튜닝이나 스케일링 방법을 선정하는 데는 정해진 규칙이 없기 때문에 많은 경험과 다양한 시도가 필요합니다.

② 과적합을 줄이는 방법(드롭아웃)

위 실습 사례에서는 다행히 과적합이 발생하지 않았습니다. 딥 러닝에서 과적합이 발생해 학습한 결과보다 테스트한 결과의 정확도가 확연히 낮거나 오차가 크다면 드롭아웃(dropout)을 적용해 볼 수 있습니다.

드롭아웃은 학습 중에 계층(layer)의 여러 출력 특징을 무작위로 없애버리는 것(0으로 변환)을 말합니다. 이렇게 일부 노드가 무작위로 0이 되면 특정 노드에 과대하게 의존하는 것을 줄일 수 있게 되어 과적합을 막고, 보다 안정적인 신경망을 구축할 수 있습니다. 마치 당도가 높은 포도를 수확하기 위해 일부러 가혹한 환경을 만들어 포도나무가 깊은 뿌리를 내리도록 만드는 재배방식과 유사합니다.

드롭아웃을 사용하기 위해서는 출력 중 0으로 소거할 비율(rate)만 설정하면 됩니다. 일반적으로 0.2 ~ 0.5 사이로 설정하며 신경망 구축 단계에서 다음과 같이 은닉층 뒤에 layer_dropout()을 추가하면 됩니다.

```
코딩
실습    # 모델(model) 생성
       > model <- keras_model_sequential()
       # 모델에 계층 추가
       > model %>%
       +  layer_dense(units = 16, activation = 'relu', input_shape = 3) %>%
       +  layer_dropout(rate = 0.4) %>%
       +  layer_dense(units = 16, activation = 'relu') %>%
       +  layer_dropout(rate = 0.4) %>%
       +  layer_dense(units = 3, activation = 'softmax')
```

위의 사례는 드롭아웃 비율을 0.4로 설정해 2개의 은닉층 모두 출력의 40%를 0으로 처리하도록 만들었습니다. 해당 사례의 실습은 별도로 진행하지 않겠습니다. 이런 방법이 있다는 것만 익히고, 활용할 기회가 생기면 사용해 보기를 바랍니다.

잠깐만요

딥 러닝에서 과적합을 줄이는 방법

앞서 설명한 내용을 요약해서 과적합을 줄이는 방법을 정리하면 다음과 같습니다.

① 데이터 양 늘리기(충분한 학습과 검증 환경 조성)

② 모델의 복잡도 줄이기(은닉층 수 및 가중치 규제)

③ 드롭아웃(특정 노드 과대 의존 방지)

핵 심
요 약

1 퍼셉트론과 딥 러닝의 구조

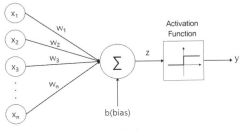

퍼셉트론의 구조

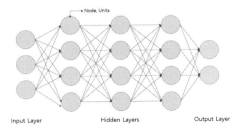

딥 러닝의 구조

2 딥 러닝 절차

데이터 준비 (convert, scaling)	신경망 구축 (layer, units, activation, dropout)	학습설정(compile) (loss, optimizer, metrics)	학습(fit) (epoch, batch_size, validation_split)	예측 (Predict)

3 데이터 스케일링 방법

Normalization	Standard Scaling	Robust Scaling
$x_{scale} = \dfrac{x - x_{min}}{x_{max} - x_{min}}$	$x_{scale} = \dfrac{x - \mu}{\sigma}$	$x_{scale} = \dfrac{x - median}{IQR}$

4 활성화 함수의 종류

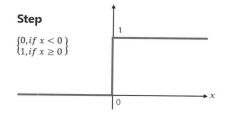

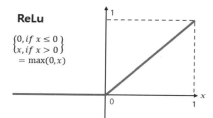

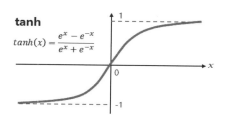

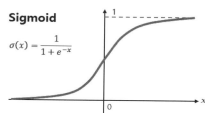

5 문제 종류에 따른 일반적인 하이퍼 파라미터 설정값

단계	하이퍼 파라미터	이진 분류	다중 분류	회귀
신경망 구축	출력층 활성화 함수	sigmoid	softmax	linear 또는 생략
학습 설정	손실 함수(loss)	binary crossentropy	categorical crossentropy	mse, mae
	평가 지표(metrics)	accuracy	accuracy	mae, mse, rmse

iris 데이터 셋을 이용해 Keras 라이브러리로 딥 러닝 실습을 해보도록 하겠습니다. Sepal.
Length(꽃받침 길이), Sepal.Width(꽃받침 너비), Petal.Length(꽃잎 길이), Petal.Width(꽃잎
너비)를 이용해 Species(품종)를 예측하는 분류 모델을 만드는 것이 목적입니다.

1 먼저 iris 데이터 셋의 독립변수인 1~4열까지는 Normalization을 실시하고, 마지막 열
   인 Species는 숫자로 변환한 뒤 One-Hot Encoding을 실시해 보세요.
   (힌트) caret 패키지의 preProcess() 함수를 이용해 Normalization을 할 수 있습니다.

2 1번이 완료된 데이터 셋을 훈련 80%, 테스트 20%로 나누고, 각각의 데이터 셋을 데이
   터와 라벨로 나눈 뒤 딥 러닝을 실시할 수 있도록 Matrix 형태로 변환해 보세요. (총 4
   개의 데이터 셋(x_train, y_train, x_test, y_test)이 존재하게 됩니다.)
   (힌트) sample() 함수를 이용하면 데이터를 무작위로 분할할 수 있습니다.

3 딥 러닝 모델을 만들고, 학습 설정(compile)을 통해 학습을 실시합니다. 다양한 하이퍼
   파라미터(은닉층 수, 노드 수, 활성화 함수, 최적화기 등)를 조정해 테스트 데이터로 평
   가한 예측 정확도가 0.95 이상인 모델을 만들어 보세요.

텍스트 마이닝

텍스트 마이닝은 수많은 텍스트 속에서 의미 있는 인사이트를 찾는 것을 목적으로 하는 기술입니다. 한동안 방송에서 안경을 쓴 긴 머리의 빅데이터 전문가가 인터넷 포털의 신문 기사나 댓글 등의 텍스트를 분석해 그 안에 담긴 의미를 설명하는 모습을 흔하게 볼 수 있었습니다. 그것이 바로 텍스트 마이닝입니다. 이제 숫자가 아닌 텍스트를 어떻게 분석할 수 있는지 알아보도록 하겠습니다.

8

분 | 석 | 스 | 토 | 리

CHAPTER

김 대표는 인터넷 상점을 통해 처음으로 키운 닭 300마리를 판매했습니다. 경쟁사 대비 품질 경쟁력이 떨어진다고 생각해 가격을 낮췄더니 1주일 만에 300마리가 모두 판매되었습니다. 놀라운 일이었고, 당장 부자가 될 것만 같은 생각에 기쁨을 감출 수가 없었습니다. 그리고 고객들의 상품 리뷰가 하나씩 달리기 시작했습니다. 리뷰를 읽던 김 대표는 기쁨과 좌절을 동시에 느끼며 고객의 마음을 읽어 부족한 점을 개선해야겠다고 생각했습니다. 과연 고객들은 김 대표의 닭을 어떻게 생각하고 있을까요?

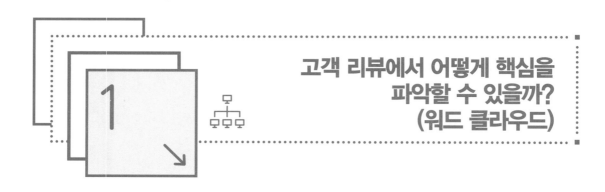

고객 리뷰에서 어떻게 핵심을 파악할 수 있을까? (워드 클라우드)

1 워드 클라우드란?

워드 클라우드(Word Cloud)는 말 그대로 단어를 구름처럼 표현하는 방법입니다. 텍스트 마이닝 결과를 표현하는 가장 대표적인 방법 중 하나로 많은 키워드 중에서 가장 많이 도출된 단어를 크기와 색상으로 강조해 시각화시킨 것입니다. 이를 이용하면 김 대표의 닭에 대해 고객들이 어떻게 생각하는지 대략적인 반응을 알 수 있을 것입니다.

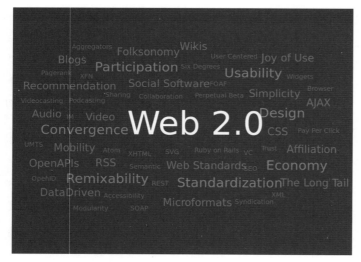

그림 8-1 | 워드 클라우드 예시(출처 : wikipedia)

워드 클라우드로 텍스트를 표현하기 위해서는 먼저 비정형 데이터인 텍스트를 수집해야 합니다. Chapter 2에서 간단히 소개했듯이 주로 크롤링(crawling)이라는 방법을 이용해 데이터를 수집합니다.

하지만 아쉽게도 김 대표는 크롤러(Crawler)를 만들어야 할 정도로 고객 리뷰가 많지 않아 인터넷 쇼핑몰의 댓글을 복사(Ctrl + C)한 후 메모장에 붙여넣어(Ctrl + V) 아래와 같은 텍스트 파일을 만들 수 있었습니다. 30개의 리뷰밖에 없어 5분 만에 뚝딱 만들 수 있었습니다.

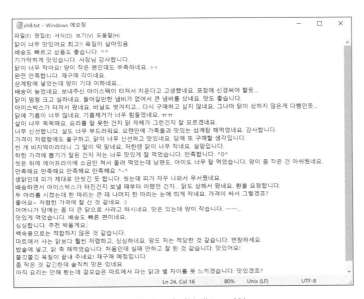

그림 8-2 | 김 대표 인터넷 쇼핑몰의 고객 리뷰 텍스트 파일

대충 보더라도 만족스럽다는 의견과 실망스럽다는 의견이 섞여 있습니다. 과연 고객들은 어떤 평가를 내리고 있는지 워드 클라우드로 표현해 보도록 하겠습니다.

② Rtools 설치하기

추후 설치할 패키지들이 Rtools를 요구하기 때문에 Rtools라는 프로그램을 설치하도록 하겠습니다. 구글에서 rtools라고 검색하면 바로 첫 번째 사이트인데 웹 주소창에 주소(https://cran.r-project.org/bin/windows/Rtools/)를 직접 입력해도 됩니다.

01 사이트에 들어가면 다음과 같이 최신 버전이 나타납니다. 설치된 R 버전에 맞는 Rtools 버전을 설치해야 하기 때문에 최신 버전을 설치하면 안됩니다. 실습에서 사용하고 있는 R 버전은 3.6.3이기 때문에 "Older editions"를 클릭해서 이전 버전을 받을 수 있는 사이트로 이동합니다.

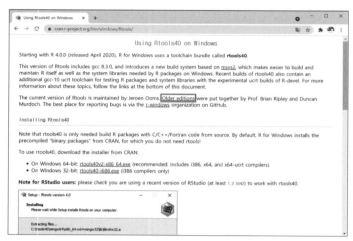

그림 8-3 | Rtools download 사이트

02 R 3.6.x 버전에 해당되는 것은 "Rtools35.exe"입니다. 해당 파일을 다운로드받은 후 실행하겠습니다.

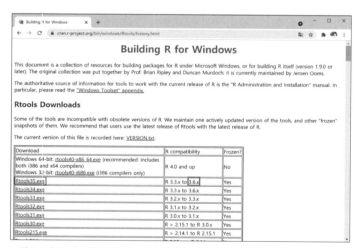

그림 8-4 | Rtools 이전 버전 download 사이트

03 R이나 RStudio를 설치할 때처럼 큰 어려움은 없으나 다음과 같이 system PATH 추가를 해야 추후에 문제가 없습니다. "Add rtools to system PATH"를 체크한 뒤 다음(Next) 버튼을 클릭해 설치를 마무리합니다.

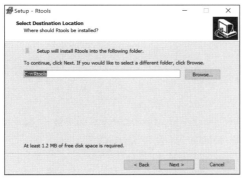

그림 8-5 | Rtools 설치

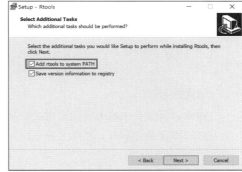

그림 8-6 | Rtools 설치 시 system PATH 설정 부분

③ 패키지 설치하기

Rtools 설치가 완료되면 패키지를 설치합니다. 그런데 설치해야 할 패키지가 많습니다. 한글 자연어 분석을 위해서는 KoNLP라는 패키지가 필요합니다. 하지만 해당 패키지가 내부적인 문제로 업데이트 되지 않아 CRAN 저장소에서 제거되었습니다. 그래서 수동으로 강제 설치를 해야 합니다. 이를 위해서는 KoNLP 패키지와 의존성 관계를 갖는 모든 패키지를 먼저 설치해야 KoNLP 라이브러리가 정상적으로 작동합니다.

잠깐만요

패키지 설치 시 참고사항
CRAN 저장소(Repository)에 존재하는 패키지의 경우 install.pacakges() 함수를 통해 설치가 되면 자동으로 해당 패키지와 의존적인 관계를 가진 모든 패키지가 설치됩니다.

❶ 관련 패키지는 hash, rJava, tau, Sejong, RSQLite, devtools가 있으며 Java를 실행하는 데

문제가 발생하는 경우가 있어 multilinguer라는 패키지까지 설치하고, 라이브러리를 불러온 뒤 install_jdk() 함수를 실행해 줍니다.

❷ 깃허브(github)에 올려진 KoNLP 패키지를 설치하기 위해 remotes라는 패키지를 설치하고, 라이브러리를 불러온 뒤 install_github() 함수를 이용해 KoNLP 패키지를 설치합니다.

잠깐만요

GitHub란?
GitHub(깃허브)는 개발자들이 소스 코드를 공유하는 장소입니다. github.com으로 접속할 수 있으며 계정 가입을 통해 누구나 자신이 만든 소스 코드나 내용들을 공유할 수 있습니다.

❸ KoNLP 라이브러리를 정상적으로 불러왔으면 다음과 같이 "Cheking user defined dictionary!"라는 메시지가 출력됩니다.

코딩
실습
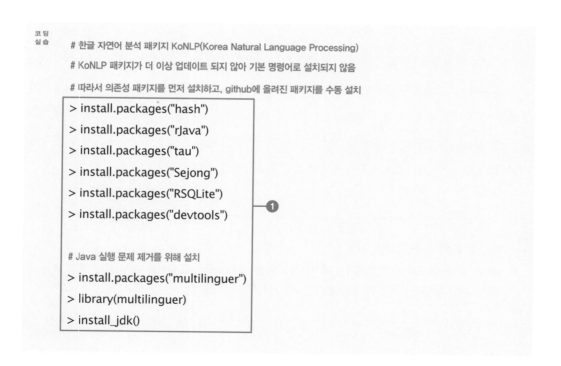

```
# 한글 자연어 분석 패키지 KoNLP(Korea Natural Language Processing)
# KoNLP 패키지가 더 이상 업데이트 되지 않아 기본 명령어로 설치되지 않음
# 따라서 의존성 패키지를 먼저 설치하고, github에 올려진 패키지를 수동 설치
> install.packages("hash")
> install.packages("rJava")
> install.packages("tau")
> install.packages("Sejong")
> install.packages("RSQLite")
> install.packages("devtools")          ❶

# Java 실행 문제 제거를 위해 설치
> install.packages("multilinguer")
> library(multilinguer)
> install_jdk()
```

CHAPTER 8 —

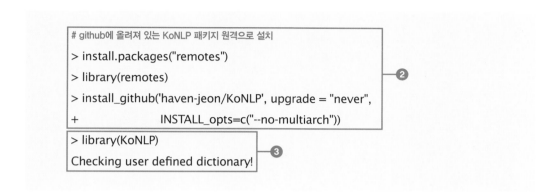

```
# github에 올려져 있는 KoNLP 패키지 원격으로 설치
> install.packages("remotes")
> library(remotes)
> install_github('haven-jeon/KoNLP', upgrade = "never",
+                 INSTALL_opts=c("--no-multiarch"))
```
②

```
> library(KoNLP)
Checking user defined dictionary!
```
③

④ 세종사전 및 데이터 불러오기

이제 문장에서 한글 명사(noun)를 구분하고, 추출하기 위해 세종사전을 불러와야 합니다.
useSejongDic() 함수를 실행합니다.

코딩
실습
```
# 한글 처리에 필요한 세종사전 수행, 최초 실행 시 1을 입력해 설치 실시
> useSejongDic()
```

최초 실행 시 다음과 같은 메시지가 나타날 수 있습니다.

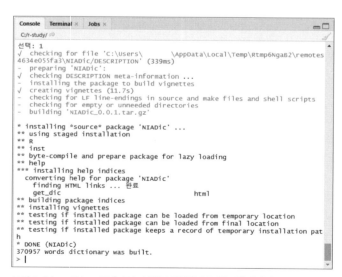

```
> # 한글 처리에 필요한 세종사전 수행
> useSejongDic()
Backup was just finished!
Downloading package from url: https://github.com/haven-jeon/NIADic/releases/
download/0.0.1/NIADic_0.0.1.tar.gz
These packages have more recent versions available.
It is recommended to update all of them.
Which would you like to update?

 1: All
 2: CRAN packages only
 3: None
 4: vctrs      (0.3.5  -> 0.3.6  ) [CRAN]
 5: fansi      (0.4.1  -> 0.4.2  ) [CRAN]
 6: crayon     (1.3.4  -> 1.4.1  ) [CRAN]
 7: cli        (2.2.0  -> 2.3.0  ) [CRAN]
 8: tibble     (3.0.4  -> 3.0.6  ) [CRAN]
 9: diffobj    (0.3.2  -> 0.3.3  ) [CRAN]
10: withr      (2.3.0  -> 2.4.1  ) [CRAN]
11: waldo      (0.2.3  -> 0.2.4  ) [CRAN]
12: brio       (1.1.0  -> 1.1.1  ) [CRAN]
13: xfun       (0.20   -> 0.21   ) [CRAN]
14: fastmap    (1.0.1  -> 1.1.0  ) [CRAN]
15: tinytex    (0.28   -> 0.29   ) [CRAN]
16: htmltools  (0.5.0  -> 0.5.1.1) [CRAN]
17: knitr      (1.30   -> 1.31   ) [CRAN]
18: Rcpp       (1.0.5  -> 1.0.6  ) [CRAN]
19: DBI        (1.1.0  -> 1.1.1  ) [CRAN]
20: ggplot2    (3.3.2  -> 3.3.3  ) [CRAN]
21: data.table (1.13.4 -> 1.13.6 ) [CRAN]

Enter one or more numbers, or an empty line to skip updates:
Building the package will delete...
  'C:/          /AppData/Local/Temp/Rtmp8gqZnR/remotes6887eba7df9/NIADic/in
st/doc'
Are you sure?

1: Yes
2: No

선택: 1|
```

그림 8–7 | useSejongDic() 함수 최초 실행 시 나타날 수 있는 메시지

이때에는 Console 창에서 1번을 선택하고, Enter 키를 눌러주면 됩니다. 그러면 패키지 업데이트 및 사전이 다운로드 됩니다. 만일 윈도 메시지가 뜨면 "Yes"를 선택하면 됩니다.

```
Console  Terminal ×  Jobs ×                                    ─□
C:/r-study/ ⇔
선택: 1
√ checking for file 'C:\Users\         \AppData\Local\Temp\Rtmp6NgaB2\remotes
4634e055fa3\NIADic/DESCRIPTION' (339ms)
- preparing 'NIADic':
√ checking DESCRIPTION meta-information ...
- installing the package to build vignettes
√ creating vignettes (11.7s)
- checking for LF line-endings in source and make files and shell scripts
- checking for empty or unneeded directories
- building 'NIADic_0.0.1.tar.gz'

* installing *source* package 'NIADic' ...
** using staged installation
** R
** inst
** byte-compile and prepare package for lazy loading
** help
*** installing help indices
  converting help for package 'NIADic'
    finding HTML links ... 완료
    get_dic                           html
** building package indices
** installing vignettes
** testing if installed package can be loaded from temporary location
** testing if installed package can be loaded from final location
** testing if installed package keeps a record of temporary installation pat
h
* DONE (NIADic)
370957 words dictionary was built.
> |
```

그림 8–8 | useSejongDic() 함수 실행이 정상적으로 완료된 메시지

이제 크롤링해 놓은 ch8.txt 파일을 불러와서 **txt** 변수에 집어넣도록 하겠습니다. readLines() 함수를 이용하는데 encoding 옵션 없이 파일을 불러오면 R에서 한글이 깨지기 때문에 반드시 encoding = "UTF-8" 옵션을 추가해야 합니다. head() 함수를 이용해 데이터가 제대로 들어왔는지 확인해 보겠습니다.

```
> txt <- readLines("ch8.txt", encoding = "UTF-8")
> head(txt)
[1] "닭이 너무 맛있어요 최고!! 육질이 살아있음"
[2] "배송도 빠르고 상품도 좋습니다. ^^"
[3] "기가막히게 맛있습니다. 사장님 감사합니다."
[4] "닭이 너무 작아요! 양이 작은 편인데도 부족하네요. >("
[5] "완전 만족합니다. 재구매 각이네요."
[6] "삼계탕에 넣었는데 양이 기대 이하네요..."
```

정상적으로 텍스트가 들어왔습니다.

⑤ 텍스트 데이터 가공하기 ────────────

불러온 텍스트는 문장 형태기 때문에 명사만 추출하도록 하겠습니다. KoNLP 라이브러리의 extractNoun() 함수를 이용하면 명사만 추출이 가능합니다. 명사만 추출해 n 데이터 셋에 집어넣고, 잘 추출되었는지 head() 함수로 확인해 보겠습니다.

```
# txt에서 명사만 뽑아서 n에 저장
> n <- extractNoun(txt)
> head(n)  # 데이터 확인
[[1]]
[1] "닭"    "최고"  "육"    "질"    "살아있" "음"
```

```
[[2]]
[1] "배송"  "상품"  "좋습니"


[[3]]
[1] "기가 막히게"  "사장님"     "감사"


[[4]]
[1] "닭"  "양"  "편"  "부족"


[[5]]
[1] "완전"  "만족"  "재구"  "매"  "각이"


[[6]]
[1] "삼계탕"  "양"     "기대"  "이하"
```

n의 데이터를 확인해 본 결과, 일부는 명사가 잘 추출되어 들어갔으나 "육질"과 같은 단어는 명사임에도 불구하고 "육"과 "질"로 분리가 되었고, "좋습니"처럼 명사가 아닌데도 분리된 것이 있습니다. 아무래도 사전을 기반으로 명사를 추출하다 보니 한계가 있는 것 같습니다. 또한 데이터 셋의 형태가 이전과 달리 list 형태로 변경되었습니다. unlist() 함수를 이용해 데이터를 벡터(character) 타입으로 변환하고, c 데이터 셋에 저장한 뒤 일부 단어를 gsub() 함수를 이용해 수정하고, c2 데이터 셋에 저장하도록 하겠습니다.

**코딩
실습**

```
# 텍스트 수정을 위해 n의 내용을 unlist해서 c에 저장함
> c <- unlist(n)


# gsub( ) 함수를 통해 텍스트 수정 실시                gsub("찾을 단어", "변경할 단어", 데이터 셋)
> c2 <- gsub("육","육질", c)  # "육"은 "육질"로 변경
> c2 <- gsub("재구","재구매", c2)  # "재구"는 "재구매"로 변경
> c2 <- gsub("에서","", c2)  # "에서"는 제거
```

```
> head(c2,30)
 [1] "닭"        "최고"      "육질"      "질"        "살아있"
 [6] "음"        "배송"      "상품"      "좋습니"    "기가막히게"
[11] "사장님"    "감사"      "닭"        "양"        "편"
[16] "부족"      "완전"      "만족"      "재구매"    "매"
[21] "각이"      "삼계탕"    "양"        "기대"      "이하"
[26] "배송"      "아이스"    "팩"        "고생"      "포장"
```

head() 함수를 이용해 처음부터 30개의 데이터만 확인해 본 결과, "육"은 "육질"로, "재구"는 "재구매"로 잘 변환된 것을 확인할 수 있습니다. 이제 두 글자 이상인 단어만 남기고 제거하도록 하겠습니다. 위의 데이터에서 "닭", "양"과 같이 한 글자인 단어는 워드 클라우드로 표현한다고 해서 큰 인사이트를 줄 수 없기 때문입니다. Filter() 함수를 이용하여 글자수(nchar(x))가 2 이상인 데이터를 선택하는 사용자 정의 함수(function)를 만들어 필터링하도록 하겠습니다.

코딩
실습

```
# c2에 저장된 명사 중 두 글자 이상인 것만 필터링
> c3 <- Filter(function(x) {nchar(x) >=2}, c2)
> head(c3,30)
 [1] "최고"      "육질"      "살아있"    "배송"      "상품"
 [6] "좋습니"    "기가막히게" "사장님"    "감사"      "부족"
[11] "완전"      "만족"      "재구매"    "각이"      "삼계탕"
[16] "기대"      "이하"      "배송"      "아이스"    "고생"
[21] "포장"      "냄비"      "냄비"      "아이스"    "박스"
[26] "비닐"      "벗겨지고.." "구매"      "다행"      "기름제거"
```

앞서와 마찬가지로 head() 함수로 30개의 데이터를 확인해 본 결과, 단어 길이가 2개 이상인 대상만 남아있음을 확인할 수 있습니다.

잠깐만요

R에서 사용자 정의 함수(function)를 만드는 방법

```
function(인자1, 인자2, ...) {
  함수 내용
  return(반환값)  # 없을 시 생략
}
```

table() 함수를 이용해 단어별로 빈도수를 확인하고, 빈도수별 내림차순 정렬을 통해 어떤 단어가 가장 많이 언급되었는지 확인해 보도록 하겠습니다.

코딩
실습

```
# c3를 table 함수를 이용해 단어별 빈도수가 나오게 만들고, wordcnt에 저장
> wordcnt <- table(c3)
# 내림차순으로 정렬해서 어떤 단어가 많이 나왔는지 확인
> sort(wordcnt, decreasing = TRUE)
c3
```

만족	가격	마리	배송	아이스
6	4	3	3	3
감사	구매	냄비	마트	박스
2	2	2	2	2
삼계탕	신선	싱싱	요리	육질
2	2	2	2	2
재구매	저렴	가족	각이	같긴한데
2	2	1	1	1
겉모습	고생	기가막히게	기대	기름제거
1	1	1	1	1
나머지	남편	다행	박을게요	밥솥
1	1	1	1	1

이하 생략

빈도수로 내림차순 해본 결과, "만족"이라는 단어가 6회로 가장 많이 나왔고, 그 다음이 "가격", "마리", "배송", "아이스" 순으로 나왔습니다.

이제 이런 결과를 워드 클라우드로 표현해 보겠습니다. 먼저 예쁜 색상을 위해 Chapter 4에서 사용했던 RColorBrewer 라이브러리를 불러와 Dark2 팔레트를 사용해 보겠습니다.

참고 | 전체 팔레트 현황은 display.brewer.all() 실행 시 확인 가능합니다.

팔레트 색상을 Dark2 변수로 지정한 뒤 wordcloud 패키지를 설치하고, 라이브러리를 불러와서 wordcloud() 함수를 이용해 wordcnt 데이터 셋으로 워드 클라우드를 그립니다.

코딩
실습
```
# 다양한 색상을 적용하기 위해 RColorBrewer 패키지 설치(Chapter 4에서 이미 설치)
> library(RColorBrewer)


# 팔레트 지정
> Dark2 <- brewer.pal(8, "Dark2")


# 워드 클라우드 패키지 설치 및 라이브러리 불러오기
> install.packages("wordcloud")
> library(wordcloud)


# 워드 클라우드로 표현, 옵션은 도움말로 검색해 보세요!
> wordcloud(names(wordcnt), freq=wordcnt, scale=c(4, 0, 5),
+               rot.per=0.25, min.freq=1, random.order=F,
+               random.color=T, colors=Dark2)
```

wordcloud() 함수의 경우 사용할 수 있는 옵션이 매우 많습니다. 기본적으로 글자 크기(scale), 회전 글자수 비율(rot.per), 최소 빈도수(min.freq), 색상(colors) 등이 있으며 다양한 옵션을 적용해 보면서 워드 클라우드를 그려보기를 바랍니다.

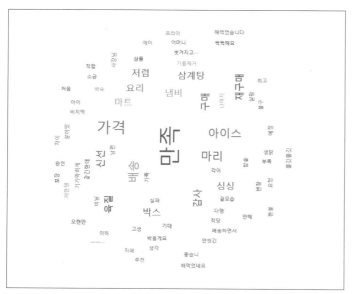

그림 8-9 | 김 대표의 인터넷 상점 고객 리뷰 워드 클라우드 결과

워드 클라우드를 통해 김 대표의 리뷰를 그려본 결과, 다행히도 "만족", "재구매", "싱싱" 등 긍정적인 단어가 "부족", "실패" 등의 부정적인 단어보다 많이 보이고, 글씨가 큰 것을 확인할 수 있습니다.

분 | 석 | 스 | 토 | 리

김 대표는 첫 판매된 닭의 고객 리뷰 30건을 워드 클라우드를 통해 분석해 봤습니다. 다행히도 많은 분들께서 "만족"한 것 같아 기분이 좋았습니다. 하지만 부정적인 단어도 많이 보였기 때문에 정말로 만족한 고객분들이 많았던 건지 의심이 가기 시작했습니다. 그래서 단어가 아닌 문장 단위로 긍정을 나타내는지, 부정을 나타내는지, 아니면 중립을 나타내는지 감성 분석을 실시해 보기로 했습니다.

고객들은 정말로 만족했을까? (감성 분석)

1 감성 분석이란?

감성 분석(Sentiment Analysis)은 텍스트 속에서 감성, 의견 등과 같은 주관적인 정보를 체계적으로 식별, 추출, 정량화하는 기술입니다. 감성 분석은 주로 리뷰 및 설문조사 응답, SNS 결과 등을 분석하는 데 사용됩니다.

분석한 결과는 주로 파이 차트를 이용해 긍정, 부정의 비율이 몇 %인지 표시해 주는 것으로 나타냅니다.

일반적인 분석 과정은 다음과 같습니다.

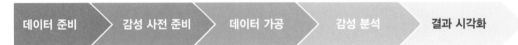

그림 8-10 | 감성 분석 과정

2 감성 사전 준비

데이터의 경우 기존의 ch8.txt 파일을 이용합니다. 따라서 감성 사전을 준비하는 과정부터 설명하겠습니다. 한국어 감성 사전의 경우 군산대학교 소프트웨어융합공학과(Data Intelligence Lab)에서 공개한 "KNU 한국어 감성 사전"을 이용할 수 있으며 해당 감성 사전의 경우 깃허브에서 다운로드받을 수 있습니다. 파일명은 SentiWord_Dict.txt입니다.

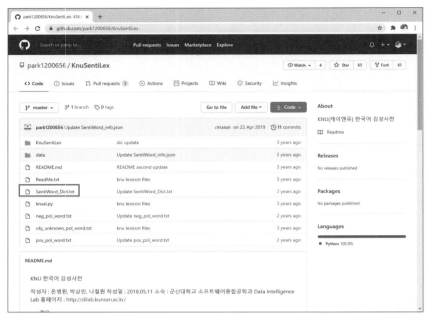

그림 8-11 │ github의 KNU 한국어 감성 사전(SentiWord_Dict.txt)

해당 사전을 다운로드받아 열어보면 다음 그림과 같습니다.

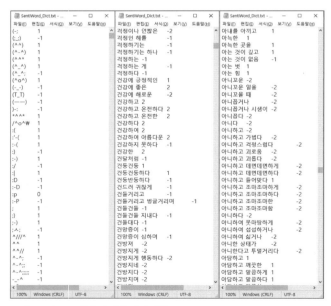

그림 8-12 │ KNU 한국어 감성 사전 내용

첫 번째 열에 총 14,855개의 이모티콘, 명사, 형용사, 부사, 동사 등이 있고, 두 번째 열에 해당 단어에 대한 감정 점수가 매겨져 있습니다. 0보다 크면 긍정, 0보다 작으면 부정, 0이면 중립적인 의미입니다. 감성 사전의 형태가 위와 같다는 것만 알면 됩니다.

김 대표의 고객 리뷰를 분석하는 데 있어서는 위 한국어 감성 사전에 부족한 단어가 많아 고객 리뷰를 평가하는 데 적합한 작은 감성 사전을 별도로 만들었고, 해당 사전을 이용해 실습을 진행하도록 하겠습니다.

먼저 readr 패키지를 설치하고, 라이브러리를 불러온 뒤 read_delim() 함수를 통해 review_dict.txt 파일을 불러오겠습니다. 이때 열 구분인자(delim)는 탭(Tab)이므로 기호로 "₩t"를 입력합니다. 그리고 열 이름을 각각 "word", "score"로 지정하겠습니다.

```
코딩
실습   # 사전 파일을 불러오기 위한 패키지 설치 및 라이브러리 불러오기
       > install.packages("readr")
       > library(readr)
       # 이미 만들어진 리뷰 감성 분석 전용 사전을 불러옴
       > rev <- read_delim("review_dict.txt", delim="\t", col_names=c("word", "score"))
```

rev 변수에 감성 사전 파일을 집어넣었습니다. head() 함수를 통해 10개의 데이터를 확인해 보겠습니다.

```
코딩
실습   > head(rev, 10)
       # A tibble: 10 x 2
         word        score
         <chr>       <dbl>
       1 감사합니다     2
       2 고생했네요    -2
       3 기대 이하네요  -2
       4 끝내 주네요     2
       5 기가막히게     1
```

6	늦었네요	-2
7	만족합니다	2
8	만족해요	2
9	맛은 있네요	1
10	맛있게	2

"감사합니다", "끝내 주네요"와 같은 단어는 2점으로 긍정적인 점수를, "기대 이하네요", "늦었네요"와 같은 단어는 -2점으로 부정적인 점수를 갖는 것을 확인할 수 있습니다.

이제 SentimentAnalysis 패키지를 설치해 감성 사전 내용을 기반으로 문장을 평가할 수 있는 기준(rule)을 만들어 sentdic에 저장하고 summary() 함수를 통해 확인해 보겠습니다.

코딩 실습

```
# 감성 분석을 위한 패키지 설치 및 라이브러리 불러오기
> install.packages("SentimentAnalysis")
> library(SentimentAnalysis)


# sentdic에 감성 분석 전용 사전의 단어에 따른 점수로 가중치를 매길 수 있게 기준 설정
> sentdic <- SentimentDictionaryWeighted(words = rev$word,
+                                        scores = rev$score)


# 점수가 0보다 크면 긍정어(positive), 0보다 작으면 부정어(negative)로 기준 설정
> sentdic <- SentimentDictionary(rev$word[rev$score>0],
+                                rev$word[rev$score<0])


# 감성 기준 사전 확인
> summary(sentdic)
Dictionary type:  binary (positive / negative)
Total entries:    57
Positive entries: 32 (56.14%)
Negative entries: 25 (43.86%)
```

감성 사전을 기반으로 긍정어와 부정어를 평가할 수 있는 기준 사전인 **sentdic**에는 총 57개의 단어가 존재하며 그중 긍정어(positive)가 32개, 부정어(negative)가 25개 있음을 확인할 수 있습니다.

③ 데이터 가공

감성 사전 준비가 완료되었기 때문에 ch8.txt 파일을 불러와서 데이터 가공을 수행해 보도록 하겠습니다. 앞서 예제와 동일하게 readLines() 함수를 이용해 파일을 불러오고, 데이터를 확인한 뒤 stringr 패키지를 설치한 후 라이브러리를 불러와서 str_replace_all() 함수를 이용해 텍스트에서 마침표, 쉼표, 느낌표와 같은 기호를 제거해 주겠습니다.

```
# 미리 크롤링해 놓은 ch8.txt 파일을 txt에 저장함
> txt <- readLines("ch8.txt", encoding = "UTF-8")
> head(txt)
[1] "닭이 너무 맛있어요 최고!! 육질이 살아있음"
[2] "배송도 빠르고 상품도 좋습니다. ^^"
[3] "기가막히게 맛있습니다. 사장님 감사합니다."
[4] "닭이 너무 작아요! 양이 작은 편인데도 부족하네요. ><"
[5] "완전 만족합니다. 재구매 각이네요."
[6] "삼계탕에 넣었는데 양이 기대 이하네요..."

# gsub() 함수 대신 stringr 패키지를 통해 텍스트 대체 실시
> install.packages("stringr")
> library(stringr)

# 마침표, 쉼표, 느낌표, 물음표를 다 없앰
> txt_2 <- str_replace_all(txt, "([.,!?])","")
> head(txt_2)
[1] "닭이 너무 맛있어요 최고 육질이 살아있음"
```

> [2] "배송도 빠르고 상품도 좋습니다 ^^"

> [3] "기가막히게 맛있습니다 사장님 감사합니다"

> [4] "닭이 너무 작아요 양이 작은 편인데도 부족하네요 ><"

> [5] "완전 만족합니다 재구매 각이네요"

> [6] "삼계탕에 넣었는데 양이 기대 이하네요"

head() 함수를 통해 txt와 txt_2를 비교해 본 결과, 기호들이 잘 제거된 것을 확인할 수 있습니다. 이전 예제에서 사용한 gsub() 함수 외에도 텍스트를 대체할 수 있는 패키지가 있다는 것을 소개하기 위해 stringr 패키지를 사용했습니다.

텍스트가 수정되었기 때문에 데이터 형태를 변환하도록 하겠습니다. 현재는 벡터 타입의 데이터 형태로 감성 분석을 위해 문서형 데이터 형태로 변환이 필요합니다. 이를 위해서 tm 패키지를 설치하고, 라이브러리를 불러오겠습니다.

```
코딩
실습
# txt_2 데이터 타입 확인
> class(txt_2)
[1] "character"


# 문서형 데이터 형태 변환을 위해 tm 패키지 설치 및 라이브러리 불러오기
> install.packages("tm")
> library(tm)
```

tm 패키지를 이용해 벡터 타입의 문자(Character) 데이터를 Corpus() 함수와 VectorSource() 함수를 이용해 말뭉치(Corpus) 형태로 변환시키도록 하겠습니다. 말뭉치는 텍스트 데이터를 모아놓은 대상으로 추가적인 절차없이 알고리즘에 활용할 수 있는 상태를 의미합니다. 말뭉치의 데이터 형태는 inspect() 함수를 이용해서 확인할 수 있습니다.

```
# txt_2 데이터를 Corpus 형태로 변환

> co_txt <- Corpus(VectorSource(txt_2))

> class(co_txt)  # 데이터 타입 확인

[1] "SimpleCorpus" "Corpus"

> inspect(co_txt)  # co_txt 형태 살펴보기

<<SimpleCorpus>>

Metadata:  corpus specific: 1, document level (indexed): 0

Content:  documents: 30


[1] 닭이 너무 맛있어요 최고 육질이 살아있음

[2] 배송도 빠르고 상품도 좋습니다 ^^

[3] 기가막히게 맛있습니다 사장님 감사합니다

[4] 닭이 너무 작아요 양이 작은 편인데도 부족하네요 ✗

[5] 완전 만족합니다 재구매 각이네요

[6] 삼계탕에 넣었는데 양이 기대 이하네요
```

co_txt를 확인해 본 결과, 리뷰 내용들이 documents로 입력되어 있는 것을 확인할 수 있습니다. 말뭉치 형태를 이용해서 감성 분석을 실시할 수도 있으나 DocumentTermMatrix 형태도 소개하고 싶어 DocumentTermMatrix() 함수를 이용해 말뭉치 형태인 co_txt를 변환해 보도록 하겠습니다.

```
# Corpus 형태에서 DocumentTermMatrix 형태로 변환

> dtm_txt <- DocumentTermMatrix(co_txt)

# DocumentTermMatrix 형태 살펴보기

> inspect(dtm_txt)

<<DocumentTermMatrix (documents: 30, terms: 214)>>

Non-/sparse entries: 268/6152

Sparsity : 96%

Maximal term length: 7

Weighting : term frequency (tf)
```

```
Sample :
        Terms
Docs 건지 것 너무 닭이 만족해요 먹었습니다 양이 작은 잘 큰
 11  1 0 1 0      0        0      0  0 2 0
 14  0 0 1 1      0        0      0  0 0 0
 15  1 0 1 0      0        1      0  0 1 0
 16  0 0 1 0      0        1      1  1 1 0
 20  0 0 0 0      0        0      0  0 0 1
 22  0 0 0 0      0        0      1  0 0 1
 27  0 1 0 0      0        0      0  0 1 0
 30  0 0 0 0      0        0      0  0 0 0
  8  0 0 0 1      0        0      0  0 0 1
  9  0 0 0 1      0        0      0  0 0 0
```

말뭉치 형태와 마찬가지로 inspect() 함수를 이용해 데이터를 확인해 볼 수 있습니다. DocumentTermMatrix는 해석 그대로 문서(리뷰 문장)를 행으로 두고, 말(리뷰 문장 속 단어)을 열에 위치해 어떤 문서에 어떤 말이 사용되었는지 행렬로 나타낸 데이터 형태입니다. 행과 열을 반대로 하는 TermDocumentMatrix 형태도 존재합니다. 이렇게 나타내면 텍스트 데이터를 분석하기가 매우 편리해지며 알아보기에도 좋습니다.

잠깐만요

DocumentTermMatrix에서 원하는 내용을 검색하는 방법

위의 DocumentTermMatrix 형태에서 2번째 문서와 1~9번째 단어들만 지정해서 보려면 inspect(dtm_txt[2,1:9])라고 입력하면 됩니다. 한 번 실행해서 결과를 확인해 보세요.

▲ 감성 분석

데이터 준비가 완료되었기 때문에 analyzeSentiment() 함수를 이용해 감성 분석을 수행해 보도록 하겠습니다. rules 옵션을 지정할 때 위에서 만든 감성 기준 사전 sentdic을 이용합니다.

```
코딩
실습    # dtm_txt를 위에서 만든 감성 기준 사전 sentdic을 이용해 분석
       > res <- analyzeSentiment(dtm_txt, language="korean",
       +                          rules=list("sentiment"=list(ruleSentiment, sentdic)))
```

head() 함수를 통해 결과를 확인해 보겠습니다.

```
코딩
실습    # 결과 확인
       > head(res)
       sentiment
       1  0.3333333
       2  0.5000000
       3  0.7500000
       4 -0.4285714
       5  0.5000000
       6 -0.2000000
```

숫자로 표현된 결과를 ifelse() 함수를 이용해 0보다 크면 긍정(Positive), 0이면 중립(Neutral), 둘 다 아니면 부정(Positive)으로 표현될 수 있게 res에 "pn"이라는 열을 만들어서 추가하고, 다시 한 번 결과를 확인해 보도록 하겠습니다.

```
# sentiment가 0보다 크면 긍정, 0이면 중립, 0보다 작으면 부정으로 표시
> res$pn <- ifelse(res$sentiment>0,"Positive",
+                    ifelse(res$sentiment==0,"Neutral","Negative"))
> head(res)
  sentiment     pn
1 0.3333333 Positive
2 0.5000000 Positive
3 0.7500000 Positive
4 -0.4285714 Negative
5 0.5000000 Positive
6 -0.2000000 Negative
```

문자열을 추가하니 확인이 쉬워졌습니다. 다음 표는 위에서부터 6개의 문서만 내용과 감성 분석 결과를 비교해서 나타낸 결과입니다.

문서 번호	문서 내용	판정
1	닭이 너무 맛있어요 최고!! 육질이 살아있음	긍정(Positive)
2	배송도 빠르고 상품도 좋습니다. ^^	긍정(Positive)
3	기가막히게 맛있습니다. 사장님 감사합니다.	긍정(Positive)
4	닭이 너무 작아요! 양이 작은 편인데도 부족하네요.)(	부정(Negative)
5	완전 만족합니다. 재구매 각이네요.	긍정(Positive)
6	삼계탕에 넣었는데 양이 기대 이하네요...	부정(Negative)

표 8-1 | 고객 리뷰 감성 분석 결과 비교

판정 결과를 보니 문장의 감성에 대해 제대로 판정했음을 확인할 수 있습니다. 이제 30개의 리뷰 결과를 table() 함수를 이용해 요약해서 나타내 보도록 하겠습니다.

```
# 결과 요약해서 보기
> table(res$pn)


Negative  Neutral Positive
    13        4       13
```

부정과 긍정이 각각 13개, 중립 의견이 4개임을 확인할 수 있습니다.

⑤ 결과 시각화

위 결과를 좀 더 보기 쉽게 파이 차트로 표현해 보도록 하겠습니다. 그러기 위해서 데이터 형태를 데이터 프레임으로 변경한 뒤 비율을 계산한 열을 추가하도록 하겠습니다.

```
# 결과 별도 저장하되 데이터 프레임 형태로 변환
> df_res <- as.data.frame(table(res$pn))
# 데이터 프레임 열 이름 별도 지정
> names(df_res) <- c("res","freq")
# 파이 차트에 비율 표시를 위해 pct열 생성
> df_res$pct <- round(df_res$freq/sum(df_res$freq)*100, 1)
> df_res
        res freq  pct
1 Negative   13 43.3
2  Neutral    4 13.3
3 Positive   13 43.3
```

마지막으로 pie() 함수를 이용해 파이 차트로 그려보겠습니다.

```
# 파이 차트로 감성 분석 결과 확인하기
> pie(df_res$freq, labels = paste(df_res$res, df_res$pct, "%"),
+       main = "생닭 판매 고객 리뷰 감성 분석 결과")
```

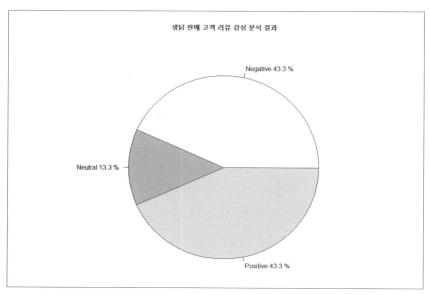

그림 8-13 | 파이 차트로 나타낸 고객 리뷰 감성 분석 결과

워드 클라우드 결과만 봤을 때는 만족한 고객이 많은 것처럼 보였으나 리뷰(문장) 단위로 감성
분석을 실시한 결과는 긍정과 부정이 반반이었습니다.

분 | 석 | 스 | 토 | 리

감성 분석 결과를 확인한 김 대표는 의기소침해졌습니다. 만족한 고객이 더 많을 것이라 생각했는
데 실상은 그렇지 못했기 때문입니다. 하지만 이제 겨우 첫 판매일 뿐입니다. 처음임에도 불구하고
43.3%의 고객이 만족했다니 얼마나 대단한 일인가요? 나머지 고객까지 만족시키기 위해 김 대표는
지금보다 훨씬 훌륭한 품질의 닭을 키우고 말겠다고 다짐했습니다. 그러기 위해서는 지금처럼 끊임없
는 데이터 분석과 기준 정립 그리고 실행 능력이 필요할 것입니다. 그렇게 된다면 아마도 머지않아 김
대표의 농장은 충분히 경쟁력 있는 회사로 우뚝 설 것입니다.

핵 심
요 약

1 텍스트 데이터 가공 함수

기능	패키지	R 함수	사용 예시
문자 대체	–	gsub()	gsub("육","육질", c) # c의 "육"을 "육질"로 변경
	stringr	str_replace_all()	str_replace_all(txt, "([.,!?])","") # txt의 .,!? 기호를 제거
형태 변환	tm	Corpus()	Corpus(VectorSource(txt_2)) # 벡터 타입의 txt_2를 Corpus 형태로 변환
		DocumentTermMatrix()	DocumentTermMatrix(co_txt) # Corpus co_txt를 DocumentTermMatrix 형태로 변환

2 주요 텍스트 형태

형태	예시
Corpus	⟨⟨SimpleCorpus⟩⟩ Metadata: corpus specific: 1, document level (indexed): 0 Content: documents: 30 [1] 닭이 너무 맛있어요 최고 육질이 살아있음 [2] 배송도 빠르고 상품도 좋습니다 ^^ [3] 기가막히게 맛있습니다 사장님 감사합니다 [4] 닭이 너무 작아요 양이 작은 편인데도 부족하네요 ✕ [5] 완전 만족합니다 재구매 각이네요 [6] 삼계탕에 넣었는데 양이 기대 이하네요

▶ 표 뒤페이지에 계속

	《《DocumentTermMatrix (documents: 30, terms: 214)》》
	Non−/sparse entries: 268/6152
	Sparsity : 96%
	Maximal term length: 7
	Weighting : term frequency (tf)
	Sample :

DocumentTermMatrix

```
       Terms
Docs 건지 것 너무 닭이 만족해요 먹었습니다 양이 작은 잘 큰
  11   1  0  1   0    0      0     0   0  2 0
  14   0  0  1   1    0      0     0   0  0 0
  15   1  0  1   0    0      1     0   0  1 0
  16   0  0  1   0    0      1     1   1  1 0
  20   0  0  0   0    0      0     0   0  0 1
  22   0  0  0   0    0      0     1   0  0 1
```

	〈TermDocumentMatrix (terms: 214, documents: 30)》〉
	Non−/sparse entries: 268/6152
	Sparsity : 96%
	Maximal term length: 7
	Weighting : term frequency (tf)
	Sample :

TermDocumentMatrix

```
          Docs
Terms     11 14 15 16 20 22 27 30 8 9
  건지      1  0  1  0  0  0  0  0 0 0
  것        0  0  0  0  0  0  1  0 0 0
  너무      1  1  1  1  0  0  0  0 0 0
  닭이      0  1  0  0  0  0  0  0 1 1
  만족해요   0  0  0  0  0  0  0  0 0 0
  먹었습니다 0  0  1  1  0  0  0  0 0 0
```

3 감성 분석 과정

데이터 준비 〉 감성 사전 준비 〉 데이터 가공 〉 감성 분석 〉 결과 시각화

세상에서 가장 유명한 연설 중 하나인 마틴 루터 킹 목사의 "나에게는 꿈이 있습니다."를 워드 클라우드로 분석해 보겠습니다. 주한미국대사관 홈페이지에서 해당 연설을 복사해서 메모장에 붙여넣기 해 파일을 만들 수도 있고, 저자 블로그나 깃허브에서 martin_luther_king.txt 파일을 다운로드받아 이용해도 됩니다.

1 martin_luther_king.txt 파일을 읽어오세요. (단, 한글이 깨지지 않게 인코딩 옵션을 설정하기 바랍니다.)

2 1번이 완료된 데이터 셋에서 세종사전(useSejongDic())을 이용해 명사만 분리해 별도로 저장해 주세요. 그리고 명사로 변환이 안 된 대상은 gsub() 함수를 통해 대체해 보세요.

3 단어 길이가 2글자 이상인 대상만 남기고, 단어 빈도수를 기준으로 워드 클라우드를 그려보세요. 가장 많이 나온 단어와 그 다음으로 많이 언급된 단어는 무엇인가요?

(힌트) wordcloud 패키지의 wordcloud() 함수를 이용하면 워드 클라우드를 그릴 수 있습니다.

참고할 만한 내용들

여기서 설명하는 부분은 김 대표의 스토리로 이어가기에
는 적합하지 않지만 알아두면 도움이 될 만한 내용들입니다.
R에서 파일 형태의 데이터 셋이 아닌 데이터베이스의 테이블에
직접 접근하는 방법, 비대칭 데이터를 다루는 방법, 차원축소의
개념 등을 설명하겠습니다.

9

CHAPTER

학 | 습 | 목 | 표

• 데이터베이스의 데이터를 활용할 수 있습니다.

• 비대칭 데이터에 대해서 이해합니다.

• 차원축소와 주성분 분석에 대해서 이해합니다.

• 데이터를 재구조화(Melt&Cast)할 수 있습니다.

데이터베이스 연결 및 SQL 사용법

1 데이터베이스 연결 방법

R에서 데이터베이스(이하 DB)에 연결하기 위해서는 연결하고자 하는 DB에 맞는 드라이버 설치가 필요합니다. 주로 사용하는 DB와 그에 따른 R 드라이버 패키지를 다음 표로 정리해 봤습니다.

데이터베이스	R 패키지	비고
Oracle, MariaDB	RJDBC	rJava 패키지 설치 및 jdbc 드라이버 연결 설정 필요
MS-SQL	RODBC	
PostgreSQL	RPostgres	

표 9-1 | 데이터베이스별 연결을 위한 R 패키지

실습에서는 최근에 널리 사용되고 있는 오픈 소스 DB인 PostgreSQL을 이용해 보겠습니다. 실습 PC에 PostgreSQL 12.6(windows용) 버전을 설치(https://www.enterprisedb.com/downloads/postgres-postgresql-downloads)했으며 기본 "postgres" DB에 "datawithr"이라는 스키마(Schema)를 만들고, 해당 스키마에 "iris"라는 테이블(Table)을 만들어(숫자는 Real, 문자는 Character 타입 지정) iris 데이터 셋의 열 이름만 변경해서 미리 데이터를 입력해 놓았습니다.

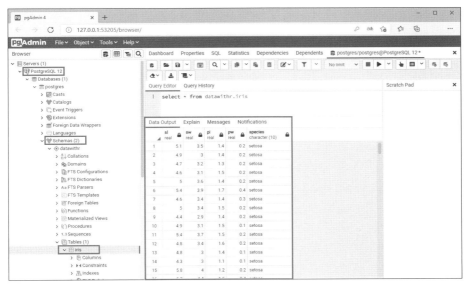

그림 9-1 | PostgreSQL DB에 입력된 iris 데이터

R에서 DB 접속 및 SQL(Structured Query Language) 사용에 필요한 패키지를 설치하고, 라이브러리를 불러오겠습니다.

```
코딩
실습    # Postgresql DB 연결을 위한 패키지
        > install.packages("RPostgres")
        > library(RPostgres)


        # R에서 SQL을 사용할 수 있게 해주는 패키지
        > install.packages("sqldf")
        > library(sqldf)
```

데이터베이스에 연결하는 **con**이라는 객체를 만들어 보겠습니다. **dbConnect()** 함수를 이용하며 여기에 옵션으로 dbDriver, dbname, host(DB 서버 주소, 본인 PC의 경우 localhost로 입력해도 무방함), port(DB 서버 포트), user(DB 계정명), password(DB 해당 계정 비밀번호)를 입력해 줍니다. 다음 예제의 경우 실습을 위해 postgres 계정의 password를 쉽게 "1234"로 설정했으며 해당

password의 경우 PostgreSQL을 설치할 때 설정합니다. 정상적으로 연결되면 다음과 같이 표시가 됩니다.

```
# DB 연결 만들기
> con <- dbConnect(dbDriver("Postgres"),
+                  dbname = "postgres",
+                  host = "localhost",
+                  port = 5432,
+                  user = "postgres",
+                  password = "1234")

> con
<PqConnection> postgres@localhost:5432
```

❷ 데이터베이스 테이블의 데이터 조회(Select)

sqldf() 함수를 이용해 데이터베이스의 iris 테이블을 조회(Select)해 보도록 하겠습니다.

```
# DB iris 테이블에 test 데이터 조회하기(select)
> qry_s = "select * from datawithr.iris"
> sqldf(qry_s, connection = con)
   sl  sw pl  pw species
1  5.1 3.5 1.4 0.2 setosa
2  4.9 3.0 1.4 0.2 setosa
3  4.7 3.2 1.3 0.2 setosa
4  4.6 3.1 1.5 0.2 setosa
5  5.0 3.6 1.4 0.2 setosa
6  5.4 3.9 1.7 0.4 setosa
이하 생략
```

"select * from 테이블"은 가장 기본적인 SQL로 "테이블에 있는 모든(*) 데이터를 조회하라"는 뜻입니다. 데이터가 정상적으로 조회되었습니다. 이렇게 조회된 데이터 셋을 별도의 변수에 저장할 수도 있습니다.

코딩
실습
```
# DB iris 테이블 불러와서 db_iris 변수에 데이터 프레임으로 넣기
> db_iris <- sqldf(qry_s, connection = con)
> head(db_iris)
   sl   sw  pl  pw  species
1 5.1 3.5 1.4 0.2 setosa
2 4.9 3.0 1.4 0.2 setosa
3 4.7 3.2 1.3 0.2 setosa
4 4.6 3.1 1.5 0.2 setosa
5 5.0 3.6 1.4 0.2 setosa
6 5.4 3.9 1.7 0.4 setosa
```

만일 R에서 만든 예측 모델을 DB 테이블의 데이터를 이용해서 학습시킨다면 위와 같이 데이터 셋을 별도로 만들어서 이용하면 됩니다.

③ 데이터베이스 테이블의 데이터 입력(Insert)

DB 테이블에 데이터를 직접 입력해 보겠습니다. 데이터를 입력하는 SQL은 "insert into 테이블 (열 이름 1, 열 이름 2, …) values (값 1, 값 2, …)"입니다. iris 테이블에 species를 test로, 나머지 값은 1, 2, 3, 4로 데이터를 입력하겠습니다.

코딩
실습
```
# DB iris 테이블에 test 데이터 삽입하기(insert)
> qry_i = "insert into datawithr.iris (sl, sw, pl, pw, species) values (1, 2, 3, 4, 'test')"
> sqldf(qry_i, connection = con)
```

열의 개수가 0이고 행의 개수가 0인 데이터 프레임입니다.

경고 메시지(들):

In result_fetch(res@ptr, n = n) :

　　Don't need to call dbFetch() for statements, only for queries

\# 마지막부터 6행만 데이터 확인

> tail(sqldf(qry_s, connection = con))

　　　 sl　 sw　pl 　pw species

146 6.7 3.0 5.2 2.3 virginica

147 6.3 2.5 5.0 1.9 virginica

148 6.5 3.0 5.2 2.0 virginica

149 6.2 3.4 5.4 2.3 virginica

150 5.9 3.0 5.1 1.8 virginica

151 1.0 2.0 3.0 4.0 test

위와 같이 경고 메시지가 일부 나타나지만 실제 SQL은 정상적으로 실행되었습니다. tail() 함수를 이용해 마지막으로부터 6행까지 데이터를 확인해 본 결과, 151번째 행에 test 데이터가 정상적으로 입력되었습니다. pgAdmin을 통해 DB 테이블을 직접 확인한 결과도 일치합니다.

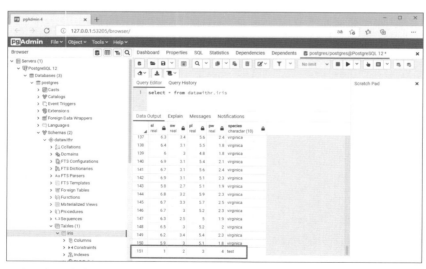

그림 9-2 | test의 데이터가 입력된 iris 테이블

④ 데이터베이스 테이블의 데이터 삭제(Delete) ────────

입력한 test 데이터를 삭제해 보도록 하겠습니다. SQL에서 테이블의 데이터를 삭제하는 명령어는 "delete from 테이블 where 조건"입니다. species가 test인 데이터만 삭제할 것이기 때문에 where에 species = 'test'라는 조건을 달아줬습니다.

```
코딩
실습    # DB iris 테이블에 test 데이터 삭제하기(delete)
> qry_d = "delete from datawithr.iris where species = 'test'"
> sqldf(qry_d, connection = con)
열의 개수가 0이고 행의 개수가 0인 데이터 프레임입니다.
경고 메시지(들):
In result_fetch(res@ptr, n = n) :
    Don't need to call dbFetch() for statements, only for queries


# 마지막부터 6행만 데이터 확인
> tail(sqldf(qry_s, connection = con))
      sl   sw  pl   pw species
145 6.7 3.3 5.7 2.5 virginica
146 6.7 3.0 5.2 2.3 virginica
147 6.3 2.5 5.0 1.9 virginica
148 6.5 3.0 5.2 2.0 virginica
149 6.2 3.4 5.4 2.3 virginica
150 5.9 3.0 5.1 1.8 virginica
```

앞서와 마찬가지로 마지막으로부터 6행까지 데이터를 확인해 본 결과, 151번째 행에 있던 test 데이터가 사라졌습니다.

DB 연결 해제는 dbDisconnect() 함수를 이용합니다.

```
코딩
실습    # 데이터베이스 연결 해제
       > dbDisconnect(con)
       > con
       에러: Invalid connection
```

con 객체를 실행해 본 결과, Invalid connection이라는 메시지가 나타났습니다. 정상적으로 DB 연결 해제가 되었습니다.

잠깐만요

DB 활용 간단한 시스템 구축 방법

R 프로그램을 설치하면 RScript.exe 파일이 생깁니다. 이 파일이 바로 윈도 커맨드 창(실행 → cmd)에서 R스크립트 파일(*.R)을 실행시켜 주는 역할을 합니다. R을 이용해 개발한 머신러닝 모델로 DB의 데이터를 불러와 예측값을 생성하고 DB에 다시 저장하는 시스템을 윈도 서버에서 구현한다면 다음과 같은 순서로 구축할 수 있습니다.

① 머신러닝 모델 개발 후 모델 저장(saveRDS)
② DB 연결(dbConnect) 후 데이터 및 모델 불러오기(readRDS)
③ DB 데이터 및 모델 활용 예측값 생성(predict)
④ 생성된 예측값 DB 저장
⑤ DB 접속 해제

여기서 ②~⑤ 과정을 R 파일로 저장하고, 이를 커맨드 창에서 ")Rscript R파일"로 실행하도록 Batch(*.bat) 파일을 만들어 윈도 작업 스케줄러에 1시간 간격으로 실행되게 등록하면 1시간마다 자동으로 DB의 데이터를 읽어와 예측값을 생성하는 시스템을 구축할 수 있습니다.

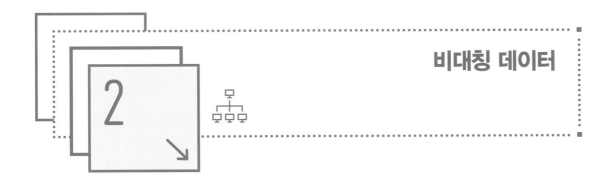

비대칭 데이터

① 비대칭 데이터란?

비대칭 데이터(Imbalanced Data)는 이진 분류 문제를 예로 들면 종속변수인 사건이 발생한 경우(클래스)와 발생하지 않은 경우의 데이터량이 매우 크게 차이나는 데이터를 말합니다. 즉, 10,000개 데이터가 존재할 때 사건이 발생하지 않은 경우가 9,990개고, 사건이 발생한 경우가 10개라면 비대칭 데이터라고 말합니다.

실제로 우리가 사는 세상에서 이런 비대칭 데이터 사례는 매우 많습니다. 예를 들어, 희귀 난치병 발생 사례, 사업장 안전사고 발생 사례, 발전소 설비고장 사례, 신용카드 범죄 사용 사례 등이 있습니다. 이렇게 데이터가 비대칭한 분류 문제를 다룰 경우에는 정확도로만 모델을 평가하면 안됩니다.

Chapter 6에서 설명했듯이 총 데이터가 10,000개이고 9,990개가 정상, 10개가 비정상일 경우 분류 모델이 데이터 모두를 정상으로 판별하게 만들면 예측 정확도가 99.9%가 나옵니다. 이 정확도는 결코 의미 있는 수치가 아닙니다. 이 경우는 민감도(Sensitivity, Recall)가 더 중요한 판단 기준이 됩니다. 민감도를 계산해 보면 TP(TP+FN) = 0/(0+10)으로 0이 나와 전혀 쓸모없는 모델이라는 것을 알려줍니다.

그렇다면 이런 비대칭 데이터는 어떻게 다뤄야 할까요?

② 언더 샘플링

데이터를 대칭 형태로 맞추기 위한 방법은 간단합니다. 데이터량이 부족한 쪽(클래스)에 맞추거나 어떻게든 부족한 데이터의 양을 늘려서 많은 쪽에 맞추면 됩니다. 언더 샘플링(Under Sampling)은 종속변수에서 상대적으로 데이터가 많은 클래스의 양을 줄여서 비율을 맞추는 방법을 말합니다.

그림 9–3 | 언더 샘플링의 개념

방법	설명
랜덤 언더 샘플링 (Random Under Sampling)	무작위로 데이터량이 많은 클래스의 일부만 선택하는 방법
토멕 링크 (Tomek's Link Method)	클래스를 구분하는 경계선 가까이에 존재하는 데이터로 데이터량이 많은 클래스에 속한 토멕 링크를 제거하는 방법
CNN (Condensed Nearest Neighbor)	데이터량이 많은 클래스에서 데이터가 밀집된 부분이 없을 때까지 데이터를 제거해 분포가 대표성을 띄는 대상만 남도록 제거하는 방법

표 9–2 | 언더 샘플링 기법

③ 오버 샘플링

오버 샘플링(Over Sampling)은 종속변수에서 상대적으로 데이터가 적은 클래스의 양을 늘려서 비율을 맞추는 방법을 말합니다.

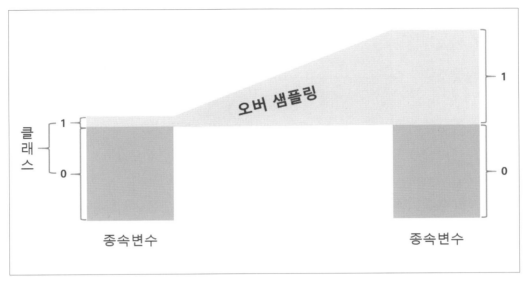

그림 9-4 | 오버 샘플링의 개념

방법	설명
랜덤 오버 샘플링 (Random Over Sampling)	무작위로 데이터량이 적은 클래스를 복제해 늘리는 방법
SMOTE (Synthetic Minority Over-sampling TEchnique)	데이터량이 적은 클래스에서 중심이 되는 데이터와 주변 데이터 사이에 가상의 직선을 만들어 그 위에 데이터를 추가하는 방법
ADASYN (ADAptive SYNthetic)	데이터량이 적은 클래스에서 데이터량이 많은 클래스 데이터의 관측 비율을 계산해 SMOTE를 적용하는 방법

표 9-3 | 오버 샘플링 기법

ROSE 패키지를 이용해 언더 샘플링과 오버 샘플링을 실시할 수 있으며 도움말의 예제를 따라해 볼 수 있습니다.

3 차원축소와 주성분 분석(PCA)

1 차원축소란?

일반적으로 모델의 예측 성능을 향상시킬 수 있는 가장 간단한 방법은 종속변수와 상관관계가 높은 독립변수를 추가하는 것입니다. 하지만 무작정 독립변수만 추가하게 된다면 차원의 저주(Curse of Dimensionality)에 빠질 수 있습니다. 차원의 저주란 독립변수가 늘어날수록 필요한 학습 데이터량이 기하급수적으로 늘어나는 것을 말합니다. 독립변수가 늘어난 만큼 충분한 데이터량이 뒷받침되지 못하면 과적합, 다중공선성 등의 문제를 야기시킬 수 있습니다.

당연히 이런 문제는 독립변수의 개수가 데이터량(행의 수)보다 많을 때 두드러집니다. 예를 들어, 독립변수가 100개인데 데이터량이 50개밖에 되지 않는다면 제대로 된 예측 모델을 만드는 일이 쉽지 않습니다. 이런 상황이라면 2가지 선택이 있을 수 있습니다. 하나는 상관분석을 통해 100개의 독립변수 중에서 종속변수와 상관계수가 높은 독립변수만을 선택(Feature Selection)해서 모델링을 실시하는 것입니다. 나머지 하나는 기존의 독립변수들을 결합해 새로운 독립변수를 만들어(Feature Extraction) 모델링하는 방법입니다.

후자에 속하는 가장 대표적인 방법론이 주성분 분석(PCA, Principal Component Analysis)인데 다차원 척도법(MDS, Multi-Dimensional Scaling)도 있습니다.

❷ 주성분 분석(PCA) ━━━━━━━━━━━━━━━━━━━

주성분 분석은 여러 개의 독립변수를 서로 상관성이 높은 변수들의 선형 결합으로 만드는 방법입니다. 주성분 분석을 이용하면 다양한 변수(고차원)로 인해 설명이 어려운 데이터를 축소된 차원을 통해 시각화시켜 보다 쉽게 설명할 수 있습니다. 3차원으로 표현된 그래프보다 2차원으로 나타낸 그래프가 훨씬 알아보기 쉬운 것과 같은 원리입니다. 또한 서로 상관성이 높은 변수들의 선형 결합으로 새로운 변수가 만들어지기 때문에 다중공선성 문제에서 자유로워지며 변수가 줄어든 만큼 연산속도도 빨라집니다. 이처럼 주성분 분석은 모델링 자체보다는 모델을 만드는 과정에 주로 활용됩니다.

R에서 기본적으로 제공해 주는 USArrests 데이터 셋을 이용해 주성분 분석 실습을 해보도록 하겠습니다. USArrests 데이터 셋은 1973년에 미국 50개 주에서 인구 10만 명당 발생한 살인(Murder), 폭행(Assault), 강간(Rape) 사건에 대한 통계를 나타낸 데이터 셋인데 추가적으로 도시 인구 비율(UrbanPop) 데이터까지 포함하고 있습니다. 데이터를 먼저 살펴보겠습니다.

```
코딩
실습        # USArrests 데이터 셋 구조 확인(범죄 통계 데이터)
           > str(USArrests)
           'data.frame':      50 obs. of  4 variables:
            $ Murder  : num  13.2 10 8.1 8.8 9 7.9 3.3 5.9 15.4 17.4 ...
            $ Assault : int  236 263 294 190 276 204 110 238 335 211 ...
            $ UrbanPop: int  58 48 80 50 91 78 77 72 80 60 ...
            $ Rape : num  21.2 44.5 31 19.5 40.6 38.7 11.1 15.8 31.9 25.8 ...
           > head(USArrests)
                        Murder  Assault  UrbanPop  Rape
           Alabama       13.2    236       58       21.2
           Alaska        10.0    263       48       44.5
           Arizona        8.1    294       80       31.0
           Arkansas       8.8    190       50       19.5
           California     9.0    276       91       40.6
           Colorado       7.9    204       78       38.7
```

총 4개의 변수에 50개의 행으로 이뤄져 있으며 행 이름(rownames)이 주 명칭으로 되어 있습니다. 주성분 분석은 별도 패키지 설치가 필요하지 않으며 princomp() 함수를 이용합니다. 그리고 summary(), loadings() 함수를 이용해 결과를 확인할 수 있습니다.

```
코딩
실습   # 주성분 분석 실시
      > pca_usa <-princomp(USArrests, cor = TRUE)


      # 주성분 분석 결과 확인
      > summary(pca_usa)
      Importance of components:
                                Comp.1     Comp.2     Comp.3     Comp.4
      Standard deviation  ❶  1.5748783  0.9948694  0.5971291  0.41644938
      Proportion of Variance  0.6200604  0.2474413  0.0891408  0.04335752
      Cumulative Proportion   0.6200604  0.8675017  0.9566425  1.00000000
                                              ❷

      # 주성분 선형 결합 확인
      > loadings(pca_usa)

      Loadings:
                Comp.1  Comp.2  Comp.3  Comp.4
      Murder    0.536   0.418   0.341   0.649
      Assault   0.583   0.188   0.268  -0.743   ❹
      UrbanPop  0.278  -0.873   0.378   0.134
      Rape      0.543  -0.167  -0.818   ❸

                Comp.1 Comp.2 Comp.3 Comp.4
      SS loadings      1.00   1.00   1.00   1.00
      Proportion Var   0.25   0.25   0.25   0.25
      Cumulative Var   0.25   0.50   0.75   1.00
```

주성분 분석 결과를 해석해 보도록 하겠습니다.

❶ 제1주성분(Comp.1)을 통한 기여율은 약 62.0%며, 제2주성분(Comp.2)을 통한 기여율은 약 24.7%입니다.

❷ 제2주성분까지의 누적 기여율은 약 86.8%입니다.

❸ 제3주성분(Comp.3)에 가장 큰 영향을 미치는 원변수는 Rape입니다.

❹ 제4주성분(Comp.4)은 6.049*Murder − 0.743*Assault + 0.134*UrbanPop으로 계산됩니다.

주성분 분석 결과에서 적정한 주성분 개수를 선택하기 위한 판단 기준으로 누적 기여율 (Cumulative Proportion)이 85% 이상이거나 Scree Plot을 그렸을 때 수평을 유지하기 전 단계까지 로 주성분의 개수를 선택합니다.

위 사례의 경우 제2주성분까지 누적 기여율은 86.8%기 때문에 주성분을 2개 선택하면 되고, 그림 9-5와 같이 Scree Plot을 그려서 판단한 결과도 동일합니다.

코딩
실습
```
# scree plot을 통한 적정 주성분 개수 확인
> plot(pca_usa, type = "l", main = "USArrests PCA Scree Plot")
```

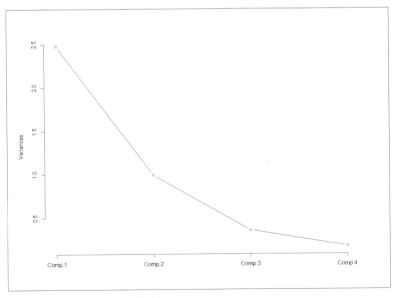

그림 9-5 | USArrests 주성분 분석 결과 Scree Plot

마지막으로 Biplot을 통해 원변수가 주성분에 미치는 영향을 시각화해 보겠습니다.

코딩
실습

```
# biplot을 통한 주성분 영향 시각화
> biplot(pca_usa)
```

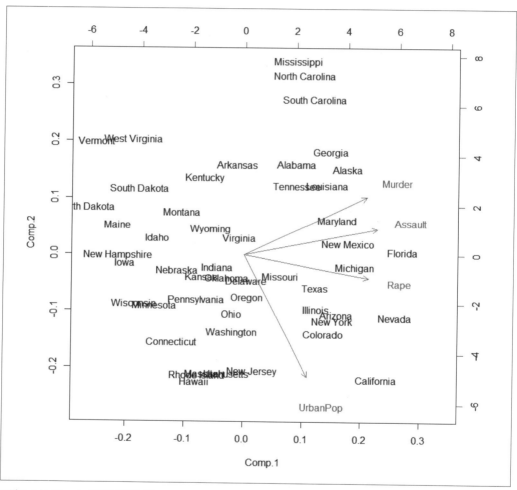

그림 9-6 | USArrests 주성분 분석 결과 Biplot

Biplot을 통해 결과를 해석해 보면 제1주성분은 원변수에 범죄 영향이 크게 미쳤기 때문에 제 1주성분이 큰 값을 갖는 Florida, Nevada, California는 범죄율이 높은 도시라고 판단할 수 있습니다. 제2주성분의 경우 범죄보다 도시 인구 비율에 반비례하기 때문에 값이 크면 도시 인구 비율이 낮습니다. 가장 낮은 도시는 Mississippi입니다. 범죄의 경우 우측으로 화살표가 뻗어 유사한 방향성을 보이나 도시 인구 비율은 우측 하단 대각선 방향으로 화살표가 뻗어 범죄와는 큰 상관관계가 없는 것으로 보입니다.

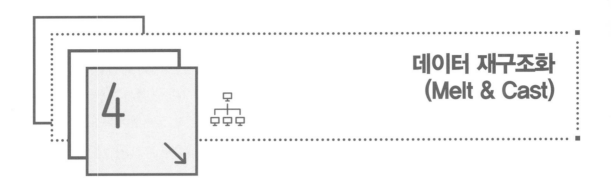

1 데이터 재구조화

데이터를 다루다 보면 분석이나 시각화를 위해 데이터의 구조를 변경해야 하는 경우가 많습니다. 특히 열이 행으로 들어가야 하는 경우(Melt)나 그 반대의 경우(Cast)가 있을 수 있습니다. 다음 그림을 보면 쉽게 이해가 될 것입니다.

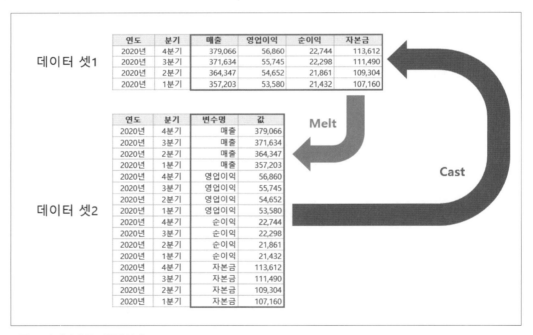

연도	분기	매출	영업이익	순이익	자본금
2020년	4분기	379,066	56,860	22,744	113,612
2020년	3분기	371,634	55,745	22,298	111,490
2020년	2분기	364,347	54,652	21,861	109,304
2020년	1분기	357,203	53,580	21,432	107,160

연도	분기	변수명	값
2020년	4분기	매출	379,066
2020년	3분기	매출	371,634
2020년	2분기	매출	364,347
2020년	1분기	매출	357,203
2020년	4분기	영업이익	56,860
2020년	3분기	영업이익	55,745
2020년	2분기	영업이익	54,652
2020년	1분기	영업이익	53,580
2020년	4분기	순이익	22,744
2020년	3분기	순이익	22,298
2020년	2분기	순이익	21,861
2020년	1분기	순이익	21,432
2020년	4분기	자본금	113,612
2020년	3분기	자본금	111,490
2020년	2분기	자본금	109,304
2020년	1분기	자본금	107,160

데이터 셋1

데이터 셋2

Melt

Cast

그림 9-7 │ 데이터 구조 변경 사례

이런 경우에 R의 reshape2 패키지를 이용하면 쉽고 빠르게 데이터 구조를 변경할 수 있습니다. 해당 패키지를 설치하고, 라이브러리를 불러오겠습니다.

```
# 데이터 재구조화 패키지 설치 및 라이브러리 불러오기
> install.packages("reshape2")
> library(reshape2)
```

실습은 airquality 데이터 셋을 이용해 보겠습니다. 해당 데이터 셋은 1973년 5월에서 9월까지 뉴욕의 일별 공기질(오존, 일사량, 풍속, 기온) 데이터를 담고 있습니다. 데이터를 살펴보겠습니다.

```
# airquality 데이터 셋 구조 확인
> str(airquality)
'data.frame':     153 obs. of  6 variables:
 $ Ozone : int  41 36 12 18 NA 28 23 19 8 NA ...
 $ Solar.R: int  190 118 149 313 NA NA 299 99 19 194 ...
 $ Wind : num  7.4 8 12.6 11.5 14.3 14.9 8.6 13.8 20.1 8.6 ...
 $ Temp : int  67 72 74 62 56 66 65 59 61 69 ...
 $ Month : int  5 5 5 5 5 5 5 5 5 ...
 $ Day : int  1 2 3 4 5 6 7 8 9 10 ...
> head(airquality)
  Ozone Solar.R Wind Temp Month Day
1    41    190   7.4   67     5    1
2    36    118   8.0   72     5    2
3    12    149  12.6   74     5    3
4    18    313  11.5   62     5    4
5    NA     NA  14.3   56     5    5
6    28     NA  14.9   66     5    6
```

총 6개의 변수와 153개의 행으로 이뤄져 있음을 확인할 수 있으며 오존과 일사량(Solar.R)의 경우 결측치(NA)도 포함하고 있습니다.

② 열을 행으로 변환(Melt)

위 데이터 셋을 reshape2 패키지의 melt() 함수를 이용해서 "Month", "Day"에 따른 변수 (Ozone, Solar.R, Wind, Temp)와 값만 나타내는 구조로 변경해 보도록 하겠습니다. melt() 함수에서 id로 기준이 되는 "Month"와 "Day"를 지정하기만 하면 됩니다.

```
코딩
실습   # airqualtiy 데이터 셋을 melt로 데이터 구조 변환
      > m <- melt(id=c("Month", "Day"), airquality)
      > head(m)
        Month Day variable value
      1    5   1    Ozone    41
      2    5   2    Ozone    36
      3    5   3    Ozone    12
      4    5   4    Ozone    18
      5    5   5    Ozone    NA
      6    5   6    Ozone    28
      > subset(m, Month == 5 & Day == 1)
        Month Day variable value
      1     5   1    Ozone    41.0
      154   5   1    Solar.R 190.0
      307   5   1    Wind      7.4
      460   5   1    Temp     67.0
```

head() 함수를 통해 데이터를 확인해 본 결과, 열 이름으로 있던 "Ozone"이 "variable"이라는 열의 값으로 들어갔음을 알 수 있습니다. 그리고 subset() 함수를 이용해 5월 1일자 데이터만

보면 4개의 변수와 값이 원하는 대로 변경되었음을 확인할 수 있습니다.

❸ 행을 열로 변환(Cast)

이제는 m 데이터 셋을 dcast() 함수를 이용해 원래의 형태로 되돌려보도록 하겠습니다. "Month"와 "Day"가 기준이 되고, 나머지 "variable"열에 있는 값을 다시 열 이름으로 변경시키면 되기 때문에 다음과 같이 입력합니다.

```
코딩
실습    # 변경했던 데이터 셋을 복원
        > x <- dcast(m, Month + Day ~ variable)
        > head(x)
          Month Day Ozone Solar.R Wind Temp
        1    5    1    41    190   7.4   67
        2    5    2    36    118   8.0   72
        3    5    3    12    149  12.6   74
        4    5    4    18    313  11.5   62
        5    5    5    NA     NA  14.3   56
        6    5    6    28     NA  14.9   66
```

head() 함수를 이용해 다시 구조가 복원된 x 데이터 셋을 보면 원래와 마찬가지인 형태에서 열 순서만 바뀐 것을 확인할 수 있습니다.

5 학습을 위한 대표적인 데이터 셋 소개

1 R 내장 데이터 셋

R에는 다양한 내장 데이터 셋이 있습니다. 앞서 연습문제를 통해 설명한 iris, USArrests, airquality 외에도 학습에 참고할 만한 데이터 셋에 대해 간단히 소개하겠습니다.

① mtcars

mtcars(Motor Trend Car Road Tests)는 1974년 Motor Trend US 매거진에서 추출한 데이터로 11개의 numeric 변수와 32개의 행으로 이뤄진 데이터 프레임 형태의 데이터 셋입니다. 행 이름은 차종 이며 11개의 변수는 다음 표와 같습니다. 해당 데이터 셋의 정보는 도움말(?mtcars)을 통해서도 확인할 수 있습니다.

상관분석, 다중 회귀분석, 로지스틱 회귀분석의 예제로 활용할 수 있습니다.

No	변수명	설명
01	mpg	Miles/(US) gallon, 연비
02	cyl	Number of cylinders, 실린더 수
03	disp	Displacement(cu.in.), 배기량
04	hp	Gross horsepower, 마력
05	drat	Rear axle ratio, 뒷바퀴 축 기어비
06	wt	Weight(1000lbs), 중량
07	qsec	1/4 mile time, 1/4(약 400m)마일까지 도달 시간

No	변수명	설명
08	vs	Engine(0 = V—shaped, 1 = straight), 엔진타입
09	am	Transmission(0 = automatic, 1 = manual), 변속기
10	gear	Number of forward gears, 전진 기어 수
11	carb	Number of carburetors, 카뷰레터 수

표 9-4 | mtcars의 변수 종류

코딩
실습

```
> head(mtcars)
                    mpg cyl disp  hp drat   wt   qsec vs am gear carb
Mazda RX4          21.0  6  160 110 3.90 2.620 16.46  0  1    4    4
Mazda RX4 Wag      21.0  6  160 110 3.90 2.875 17.02  0  1    4    4
Datsun 710         22.8  4  108  93 3.85 2.320 18.61  1  1    4    1
Hornet 4 Drive     21.4  6  258 110 3.08 3.215 19.44  1  0    3    1
Hornet Sportabout  18.7  8  360 175 3.15 3.440 17.02  0  0    3    2
Valiant            18.1  6  225 105 2.76 3.460 20.22  1  0    3    1
```

② Titanic

Titanic은 타이타닉호에 탑승한 승객들의 생존 여부를 나이(Child, Adult), 경제적 상태(Class), 성별(Sex)에 따라 테이블 형태로 나타낸 데이터 셋입니다. 해당 데이터 셋의 경우 다양한 시각화 방법을 이용한 탐색적 자료 분석(EDA)으로 생존분석을 실시할 수 있습니다. 타이타닉 데이터 셋의 경우 기본 데이터 셋 외에도 변수가 추가된 데이터 셋을 캐글(Kaggle)에서 찾아볼 수 있습니다.

> Titanic
, , Age = Child, Survived = No

```
        Sex
Class  Male Female
  1st     0     0
  2nd     0     0
  3rd    35    17
  Crew    0     0
```

, , Age = Adult, Survived = No

```
        Sex
Class  Male Female
  1st   118     4
  2nd   154    13
  3rd   387    89
  Crew  670     3
```

, , Age = Child, Survived = Yes

```
        Sex
Class  Male Female
  1st     5     1
  2nd    11    13
  3rd    13    14
  Crew    0     0
```

, , Age = Adult, Survived = Yes

```
        Sex
Class  Male Female
  1st    57   140
  2nd    14    80
  3rd    75    76
  Crew  192    20
```

② MNIST

MNIST(Modified National Institute of Standards and Technology)는 손으로 쓴 숫자들로 이루어진 이미지와 그 이미지가 뜻하는 라벨, 2가지로 이뤄진 데이터 셋으로 이미지 하나당 28×28 픽셀로 만들어졌으며 6만 개의 훈련 데이터 셋과 1만 개의 테스트 데이터 셋으로 구성되어 있습니다. 손글씨 이미지를 숫자로 얼마나 잘 분류하는지를 평가하기 위해 만들어진 데이터 셋으로 딥러닝 교육을 하는 데 있어 가장 유명한 데이터 셋입니다.

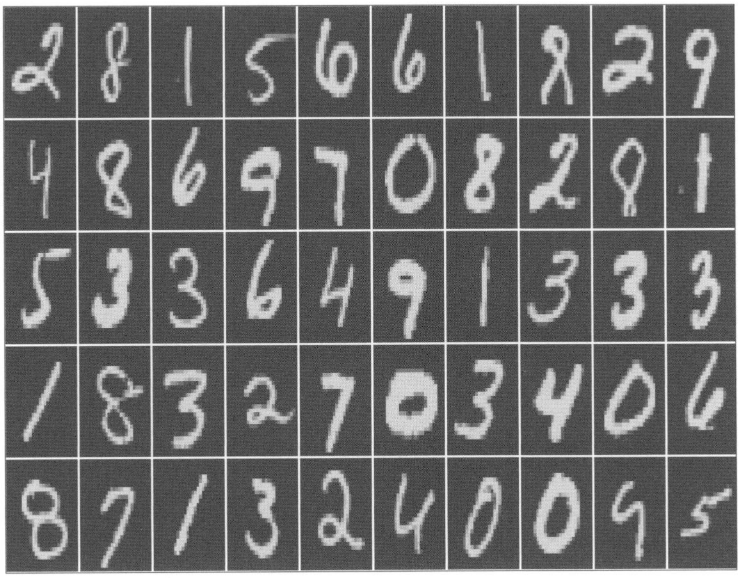

그림 9-8 | mnist 손글씨 이미지 학습 데이터 일부

해당 데이터 셋에 관한 정보는 http://yann.lecun.com/exdb/mnist/ 사이트에서 확인할 수 있으며 데이터 셋을 직접 다운로드받을 수도 있습니다. 하지만 이미 Keras 패키지가 설치되어 있다면 Keras에 기본 데이터 셋으로 mnist가 존재하기 때문에 라이브러리를 불러온 뒤 dataset_mnist() 함수를 이용해 데이터 셋을 불러올 수 있습니다.

```
> library(keras)
> mnist_lst <- dataset_mnist()
> str(mnist_lst)
List of 2
 $ train:List of 2
  ..$ x: int [1:60000, 1:28, 1:28] 0 0 0 0 0 0 0 0 0 0 ...
  ..$ y: int [1:60000(1d)] 5 0 4 1 9 2 1 3 1 4 ...
 $ test :List of 2
  ..$ x: int [1:10000, 1:28, 1:28] 0 0 0 0 0 0 0 0 0 0 ...
  ..$ y: int [1:10000(1d)] 7 2 1 0 4 1 4 9 5 9 ...
```

❸ 학습용 데이터 셋 취득

데이터 분석 학습을 위한 데이터 셋을 취득할 수 있는 곳은 다양합니다. R 내장 데이터 셋을
이용할 수 있고, 특정 라이브러리를 설치하면 데이터 셋이 추가되기도 합니다. data() 함수를
이용하면 R 내장 데이터 셋 및 특정 패키지에 포함된 데이터 셋이 어떤 것들이 있는지 조회해
볼 수 있습니다. 이외에도 캐글 사이트에서 데이터 셋을 다운로드받을 수 있습니다.

캐글에서는 데이터 셋을 목적에 따라 분류해 놨기 때문에 본인이 학습하고자 하는 분야의 데
이터를 다운로드받아 사용할 수 있습니다. 예를 들어, 이미지 데이터를 이용한 분류 모델을
만들고 싶다면 Image 카테고리에 있는 데이터 셋을 이용하면 됩니다. 뒤에서 캐글에 대해서
는 좀 더 상세히 설명하겠지만 데이터 셋 외에도 사용자들이 직접 올린 소스도 볼 수 있기 때
문에 어느 정도 기본기를 닦은 후라면 캐글은 더 없이 훌륭한 학습 장소가 됩니다.

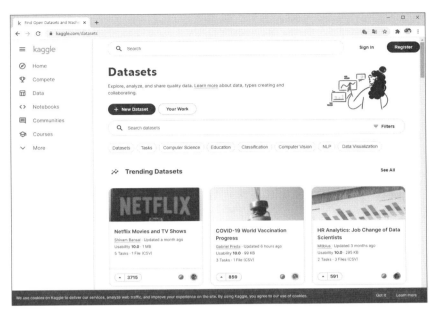

그림 9-9 | 캐글의 데이터 셋

캐글 데이터만으로도 충분하지만 시중에 출판된 머신러닝 책에서 다루는 데이터 셋의 경우
http://archive.ics.uci.edu/ml 사이트에서 대부분 다운로드받을 수 있습니다.

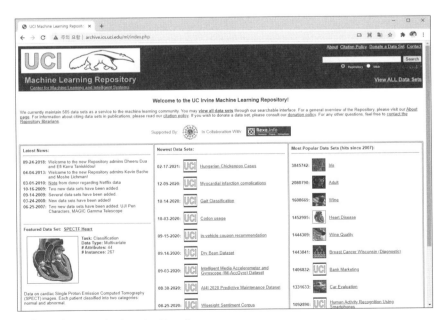

그림 9-10 | UCI Machine Learning Repository

분류, 회귀, 군집, 기타로 데이터 셋을 분류해 놨고 추가적으로 데이터 타입, 분야로도 나눠놨기 때문에 공부하는 목적에 맞는 데이터를 다운로드받아 실습해 볼 수 있습니다.

잠깐만요

데이터 셋 확장자가 이상해요!

UCI Machine Learning Repository에서 학습용 데이터 셋을 다운받기 위해 들어가보면 확장자가 data, names로 익숙하지 않습니다. 이런 확장자의 파일들은 윈도 메모장(notepad)을 이용해 불러올 수 있습니다. data 파일의 경우 말 그대로 데이터만 들어 있는 파일로 첫 행에 컬럼명이 존재하지 않습니다. 컬럼명은 names 파일에 데이터 셋에 대한 설명과 함께 입력되어 있습니다.

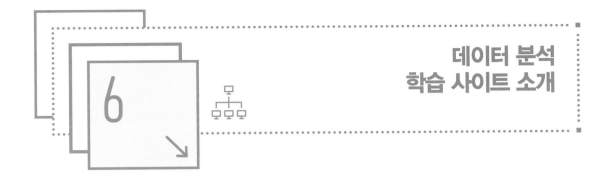

6

데이터 분석
학습 사이트 소개

1 생활코딩

생활코딩은 비영리 단체인 오픈튜토리얼스에서 운영하는 무료 강의 플랫폼입니다. 처음에는
HTML, JavaScript, PHP 등 웹 프로그래밍 언어 강의로 시작했는데 최근에는 그 범위를 점차
넓혀 데이터 과학 분야까지 다루고 있습니다. 한 편당 5분 이내의 짧은 영상으로 쉬운 사례와
삽화를 이용해 개념을 정립하는 데 큰 도움이 되는 강의입니다(무료로 유익한 강의를 제공해 주시는
○○○님과 오픈튜토리얼스 운영진들께 감사의 말씀을 드립니다).

그림 9-11 | 생활코딩 데이터 과학 – 머신러닝1 강의

❷ 데이터 사이언스 스쿨

데이터 사이언스 스쿨은 생활코딩과 같은 동영상 기반의 강의 플랫폼은 아니지만 텍스트와 이미지, 소스 코드를 기반으로 매우 상세하게 이론에서 실습 예제까지 다루고 있는 사이트입니다. 마치 전공서적을 보는 듯한 느낌이며 파이썬 소스 코드만 제공되고 있습니다(개인적으로 데이터 분석 이론 공부를 하는 데 큰 도움이 되었습니다. 운영자분께 진심으로 감사드립니다).

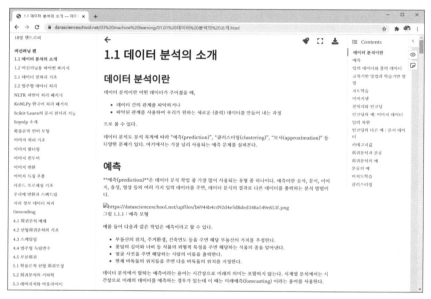

그림 9-12 | 데이터 사이언스 스쿨 머신러닝 강의

❸ 코세라

코세라(Coursera)는 미국의 교육 및 기술회사로 전 세계 3천만 명 이상의 회원을 보유한 온라인 강의 플랫폼입니다. 머신러닝 분야의 세계적인 석학인 스탠퍼드 대학교 컴퓨터공학 교수인 앤드류 응(Andrew Ng)이 설립했으며 직접 강의한 과정도 여러 개가 있어 매우 인기 있습니다.

그림 9-13 | 코세라 소개

해당 사이트의 특징은 세계적인 대학의 교수들이 직접하는 강의를 무료로 들을 수 있으며 매월 정기구매($49)나 특정 강의를 구매하면 수료증까지 발급해 줍니다. 해당 수료증은 링크드인(LinkedIn)과 같은 비즈니스 SNS에 게시할 수 있어 마치 자격증처럼 커리어 개발에 이용할 수 있습니다.

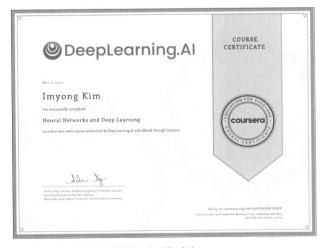

그림 9-14 | 코세라에서 제공하는 수료증 예시

강의의 경우 동영상뿐만 아니라 중간중간에 대학교 교육과정처럼 퀴즈와 리포트 그리고 시험까지 있기 때문에 특정 점수를 넘기지 못하면 수료를 할 수 없습니다. 생각보다 만만치 않으니 마음 단단히 먹고 수강할 것을 추천합니다.

뿐만 아니라 온라인을 통해 세계 유수 대학의 학위과정까지 제공해 학사 및 석사 학위 취득도 가능합니다(단, 금액이 만만치 않습니다. Imperial College London의 Master of Machine Learning and Data Science 과정의 경우 2년 간 수업료가 우리 돈으로 4천만 원 정도입니다).

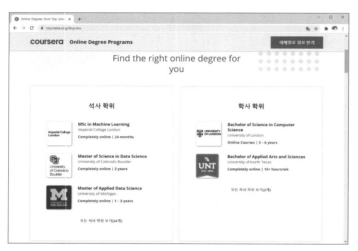

그림 9-15 | 코세라에서 제공하는 학위과정

4 캐글

캐글(Kaggle)은 데이터 분석 대회 플랫폼입니다. 기업 및 단체에서 데이터와 해결 과제를 등록하면 데이터 과학자들이 이를 해결하는 모델을 개발하고 경쟁합니다. 물론 상금도 있습니다. Compete 메뉴에 들어가면 다양한 기업 및 단체에서 내놓은 문제들이 있으며 전 세계의 데이터 과학자들이 해당 문제를 해결한 소스 코드(Notebooks)를 공유합니다. 따라서 뛰어난 데이터 과학자들의 소스 코드를 보고, 본인의 실력을 향상시킬 수 있으며 코멘트를 달 수 있기 때문에 궁금한 부분을 해결하거나 조언을 할 수도 있습니다.

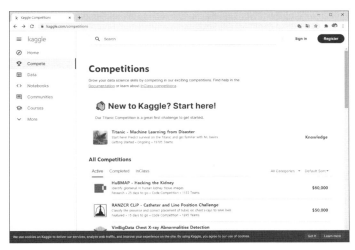

그림 9-16 | 캐글의 Competitions

캐글에는 다양한 데이터 셋과 소스 코드가 무료로 공개되어 있기 때문에 그것만으로도 충분히 스스로 학습하는 데 도움이 됩니다. 그리고 캐글에 기여한 부분은 포인트로 환산해 랭킹(Ranking)과 티어(Tier)를 부여합니다. 티어가 높은 사람들은 전문성을 인정받게 되며 많은 회사로부터 취업 제의를 받습니다. 일부 데이터 분석 및 인공지능 관련 회사에서는 모집 공고에 "캐글 엑스퍼트(Expert) 이상의 티어를 가진 사람을 뽑는다"는 내용을 넣을 정도입니다.

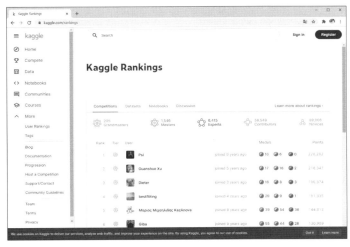

그림 9-17 | 캐글의 Rankings

연 습 문 제 정 답

1장 ── 5 4쪽

1 반정형 데이터

2 데이터는 순수한 수치나 기호를 의미하며, 정보는 데이터를 가공해 의미를 부여한 데이터다.

3 ④ Value

4 다양한 IT 기기와 인터넷의 발달, 클라우드 컴퓨팅, 저장장치 비용의 하락 등

5 ③ 상관관계 → 인과관계

6 기술통계, 추론통계

7 인공지능 > 머신러닝 > 딥러닝

8 데이터 전처리 단계로 시점이 다른 데이터를 통일시키고, 결측치나 이상치를 제거하거나 대체하는 일, 데이터 스케일링 등의 작업에 오랜 시간이 소요된다.

2장 ── 9 7쪽

1 SQL(Structured Query Language)

2 크롤러(Crawler)

3 API(Application Program(ming) Interface

4 ① 유료 소프트웨어

5 RStudio

6 install.packages()

3장 ── 126쪽

1   인터프리터(Interpreter) 언어

2   ② 1a(숫자가 변수 제일 앞에 올 수 없음)

3   ④ ?

4   데이터 프레임(Data Frame)

5   ④ $: 또는(|기호, Shift + \ 키)

6   na.omit()

7   MinMax Scaling 또는 Normalization

4장 ── 164쪽

1   5개의 열(4개의 Numeric & 1개의 Factor)과 150개의 행

```
> str(iris)
'data.frame':    150 obs. of  5 variables:
 $ Sepal.Length: num  5.1 4.9 4.7 4.6 5 5.4 4.6 5 4.4 4.9 ...
 $ Sepal.Width : num  3.5 3 3.2 3.1 3.6 3.9 3.4 3.4 2.9 3.1 ...
 $ Petal.Length: num  1.4 1.4 1.3 1.5 1.4 1.7 1.4 1.5 1.4 1.5 ...
 $ Petal.Width : num  0.2 0.2 0.2 0.2 0.2 0.4 0.3 0.2 0.2 0.1 ...
 $ Species     : Factor w/ 3 levels "setosa","versicolor",..: 1 1 1 1 1 1 1 1 1 1 ...
```

2
```
> head(iris, 10)
  Sepal.Length Sepal.Width Petal.Length Petal.Width Species
1          5.1         3.5          1.4         0.2  setosa
2          4.9         3.0          1.4         0.2  setosa
3          4.7         3.2          1.3         0.2  setosa
4          4.6         3.1          1.5         0.2  setosa
```

5	5.0	3.6	1.4	0.2	setosa
6	5.4	3.9	1.7	0.4	setosa
7	4.6	3.4	1.4	0.3	setosa
8	5.0	3.4	1.5	0.2	setosa
9	4.4	2.9	1.4	0.2	setosa
10	4.9	3.1	1.5	0.1	setosa

3 평균 - 3.057333, 표준편차 - 0.4358663, 3사분위수 - 3.300

```
> mean(iris$Sepal.Width)
[1] 3.057333
> sd(iris$Sepal.Width)
[1] 0.4358663
> summary(iris$Sepal.Width)
   Min.  1st Qu.  Median  Mean  3rd Qu.  Max.
  2.000  2.800    3.000   3.057 3.300    4.400
```

4

```
> hist(iris$Sepal.Width)
```

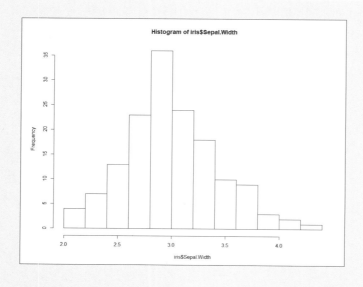

5   **setosa**

```
> boxplot(Sepal.Width ~ Species, data = iris)
```

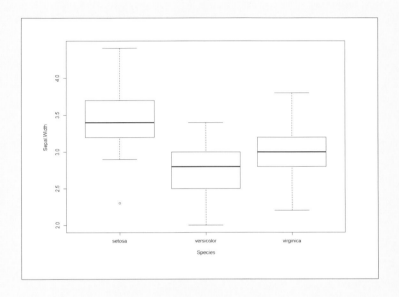

6

```
> s <- subset(iris$Sepal.Width, iris$Species == 'setosa')
> v <- subset(iris$Sepal.Width, iris$Species == 'versicolor')
```

7   95% 신뢰수준에서 두 집단 모두 정규분포함

```
> shapiro.test(s)

        Shapiro-Wilk normality test

data:  s
W = 0.97172, p-value = 0.2715

> shapiro.test(v)

        Shapiro-Wilk normality test
```

```
data:  v

W = 0.97413, p-value = 0.338
```

8   95% 신뢰수준에서 두 집단의 평균은 서로 같지 않음

```
> t.test(s, v)

        Welch Two Sample t-test

data:  s and v
t = 9.455, df = 94.698, p-value = 2.484e-15
alternative hypothesis: true difference in means is not equal to 0
95 percent confidence interval:
 0.5198348 0.7961652
sample estimates:
mean of x mean of y
   3.428    2.770
```

5장 ── **196쪽**

1

```
> test <- subset(iris[,1:4], iris$Species == 'virginica')
```

2   Petal.Length

```
> cor(test)
            Sepal.Length Sepal.Width Petal.Length Petal.Width
Sepal.Length   1.0000000   0.4572278    0.8642247   0.2811077
Sepal.Width    0.4572278   1.0000000    0.4010446   0.5377280
Petal.Length   0.8642247   0.4010446    1.0000000   0.3221082
Petal.Width    0.2811077   0.5377280    0.3221082   1.0000000
```

3   0.7469

```
> test_lm <- lm(Sepal.Length ~ Petal.Length, data = test)
> summary(test_lm)

Call:
lm(formula = Sepal.Length ~ Petal.Length, data = test)

Residuals:
    Min      1Q    Median      3Q      Max
-0.73409 -0.23643 -0.03132  0.23771  0.76207

Coefficients:
             Estimate  Std. Error  t value  Pr(>|t|)
(Intercept)   1.05966    0.46677     2.27     0.0277 *
Petal.Length  0.99574    0.08367    11.90    6.3e-16 ***
---
Signif. codes:  0 '***' 0.001 '**' 0.01 '*' 0.05 '.' 0.1 ' ' 1

Residual standard error: 0.3232 on 48 degrees of freedom
Multiple R-squared:  0.7469,
Adjusted R-squared:  0.7416
F-statistic: 141.6 on 1 and 48 DF,  p-value: 6.298e-16
```

```
> test_mlm <- lm(Sepal.Length ~ ., data = test)
> summary(test_mlm)

Call:
lm(formula = Sepal.Length ~ ., data = test)

Residuals:
   Min      1Q    Median    3Q     Max
-0.7388 -0.2183  0.0148  0.2206  0.7443

Coefficients:
             Estimate   Std. Error  t value  Pr(>|t|)
(Intercept)  0.69988    0.53360     1.312    0.1962
Sepal.Width  0.33034    0.17433     1.895    0.0644 .
Petal.Length 0.94554    0.09072    10.422    1.07e-13 ***
Petal.Width -0.16975    0.19807    -0.857    0.3959
---
Signif. codes:  0 '***' 0.001 '**' 0.01 '*' 0.05 '.' 0.1 ' ' 1

Residual standard error: 0.318 on 46 degrees of freedom
Multiple R-squared:  0.7652,     Adjusted R-squared:  0.7499
F-statistic: 49.98 on 3 and 46 DF,  p-value: 1.622e-14
```

5   다중공선성 문제 없음

```
> library(car)
> vif(test_mlm)
  Sepal.Width  Petal.Length  Petal.Width
   1.531560     1.214741      1.434013
```

1

```
> iris_cl <- as.data.frame(iris$Species)
> names(iris_cl) <- c("act")
> head(iris_cl)
     act
1 setosa
2 setosa
3 setosa
4 setosa
5 setosa
6 setosa
```

2

```
> library(e1071)
> model_nb <- naiveBayes(Species~., data = iris, type = "class")

> library(adabag)
> model_adab <- boosting(Species~., data = iris, type = "class")

> library(randomForest)
> model_rf <- randomForest(Species~., data = iris, type = "class")

> library(e1071)
> model_svm <- svm(Species~., data = iris)
```

3

```
> iris_cl$pred_nb <- predict(model_nb, newdata = iris)

> iris_pred <- predict(model_adab, newdata = iris)
> iris_cl$pred_adab <- as.factor(iris_pred$class)
```

```
> iris_cl$pred_rf <- predict(model_rf, newdata = iris)

> iris_cl$pred_svm <- predict(model_svm, newdata = iris)

> head(iris_cl)
    act     pred_nb pred_adab  pred_rf pred_svm
1 setosa  setosa    setosa     setosa   setosa
2 setosa  setosa    setosa     setosa   setosa
3 setosa  setosa    setosa     setosa   setosa
4 setosa  setosa    setosa     setosa   setosa
5 setosa  setosa    setosa     setosa   setosa
6 setosa  setosa    setosa     setosa   setosa
```

4   AdaBoost, 랜덤 포레스트. 각각의 정확도 100%

```
> library(caret)

> confusionMatrix(iris_cl$pred_nb, iris_cl$act)

> confusionMatrix(iris_cl$pred_adab, iris_cl$act)

> confusionMatrix(iris_cl$pred_rf, iris_cl$act)

> confusionMatrix(iris_cl$pred_svm, iris_cl$act)
```

1

```
# c_iris 데이터 셋 만들기
> c_iris <- iris
# caret 패키지에서 preProcess() 함수로 스케일링을 제공하기 때문에 불러옴
> library(caret)
# preProcess() 함수에서 method를 range로 지정하면 Normalization 가능
> nor <- preProcess(c_iris[,-5], method="range")
# predict() 함수를 이용해 c_iris 데이터 Normalization 실시
> n.c_iris <- predict(nor, c_iris)
> summary(n.c_iris)  # Normalization 결과 확인
  Sepal.Length     Sepal.Width      Petal.Length     Petal.Width
 Min.   :0.0000   Min.   :0.0000   Min.   :0.0000   Min.   :0.00000
 1st Qu.:0.2222   1st Qu.:0.3333   1st Qu.:0.1017   1st Qu.:0.08333
 Median :0.4167   Median :0.4167   Median :0.5678   Median :0.50000
 Mean   :0.4287   Mean   :0.4406   Mean   :0.4675   Mean   :0.45806
 3rd Qu.:0.5833   3rd Qu.:0.5417   3rd Qu.:0.6949   3rd Qu.:0.70833
 Max.   :1.0000   Max.   :1.0000   Max.   :1.0000   Max.   :1.00000
       Species
 setosa    :50
 versicolor:50
 virginica :50


# 종속변수를 각각 0, 1, 2 숫자로 변환(첫 시작을 0으로 두기 위해 1을 뺐음)
> n.c_iris$Species <- as.numeric(n.c_iris$Species) -1
> library(keras)
# (keras 라이브러리) 라벨 one-hot encoding
> n.c_iris$Species <- to_categorical(n.c_iris$Species)
# 데이터 확인
> head(n.c_iris)
  Sepal.Length  Sepal.Width  Petal.Length  Petal.Width  Species.1 Species.2
1  0.22222222   0.6250000    0.06779661    0.04166667       1         0
2  0.16666667   0.4166667    0.06779661    0.04166667       1         0
```

3	0.11111111	0.5000000	0.05084746	0.04166667	1	0
4	0.08333333	0.4583333	0.08474576	0.04166667	1	0
5	0.19444444	0.6666667	0.06779661	0.04166667	1	0
6	0.30555556	0.7916667	0.11864407	0.12500000	1	0

	Species.3
1	0
2	0
3	0
4	0
5	0
6	0

2

```
# ind라는 인덱스를 무작위로 만들어 8:2로 훈련, 테스트 셋 분할
> ind <- sample(1:nrow(n.c_iris), nrow(n.c_iris)*0.8, replace =F)
> c_train <- n.c_iris[ind,] # 80%의 데이터를 훈련 셋으로 분할
> c_test <- n.c_iris[-ind,] # 나머지 데이터를 테스트 셋으로 분할
> c_x_train <- c_train[,1:4]  # 훈련용 데이터 셋 만들기
> c_y_train <- c_train[,5]  # 훈련용 라벨 만들기
> c_x_test <- c_test[,1:4]  # 테스트용 데이터 셋 만들기
> c_y_test <- c_test[,5]  # 테스트용 라벨 만들기
# Matrix 형태로 변환
> c_x_train <- as.matrix(c_x_train)
> c_x_test <- as.matrix(c_x_test)
```

3

```
# 모델(model) 생성
> model <- keras_model_sequential()

#모델에 계층 추가
> model %>%
+ layer_dense(units = 16, activation = 'relu', input_shape = 4) %>%
```

```r
+ layer_dense(units = 16, activation = 'relu') %>%
+ layer_dense(units = 16, activation = 'relu') %>%
+ layer_dense(units = 3, activation = 'softmax')
```

```r
# 모델 살펴보기
> summary(model)
```

```r
# 모델 학습 설정(compile)
> model %>% compile(
+ loss = 'categorical_crossentropy',
+ optimizer = 'adam',
+ metrics = 'accuracy'
+ )
```

```r
# 모델 학습 실시
> history <- model %>% fit(
+ c_x_train,
+ c_y_train,
+ epochs = 200,
+ batch_size = 16,
+ validation_split = 0.2
+ )
```

```r
# 학습 과정 그래프 표시
> plot(history)
```

```r
# 테스트 데이터 셋을 이용한 분류 성능 평가
> pred_mat <- model %>% predict(c_x_test)
```

```r
# 확률값에 따라 a, b, c로 결과 매핑
> pred_mat_label <- levels(c_iris$Species)[max.col(pred_mat)]

> pred <- as.factor(pred_mat_label)   # 예측값 factor로 타입 변경
```

```
> act <- as.factor(c_iris[-ind,]$Species)  # 실제 값 factor로 타입 변경

# 정오분류표(Confusion Matrix) 생성
> library(caret)
> confusionMatrix(pred, act)
Confusion Matrix and Statistics

            Reference
Prediction   setosa versicolor virginica
  setosa        8        0         0
  versicolor    0       11         1
  virginica     0        0        10

Overall Statistics

            Accuracy : 0.9667
              95% CI : (0.8278, 0.9992)
 No Information Rate : 0.3667
 P-Value [Acc > NIR] : 4.476e-12

               Kappa : 0.9495

 Mcnemar's Test P-Value : NA

Statistics by Class:
```

	Class: setosa	Class: versicolor	Class: virginica
Sensitivity	1.0000	1.0000	0.9091
Specificity	1.0000	0.9474	1.0000
Pos Pred Value	1.0000	0.9167	1.0000
Neg Pred Value	1.0000	1.0000	0.950
Prevalence	0.2667	0.3667	0.3667
Detection Rate	0.2667	0.3667	0.3333
Detection Prevalence	0.2667	0.4000	0.3333
Balanced Accuracy	1.0000	0.9737	0.9545

1

```
# 미리 크롤링해 놓은 martin_luther_king.txt 파일을 프로젝트 폴더에 옮기고, mlk에 저장함
> mlk <- readLines("martin_luther_king.txt", encoding = "UTF-8")
```

2

```
> library(KoNLP)

# 한글 처리에 필요한 세종사전 수행, 최초 실행 시 1을 입력해 설치 실시
> useSejongDic()

# mlk에서 명사만 뽑아서 n에 저장
> mlk_n <- extractNoun(mlk)

# 텍스트 수정을 위해 mlk_n의 내용을 unlist해서 m에 저장
> m <- unlist(mlk_n)

# gsub() 함수를 통해 텍스트 수정 실시
> m2 <- gsub("미국에는","미국", m)
> m2 <- gsub("워싱턴으로","워싱턴", m2)
```

3   자유, 우리

```
# m2에 저장된 명사 중 두 글자 이상 되는 것만 필터링
> m3 <- Filter(function(x) {nchar(x) >=2}, m2)

# m3를 table( ) 함수를 이용해 단어별 빈도수가 나오게 만들고, w에 저장
> w <- table(m3)

# 내림차순으로 정렬해서 어떤 단어가 많이 나왔는지 확인
> sort(w, decreasing = TRUE)
```

```
# 다양한 색상을 적용하기 위해 RColorBrewer 패키지 설치(Chapter 4에서 이미 설치)
> library(RColorBrewer)

# 팔레트 확인
> display.brewer.all()

# 팔레트 지정
> Dark2 <- brewer.pal(8, "Dark2")

# 워드 클라우드 라이브러리 불러오기
> library(wordcloud)

# 워드 클라우드로 표현, 옵션은 도움말로 검색해 보세요!
> wordcloud(names(w), freq=w, scale=c(4, 0.5),
            rot.per=0.25, min.freq=1, random.order=F,
            random.color=T, colors=Dark2)
```

찾아
보기